本 书 编 委 会

主编：石中金　刘高峰

编写成员（按各章节写作顺序）：吕富生　姜　峰　陈雄华

数字贸易
与新发展格局

DIGITAL TRADE AND THE
NEW DEVELOPMENT PARADIGM

中国信息通信研究院 编著

石中金、刘高峰 主编

人 民 出 版 社

序　言

2020 年 4 月 10 日,习近平总书记在中央财经委员会第七次会议上首次提出构建以国内大循环为主体、国内国际双循环相互促进的新发展格局重大战略命题。

新发展格局是党中央面对国际国内形势深刻变化作出的重大决策部署,作为发展外向型数字经济的主要载体,数字贸易将成为新发展阶段贯彻新发展理念构建新发展格局的前沿阵地。本书的撰写旨在做到以下几点:

全面解读数字贸易与新发展格局的内在逻辑和互促路径。数字经济和数字贸易带来了产业空间和产业形态的变化,通过数字技术的运用,将会加快贸易效率的提升、贸易流程的优化、贸易成本的降低、新兴产业的催生。一方面,通过数据流带动技术流、资金流、人才流,数字贸易能够促进资源配置的优化和全要素生产率的提升,改变传统以劳动密集型为主的贸易形态,助推中国高水平对外开放,融入国际大循环。另一方面,数字贸易的发展可以使供应商更容易实现个性化产品设计和定制,推动消费品供给向多样化、定制化转变,提升供给体系对国内需求的适配性。

通过解析新发展格局的战略意涵,明晰数字贸易的业态特征及规则演变,把握新发展格局下数字贸易的发展态势。数字贸易规则的产生与发展,经历了一个由点到面、由浅及深、由少到多的过程,范畴不断延展,朝着均衡方向完善,强制力、规则性、实体性逐渐融合。同时,随着数字技术的不断演变,全球数字贸易迈入高速增长阶段,形成以服务数字化和经济服务化为基础,以平台和平台服务体系为支撑,以安全有序跨境数据流动为驱动,以跨界融合的全球数字生态为发展方向,以需求个性化、多样化为目标的业态特征。此外,面临数据跨境传输与数字贸易规则的大国博弈,中国数字贸易规模快速扩大,数字贸易发展基础更加坚实,数字贸易法律法规政策体系初步建成,数字贸易领域有序开放,市场主体发展活跃,数字贸易国际市场持续拓展,逐步形成以欧美为出口贸易核心、以东亚为进口贸易重心的发展形势。

根据新发展格局特征,提出中国数字贸易的发展策略和方向,探讨中国数字贸易的发展定位、发展重点和发展保障。中国可编制数字贸易重点产业全景图,制定数据管理规则体系及数据跨境流动的表现形态,倡导全球数据治理互操作,搭建数字贸易发展平台,统筹海外物流仓储资源,探索数字贸易统计框架。

从产业相融、市场相通、创新相促、规则相联四个维度分析数字贸易助力构建新发展格局的有效路径。中国应积极参与国际分工,借助数字技术推进贸易产品和贸易环节的数字化转型,创新数字贸易线上供需对接洽谈机制,推动自贸区先行先试,由中低端向中高端升级,由低附加价值阶段向中高附加价值阶段升级,维护全球产业链、供应链协同联动,强化数字经贸规则对接和建设能力,推动互认标准成为多双边贸易中共同遵守的技术依据,提升中国标准在发展中国家的适应性、竞争性、可行性。

数字贸易发展前景广阔、潜力巨大,中国应紧握全球经贸关系新变革的机遇,加快云、网、端等数字技术深度融入经济社会各领域,推动数字产品与服务融入全球价值链,促进全球价值创造和收益分配均衡化,加强数据主权、数据隐私保护、网络数据安全、数据本地化存储等焦点问题的国际交流合作,提升数据安全治理和数据开发利用水平,营造以数据为关键要素的经济高质量发展生态。

| 目　　录 |

第一章

数字贸易成为新发展格局的前沿阵地

2020年4月,习近平总书记在中央财经委员会第七次会议上首次提出构建以国内大循环为主体、国内国际双循环相互促进的新发展格局重大战略命题。随后,在国内外多个重要场合,习近平总书记对构建新发展格局的重大意义和政策取向进行了深入阐释。2020年10月,党的十九届五中全会正式将构建新发展格局写入《中共中央关于制定国民经济和社会发展第十四个五年规划和二〇三五年远景目标的建议》(以下简称"'十四五'规划纲要");2021年3月正式印发的《中华人民共和国国民经济和社会发展第十四个五年规划和2035年远景目标纲要》将构建新发展格局作为"十四五"时期发展的战略导向。这是进入新发展阶段后,党中央顺应国内外发展大势,对"十四五"乃至未来更长时期中国经济发展战略、发展路径和发展着力点的重大调整,对于完整、准确、全面贯彻新发展理念,深化供给侧结构性改革,加快建设现代化经济体系,推动实现高质量发展,具有重要意义。

数字贸易是数字经济时代全球贸易数字化转型的重要形态。当前,数字技术与国际贸易融合渗透不断深化,创新和拓展了传统货物贸易和服务贸易的广度及深度。数字贸易成为新冠肺炎疫情全球大流行背景下各国乃至全球经济复苏和持续发展的新引擎。2019年11月,《中共中央 国务院关于推进贸易高质量发展的指导意见》在中央层面首次提出"数字贸易",明确加快培育贸易竞争新优势,推进贸易高质量发展。2021年10月,商务部等24部门印发《"十四五"服务贸易发展规划》,提出要加快服务贸易数字化进程,大力发展数字贸易,推进服务外包数字化高端化,实施服务贸易企业数字赋能行动,建立健全数字贸易治理体系。2021 年 12 月,中央网络安全和信息化委员会印发《"十四五"国家信息化规划》,将"数字贸易开放合作"列为优先行动之一,提出到 2023 年,数字贸易服务能力显著增强,数字贸易统计体系基本形成;到 2025 年,数字贸易服务体系基本形成,国际竞争力位于前列,数字贸易发展支撑能力显著提升。中国各省(自治区、直辖市)也积极结合自身优势,发掘数字贸易发展机遇,提出数字贸易发展目标。北京市提出将要打造成为具有全球影响力的"数字贸易先导区"和全球数字经济标杆城市,浙江省表示到"十四五"末要初步建成"全球数字贸易中心",上海市提出要加快建成全球领先的"数字贸易国际枢纽港"。数字贸易成为各地抢先发力的重要领域。

新发展格局是党中央面对国际国内形势深刻变化作出的重大决策部署,作为新时期推动贸易高质量发展的关键一环,数字贸易将成为新发展阶段贯彻新发展理念构建新发展格局的前沿阵地。

第一节　新发展格局提出的时代背景和战略逻辑

一、新发展格局提出的时代背景

加快形成以国内大循环为主体、国内国际双循环相互促进的新发展格局,是根据中国发展阶段、环境、条件变化作出的战略决策,是中国把握未来发展主动权的战略性布局和先手棋,是新发展阶段要着力推动完成的重大历史任务,也是贯彻新发展理念的重大举措。

(一)构建新发展格局是新形势下统筹中国发展全局的战略谋划

近年来,经济全球化遭遇逆流,国际经济循环格局发生深度调整。新冠肺炎疫情也加剧了逆全球化趋势,各国内顾倾向上升。当前大进大出的环境条件已经变化,必须根据新的形势提出引领发展的新思路。加快构建以国内大循环为主体、国内国际双循环相互促进的新发展格局,是"十四五"规划纲要提出的一项关系中国发展全局的重大战略任务,需要从全局高度准确把握和积极推进。

1. 构建新发展格局是应对外部环境不确定性的理性选择

当今世界正在经历百年未有之大变局。新冠肺炎疫情全球大流行使这个大变局加速变化,经济全球化遭遇逆流,全球产业链、供应链遭受冲击,保护主义、单边主义上升,世界经济低迷,国际贸易和投资大幅萎缩,给人类生产生活带来前所未有的挑战和考验。

一方面,全球产业链供应链价值链将面临重大调整和变化,新一轮科技革命和产业变革蓬勃兴起,数字技术和数据要素地位跃升,传统发展模式面临挑战。过去,在经济全球化深入发展的外部环境下,市场和资源"两头在外"对中国快速发展发挥了重要作用。当前,保护主义上升、世界经济低迷、全球市场萎缩,中国必须充分发挥国内超大规模市场优势,通过繁荣国内经济、畅通国内大循环,为中国经济发展增添动力,带动世界经济复苏。自 2008 年国际金融危机爆发以来,中国经济已经在向以国内大循环为主体转变,经常项目顺差同国内生产总值的比率由 2007 年的 9.9%降至 2020 年的不到 1%,国内需求对经济增长的贡献率有 7 个年份超过 100%。① 从全球生产和贸易来看,以前的分工体系和利益格局已无法持续。全球贸易和全球分工,以及全球价值链贸易占比都出现停滞和下降,全球价值链和产业链正在调整和重组。全球生产分工的内化趋势明显,全球价值链呈现出区域性和本土化的特征。在此背景下,以国内循环为主体构建区域价值链,建立和完善国内价值链循环,通过发挥内需潜力,使国内市场和国际市场更好联通,更好利用国际国内两个市场、两种资源,实现更加强劲可持续的发展。

另一方面,新冠肺炎疫情全球大流行背景下,各国是休戚与共的命运共同体,没有谁能够独善其身。突如其来的新冠肺炎疫情使世界经济中的风

---

① 《以畅通国民经济循环为主构建新发展格局——论学习贯彻习近平总书记在经济社会领域专家座谈会上重要讲话》,《人民日报》2020 年 8 月 27 日。

险和不确定性加剧,令原本疲弱的世界经济"雪上加霜",成为影响中国经济乃至世界经济的最大变量。疫情之下,原本正常的经济活动与人员往来受到诸多限制。对于每一个国家来说,生存与发展、经济与防疫、个体与集体、短期与长期的关系,都呈现新的特点、出现新的矛盾。受新冠肺炎疫情的冲击和影响,中国在某些领域、某些方面面临着产业链供应链受阻甚至断裂的威胁。面对这一情况,习近平总书记强调:"要牢固树立安全发展理念,加快完善安全发展体制机制,补齐相关短板,维护产业链、供应链安全,积极做好防范化解重大风险工作。"①国际经验表明,只有国内产业链供应链的安全稳定,才能促进各要素更加自由地流动,才有可能在国际竞争中赢得主动。建立起不受制于人的产业链供应链,才能畅通国内大循环,才能提升中国在国际循环中的地位和竞争力,才能在世界百年未有之大变局中牢牢把握住发展的主动权,实现以"新发展格局"应对"新变局"。

2.构建新发展格局根本在于立足中国发展全局作出的系统性深层次变革

习近平总书记指出:"构建新发展格局,是与时俱进提升我国经济发展水平的战略抉择,也是塑造我国国际经济合作和竞争新优势的战略抉择。"②这表明,构建新发展格局绝不是简单针对当前全球产业链供应链受新冠肺炎疫情冲击而采取的权宜之计,也不是应对个别国家发起贸易摩擦、企图与中国产业脱钩的被动收缩,而是深刻把握中国发展阶段、环境、条件变化,特别是基于中国比较优势变化,充分考虑经济全球化和外部环境变化,审时度势作出的重大决策,是把握发展主动权的战略性先手棋。③

当前,中国经济正处在转变发展方式、优化经济结构、转换增长动力的攻关期,潜力足、韧性强、回旋空间大、政策工具多的基本特点没有变。同

---

① 《习近平在看望参加政协会议的经济界委员时强调:坚持用全面辩证长远眼光分析经济形势　努力在危机中育新机于变局中开新局》,《人民日报》2020年5月24日。

② 习近平:《关于〈中共中央关于制定国民经济和社会发展第十四个五年规划和二〇三五年远景目标的建议〉的说明》,《人民日报》2020年11月4日。

③ 参见董振华、王会方:《立足我国新发展阶段要求构建新发展格局》,《新湘评论》2021年第1期。

时,中国经济也面临着结构性、体制性、周期性问题相互交织所带来的困难和挑战。疫情的出现,加速了原有问题的暴露,对经济发展规模、速度、质量、结构、效益、安全的相互统一提出了更高要求。中国经济具有长期向好的发展趋势,但同时也应当看到,中国经济发展仍然存在一些短板和弱项,具体表现为产业结构比例不合理、创新能力与高质量发展不相适应、城乡区域发展差距较大、民生保障存在不足等。这就促使我们进一步转变经济发展方式,以更加有效的方式补齐国内市场的短板,推动强大国内市场的形成。因此,构建新发展格局,要求中国必须集中力量先办好自己的事。把中国自己的事情率先办好,既是中国自身发展的客观要求,更是对世界经济的巨大贡献。

但新发展格局不是封闭的国内单循环,要求我们既要以国内大循环为主体,用国内的稳定性和确定性对冲国际的不稳定性和不确定性;又要顺应和引领全球化历史潮流,实现国内国际双循环相互促进,在推动共建人类命运共同体中带动世界经济复苏。构建新发展格局,不仅是中国自身发展需要,而且将更好造福各国人民。

（二）构建新发展格局是推动新发展阶段高质量发展的内在要求

习近平总书记指出:"'十四五'时期是我国全面建成小康社会、实现第一个百年奋斗目标之后,乘势而上开启全面建设社会主义现代化国家新征程、向第二个百年奋斗目标进军的第一个五年,我国将进入新发展阶段。"①新发展阶段,是我们党带领人民迎来从站起来、富起来到强起来历史性跨越的新阶段,是中国社会主义发展进程中的一个重要阶段。构建新发展格局是进入新发展阶段的要求,符合新发展阶段的历史和现实逻辑、理论和实践逻辑。

1. 构建新发展格局是应对新发展阶段新机遇新挑战的有效路径

习近平总书记指出:"进入新发展阶段,国内外环境的深刻变化既带

---

① 习近平:《在经济社会领域专家座谈会上的讲话》,人民出版社 2020 年版,第 2 页。

来一系列新机遇,也带来一系列新挑战,是危机并存、危中有机、危可转机。"①党的十九届五中全会指出,中国发展仍然处于重要战略机遇期,但机遇和挑战都有新的发展变化。以习近平同志为核心的党中央深刻把握世界大势和发展规律,以辩证思维科学分析中国发展面临机遇和挑战的新变化,深刻把握中国发展的阶段性新特征新要求,着眼中国经济中长期发展作出了加快形成以国内大循环为主体、国内国际双循环相互促进的新发展格局的重大战略部署。这是重塑中国国际合作和竞争新优势的战略抉择。

2. 构建新发展格局是实现新阶段更高质量发展的需要

不断增强中国经济创新力和竞争力,推动经济转向高质量发展,是中国经济发展的战略目标。构建新发展格局,有利于转变发展方式、优化经济结构、转换增长动力,实现经济体系健康畅通。

一方面,中国经济已由高速增长阶段转向高质量发展阶段,不断推动经济发展从规模速度型向质量效率型增长、从粗放增长向集约增长转变,推动经济发展向结构更合理、附加值更高的阶段演化,推动城乡区域协调发展。这些都要求中国在重视外需的基础上扩大内需,降低对外部环境变化的依赖,充分发挥国内超大规模市场优势,拉动内需促进经济结构转型,为中国经济发展增添动力。

另一方面,中国具有全球最完整、规模最大的工业体系和强大的生产能力、完善的配套能力,拥有1亿多市场主体和超大规模内需市场,拥有9亿多劳动力和1.7亿多各类人才,为构建新发展格局奠定了坚实基础。与此同时,随着外部环境和中国发展所具有的要素禀赋的变化,市场和资源"两头在外"的国际大循环动能明显减弱,客观上也要求我们在危机中育新机,于变局中开新局,加快形成新发展格局。

此外,在全球化背景下,任何国家或经济体的经济循环都会受到国际国内双重因素的影响。同时,从历史经验和国际比较而言,中国作为大型经济

---

① 习近平:《在经济社会领域专家座谈会上的讲话》,人民出版社2020年版,第4页。

体的优势在于内部可循环,应以内循环为主并积极参与国际大循环。①

(三) 构建新发展格局是贯彻新发展理念的路径选择

2015 年 10 月,党的十八届五中全会首次提出创新、协调、绿色、开放、共享的新发展理念。2017 年 10 月,党的十九大明确提出把"坚持新发展理念"作为新时代坚持和发展中国特色社会主义的十四条基本方略之一。2020 年 10 月,习近平总书记在党的十九届五中全会第二次全体会议上指出:"构建新发展格局必须坚定不移贯彻新发展理念。贯彻新发展理念,必然要求构建新发展格局,这是历史逻辑和现实逻辑共同作用使然。"②

1. 新发展理念引领新发展格局

习近平总书记在党的十八届五中全会上指出:"发展理念是发展行动的先导,是管全局、管根本、管方向、管长远的东西,是发展思路、发展方向、发展着力点的集体体现。"③发展理念搞对了,目标任务就好定了,政策举措也就跟着好定了。由此可见,发展理念在经济社会发展全局中的地位和作用。在当前中央部署"要推动形成以国内循环为主体、国内国际双循环相互促进的新发展格局"要求之下,中国更加迫切地需要用新发展理念来指导"十四五"时期的经济社会发展,更加迫切地需要用新发展理念来指导和引领新发展格局,更加迫切地需要用新发展理念来实现高质量发展。

新发展理念不仅成为实现"十三五"时期发展目标,破解发展难题,厚植发展优势的基本指导方针,也是中国谋划和落实"十四五"经济社会发展各项工作,推动形成以国内循环为主体、国内国际双循环相互促进新发展格局的基本指导理念。

---

① 参见张占斌:《新发展阶段构建新发展格局的战略抉择》,《经济日报》2020 年 11 月 10 日。

② 《关系我国发展全局的一场深刻变革——习近平总书记关于完整准确全面贯彻新发展理念重要论述综述》,《人民日报》2021 年 12 月 8 日。

③ 《中国共产党第十八届中央委员会第五次全体会议公报》,人民出版社 2015 年版,第 23—24 页。

2. 新发展格局丰富新发展理念

在加快构建新发展格局中实现更大作为,关键是要做到创新发展、协调发展、绿色发展、开放发展、共享发展的一体把握、协同推进。必须更加重视科技创新,必须更加重视协调可持续发展,必须更加重视国内绿色生产和生活,必须更加重视开放在国际大循环中的作用,必须更加重视民生共享发展。

构建新发展格局是不断丰富新发展理念及其内涵的有效路径。既要从战略和全局高度把握新发展理念,又要立足具体领域扎实推进实践创新,才能使新发展理念引领新发展格局在形态上成型、功能上成熟、运行上成势。更要坚持系统观念,加强对各领域发展的前瞻性思考、全局性谋划、战略性布局、整体性推进,加强政策协调配合,使发展的各方面相互促进,把贯彻新发展理念的实践不断引向深入。

二、新发展格局的结构脉络与科学内涵

构建新发展格局,是事关全局的系统性、深层次变革,需要深刻领会新发展格局的内涵与脉络,准确把握国内大循环的主体地位,以及国内国际双循环相互促进的作用机理。

(一) 新发展格局以国内大循环为主体

经过改革开放以来四十多年发展,中国经济快速成长,国内大循环的条件和基础日益完善。进一步畅通国内大循环,提升经济发展的自主性、可持续性,增强韧性,对保持中国经济平稳健康发展至关重要。

1. 扩大内需是国内大循环的战略基点

畅通国内大循环,要支持国内最终需求的增长与提升。构建新发展格局的关键是实现两个平衡,即由国内最终需求持续增长形成的需求总量带动供给总量扩张的总量平衡,以及需求牵引供给、供给创造需求的更高水平的动态平衡。也即最终需求要立足于总量扩张和结构升级的要求,更好地

促进和带动产业升级和产品创新,形成需求与供给之间的良性互动。这一要求,着力于在传统发展格局"世界工厂"的体系之下,构建和完善最终市场部分,使中国既是服务于全球的通道中枢,又是全球最重要的最终市场,并构建以中国为最终市场的产业链、供应链体系。

2. 强大国内市场是国内大循环重要支撑

形成强大国内市场是构建新发展格局的重要支撑,也是大国经济优势所在。强调扩大内需,必须在合理引导消费、储蓄、投资等方面进行有效制度安排。近年来,中国市场和资源"两头在外"的发展模式已经悄然改变,外贸依存度由 2006 年的 60%多下降到 2020 年的 30%多,经常项目顺差同国内生产总值比率由 2007 年的 9.9%降至 2020 年的不到 1%。2008 年国际金融危机爆发以来,中国国内需求对经济增长的贡献率有 7 个年份超过100%,国内消费成为经济增长的主要动力。在推动经济双循环过程中,中国经济自主性和发展质量显著提升,构建新发展格局顺应了中国经济结构调整、推动高质量发展的内在需要。

3. 强调全国统一大市场是国内大循环的要求

习近平总书记指出,构建新发展格局,是以全国统一大市场基础上的国内大循环为主体,不是各地都搞自我小循环。① 党中央作出构建新发展格局的战略安排,提出以国内大循环为主体,是针对全国而言的,不是要求各地都搞省内、市内、县内的自我小循环。各地区要找准自己在国内大循环和国内国际双循环中的位置和比较优势,把构建新发展格局同实施区域发展战略、主体功能区战略、建设自由贸易试验区等重大决策部署有机衔接起来,全力打造改革开放新高地,着力培育经济发展新动能。需要强调指出的是,各地区在落实党中央有关构建新发展格局的战略部署过程中,要坚持系统观念,从战略全局出发精心谋划,决不能搞"小而全",更不能以"内循环"的名义搞地区封锁。

---

① 《习近平新时代中国特色社会主义思想学习问答》,人民出版社 2021 年版,第 268 页。

（二）新发展格局是开放的国内国际双循环

新发展格局不是封闭的国内循环,而是更加开放的国内国际双循环,在开放中创造机遇,在合作中破解难题,培育新形势下中国参与国际合作和竞争新优势。

1.强调国内市场和国际市场的联通

习近平总书记在企业家座谈会上指出:"以国内大循环为主体,绝不是关起门来封闭运行,而是通过发挥内需潜力,使国内市场和国际市场更好联通,更好利用国际国内两个市场、两种资源,实现更加强劲可持续的发展。"[①]经济活动从来不是孤立存在,而是一个动态、周而复始的循环过程。自改革开放以来,中国早已深度融入经济全球化中,即便是当前新冠肺炎疫情严重阻碍了全球经贸活动,中国要扩大内需仍离不开国际产业链供应链的协同和畅通。因此,扩大内需和扩大开放并不矛盾。中国是在开放环境下构建完整的内需体系,不是要闭关锁国、主动脱钩,也绝对不能把国内、国际"双循环"割裂开。而是要进一步扩大高水平对外开放,特别是要从商品和要素流动型开放走向制度型开放,打开国门搞建设。国内循环越顺畅,越能形成对全球资源要素的引力场,越有利于构建新发展格局,越有利于形成参与国际竞争和合作新优势。

2.强调国内大循环和双循环的互促

从国内大循环与国内国际双循环的关系看,国内循环是基础,两者是统一体。国际市场是国内市场的延伸,国内大循环为国内国际双循环提供坚实基础。发挥中国超大规模市场优势,将为世界各国提供更加广阔的市场机会,依托国内大循环吸引全球商品和资源要素,打造中国新的国际合作和竞争优势。国内大循环绝不是自我封闭、自给自足,也不是各地区的小循环,更不可能什么都自己做,放弃国际分工与合作。要坚持开放合作的双循环,通过强化开放合作,更加紧密地同世界经济联系互动,提升国内大循环

---

① 习近平:《在企业家座谈会上的讲话》,人民出版社 2020 年版,第 10 页。

的效率和水平。可以说，推动双循环必须坚持实施更大范围、更宽领域、更深层次对外开放，是中国同世界分享市场机遇的体现，让中国市场成为世界的市场、共享的市场、大家的市场。①

3.防范对新发展格局的认识误区

2021年1月11日，习近平总书记在省部级主要领导干部学习贯彻党的十九届五中全会精神专题研讨班开班式上指出："在实践中，我们要注意防范一些认识误区：一是只讲前半句，片面强调'以国内大循环为主'，主张在对外开放上进行大幅度收缩；二是只讲后半句，片面强调'国内国际双循环'，不顾国际格局和形势变化，固守'两头在外、大进大出'的旧思路；三是各自为政、画地为牢，不关心建设全国统一的大市场、畅通全国大循环，只考虑建设本地区本区域小市场、搞自己的小循环；四是认为畅通经济循环就是畅通物流，搞低层次物流循环；五是一讲解决'卡脖子'技术难题，什么都自己干、搞重复建设，专盯'高大上'项目，不顾客观实际和产业基础，结果成了烂尾项目；六是讲扩大内需、形成国内大市场，又开始搞盲目借贷扩大投资、过度刺激消费，甚至又去大搞高能耗、高排放的项目；七是不重视供给侧结构性改革，只注重需求侧管理，无法形成供给创造需求的更高水平动态平衡；八是认为这只是经济科技部门的事，同自己部门关系不大，等等。这些认识都是片面的甚至是错误的，必须加以防范和纠正。"②

三、构建新发展格局的关键着力点

习近平总书记指出："构建新发展格局是一个系统工程，既要'操其要于上'，加强战略谋划和顶层设计，也要'分其详于下'，把握工作着力点。"③加

---

① 参见刘鹤：《加快构建以国内大循环为主体、国内国际双循环相互促进的新发展格局》，《人民日报》2020年11月25日。

② 习近平：《论把握新发展阶段、贯彻新发展理念、构建新发展格局》，中央文献出版社2021年版，第483—484页。

③ 习近平：《论把握新发展阶段、贯彻新发展理念、构建新发展格局》，中央文献出版社2021年版，第13—14页。

快构建新发展格局,必须抓住主要矛盾,立足当前、着眼长远,把握好工作着力点,需要从持久战总体战的角度系统谋划、抓住矛盾、找准重要着力点全面推动。

(一) 坚持扩大内需

构建新发展格局,关键是要坚持扩大内需这个战略基点,把实施扩大内需战略同深化供给侧结构性改革有机结合起来,使生产、分配、流通、消费更多依托于国内市场,形成国民经济良性循环。具体来看,要在提升供给体系对国内需求的适配性等方面切实发力,形成需求牵引供给、供给创造需求的更高水平动态平衡,全面促进消费,增强消费对经济发展的基础性作用,全面促进消费,提升传统消费,培育新型消费,发展服务型消费,使国内市场成为最终需求的主要来源,充分用好中国超大规模市场优势。[①]

(二) 实行高水平对外开放

进一步扩大对外开放是构建新发展格局的必然要求。站在新的历史起点上,要更好利用国际国内两个市场、两种资源,提高在全球配置资源能力。要坚持实施更大范围、更宽领域、更深层次对外开放,依托中国超大规模市场优势,促进国际合作,实现互利共赢,同世界经济形成更加紧密联系。要持续扩大中国外贸进口和出口、利用外资、对外投资的规模,深入参与国际循环。要完善自由贸易试验区布局,赋予其更大改革自主权。要推动共建"一带一路"高质量发展,推进基础设施互联互通,构筑互利共赢的产业链供应链合作体系。要维护多边贸易体制,推动新兴领域经济治理规则制定,实施自由贸易区提升战略。要坚定维护多边主义,积极塑造有利的国际环境,使国内循环和国际循环相互促进、相得益彰。[②]

---

① 参见魏杰、陆园园:《构建新发展格局的几个着力点》,《经济日报》2021年5月14日。
② 参见张彦台:《构建新发展格局的重要着力点》,《经济日报》2021年9月6日。

（三）推动产业链供应链优化升级

习近平总书记指出："要提升产业链供应链现代化水平，大力推动科技创新，加快关键核心技术攻关，打造未来发展新优势。"①推动产业链供应链优化升级是稳固国内大循环主体地位、增强在国际大循环中带动能力的迫切需要。必须坚持以深化供给侧结构性改革为主线，积极推进产业链供应链优化升级，用系统性办法解决产业链供应链结构性问题，构建现代化产业体系。要发挥制造业实体经济主体的重要作用，夯实产业链供应链基础。要优化区域产业链布局，制定鲜明的区域特色的战略政策，提高产品和服务质量，增强产业链竞争力，提升产业链供应链抗风险能力。

（四）全面深化改革

加快构建新发展格局，要继续用足用好改革这个关键一招，善于运用改革思维和改革办法，发挥好改革的突破和先导作用。经济体制改革是全面深化改革的重点。要继续完善社会主义市场经济体制，处理好政府和市场的关系，使市场在资源配置中起决定性作用，更好发挥政府作用。进一步发挥经济体制改革牵引作用，协同推进其他领域改革，形成强大的改革合力。要坚持质量第一、效益优先，切实转变发展方式，推动经济发展质量变革、效率变革、动力变革，调整供给结构，使其更有利于满足市场需求，加大对战略性新兴产业、现代制造业和服务业的投资。

第二节　数字贸易是畅通内外循环的有效牵引

数字贸易是数字经济的重要组成部分，在数字技术的驱动下，数字贸易蓬勃兴起，成为国际贸易发展的新趋势，为全球经济活动运行注入了新动

---

① 习近平：《在企业家座谈会上的讲话》，人民出版社 2020 年版，第 10 页。

能。联合国贸发会议（United Nations Conference on Trade and Development，UNCTAD）发布的《2019 年数字经济报告》显示，2018 年，可数字化交付服务的出口额已占全球服务出口的 50%，可数字化交付服务的全球出口增长速度远远超过整体服务出口。①

作为发展外向型数字经济的主要载体，数字贸易将成为国内国际双循环相互结合、相互促进的一个综合性业态。发展数字贸易，既有利于促进国内经济大循环的畅通，也有利于国际经济循环的畅通，是推动形成国内国际双循环相互促进的新发展格局的"加速器"。

一、壮大数字贸易是推动贸易高质量发展的必然要求

推动经济转向高质量发展，是构建新发展格局的发展主题，也是推动中国经济持续稳健发展的战略目标。推进数字贸易化和贸易数字化发展是国家在深度研判当前国内外形势下作出的重要判断和创新举措，起到了引领发展的关键作用，将在未来一段时间内，为中国贸易高质量发展、服务构建新发展格局提供不竭动能。

（一）发展数字贸易可以推动更高水平开放型经济构建

数字贸易是数字时代的产物，是人工智能、大数据、云计算等数字化基础技术与国际经贸活动深度融合的结晶，通过数字技术、数据要素、数字交付、数字订购、数字化平台等在跨境贸易活动中的运用，不断衍生出了诸多跨境贸易新业态、新模式、新场景。各国已经普遍注意到，数字贸易的发展正在加速全球资金、技术、人才、知识、数据、服务等要素的流动，不断拓展服务可贸易边界并扩大规模经济和范围经济效应。数字贸易将成为未来世界各国在数字经济领域竞相博弈的战略基点。

_____

① 参见联合国贸易和发展会议：《2019 年数字经济报告》，联合国数字图书馆，见 https：//digitallibrary.un.org/record/3833647？ ln＝zh_CN。

长期以来,劳动密集型产业是中国出口部门的优势所在和基本特点。随着中国贸易经济向高质量发展的步伐加快,低成本、低附加值的传统发展方式难以为继,贸易经济转型升级迫在眉睫。在新时代,发挥好数字贸易对中国经济的拉动作用,是对外贸易发展中需要解决的现实问题。

进一步扩大对外开放是构建新发展格局的要求,在这个过程中,数字贸易将有助于中国构建更高水平开放型经济。数字经济和数字贸易带来了产业空间和产业形态的变化,通过数字技术的运用,将会加快贸易效率的提升、贸易流程的优化、贸易成本的降低、新兴产业的催生,同时,通过数据流带动和加快技术流、资金流、人才流,从而促进资源配置的优化和全要素生产率的提升,将会改变中国传统以劳动密集型为主的贸易形态,拓展中国外贸发展新空间。[1]

(二) 发展数字贸易可以有效应对国际经贸新形势

新冠肺炎疫情暴发后,全球经济陷入充满不确定性的环境,疫情隔离和国家地区间的"封锁"成为全球贸易发展的最大阻力,航运海运等几乎处于"暂停"阶段,全球贸易和市场处于萎靡不振的状态。大量的传统企业面临破产倒闭危机,零售、旅游以及航空等行业承受巨大压力。2020年,中国传统服务贸易大幅下滑,但数字贸易逆势而上,代表性的知识密集型服务进出口额为20331.2亿元,同比增长8.3%,占服务进出口总额的比重达到44.5%,提升9.9个百分点。[2] 同年,跨境电商进出口总额达1.69万亿元,同比增长31.1%,成为货物贸易增长的有力支撑。[3]

加快数字贸易发展,是适应全球各产业链新兴经济与传统经济市场格局大变化的必然选择,可以帮助中国有效应对复杂的国际经贸环境。数字

---

① 参见李权:《数字贸易推动中国新发展格局构建》,《第一财经日报》2021年10月27日。

② 参见《2020年中国服务进出口总额达45642.7亿元》,《人民日报海外版》2021年2月9日。

③ 参见《2020年我国跨境电商进出口额同比增长超三成》,《人民日报》2021年7月13日。

化则将经济的发展形态从传统的物理化转移到万物互联的数字化世界,数字经济和数字贸易率先发力,呈现出逆势增长的格局,在线教育、培训、会议、消费以及工业互联网等确保生产生活的延续,巨大的需求背后正是数字贸易引领经济的恢复性增长,疫情防控取得阶段性胜利后,中国经济从2020年第二季度开始"扭负为正",成为全球极少数经济正增长的国家。全球化智库(Center for China and Globalization,CCG)与韩礼士基金会(Hinrich Foundation)发布的《数字革命:中国如何在国内外吸引数字贸易机会》报告显示,如果充分利用数字贸易,到2030年,中国数字贸易出口价值预计将增长207%,达到5万亿元,数字贸易将创造37万亿元的经济效益。数字贸易的平台化、科技化以及5G商用化加速应用,助推中国经济保持较好的正增长走势,加快推进数字贸易平台建设,国务院确立的跨境电商八大区域试点进入大规模应用阶段,并推出了一批重要成果。

(三) 发展数字贸易可以重塑全球产业链供应链

全球产业链已成为世界经济的典型特征,是全球生产循环的最本质内容。改革开放以来,中国积极主动地融入全球价值链,中国制造畅销全球,成为"世界工厂"。

由于全球贸易受到新冠肺炎疫情的冲击,产业链和供应链处于"中断"的状态,而数字经济和数字贸易则逆势发展。数字化已经成为引领国际贸易蓬勃发展的强劲动力,数字贸易的发展将迎来崭新的发展机遇,将成为未来全球经济的重要风向标,也是重塑全球产业链供应链的关键力量。

新冠肺炎疫情带来了极大的破坏性,疫情防控隔离以及带来的传统行业的"停工停产"等造成了巨大的经济损失,而数字化技术的应用和万物互联的发展则起到了稳定产业链运行的重要作用。疫情期间,在线办公、在线教育、线上化金融服务等一系列数字经济的应用场景得到了快速发展,以大数据、云计算和人工智能等为核心的"新基建"带动了消费、贸易的稳步发展,数字化产业聚集,产业链运行稳定,给人们的生活生产带来了新的希望,也产生了新的业务场景和生态。数字化产品和服务的出口额快速增长,跨境电商、在线交易、数据贸易等形式的出口愈加成熟,国际市场占有率大幅度提升,填补了传统产业链"断裂"的鸿沟,催生了新的产业链。数字贸易的产业链逐步完善,传统的产业链供应链体系与工业互联网、人工智能和现代物流体系融合,助推中国高水平对外开放,融入国际大循环。

同时,数字贸易改变了传统生产组织的形式。就生产组织而言,数字化平台因提供了充分的需求和供给信息,将传统以企业为中心的生产模式转变为以产品为中心。对于全球生产,数字化生产能使产品制造进一步突破企业的边界,使产品内分工更为细化,进一步降低生产的交易成本和提高生产效率。数字化平台可以将全球各地的参与者聚集起来,提高跨境搜寻和协调的效率,并能让小企业参与进来,电子商务市场通过汇集大量的选择机会,使定价和比较更加透明。全球业务的成本和风险都在转移,知识和无形资产的重要性日益上升,加大了培养数字能力和劳动力技能的风险,生产自动化降低了劳动力成本套利的价值,并使基于靠近客户的地理位置决策成为可能。因此,数字经济正在全方位影响着全球分工格局。根据世界贸易组织(World Trade Organization,WTO)发布的《2018 年世界贸易报告》,目前全球服务贸易中超过一半的比例、跨境货物贸易中有 12% 以上的比例都已实现数字化;同时预测,在数字技术的带动下,2016—2030 年全球贸易每年将额外增加 2 个百分点。[1] 中国需要进一步推动数字贸易的技术创新,推动中国的价值链转变为数字化价值链,抓住新科技革命的发展机遇期,构建以中国为核心的数字贸易产业链。[2]

二、数字贸易是国内大循环的延伸方向

数字贸易要在构建新发展格局中找准定位,国内大循环为数字贸易发

---

[1] 参见倪红福、田野:《新发展格局下的中国产业链升级和价值链重构》,《中国经济学人》2021 年第 5 期。

[2] 参见邓宇:《数字贸易:"双循环"发展新格局下的经济风向标》,《现代商业银行》2020 年第 19 期。

展提供了扎实基础,而数字贸易繁荣也有利于提升中国供给体系的适配性,进一步推动数字经济提质增效。

(一) 数字贸易提升供给体系对国内需求的适配性

提升供给体系的适配性,是畅通国内经济大循环的首要路径。进入新发展阶段,中国消费需求已经转向个性化、差异化、品质化,人民群众对高质量产品的需求与日俱增,这要求建立不断满足人民日益增长的美好生活需要的供给体系。同时,随着移动互联网的广泛运用发展、跨境电子商务模式的逐步成熟以及居民消费习惯的变化,商品跨境网购也逐渐普及。

数字技术和数字贸易的发展,可以为供求双方提供更便捷、丰富的商品信息,使供应商更容易实现个性化产品设计和定制,从而推动国际贸易向个性化、定制化方向转变,进而推动消费品供给向多样化、定制化转变,提升供给体系对国内需求的适配性。同时,B2B 和 B2C 模式的全球在线零售网络以其便捷的下单方式、快捷的物流运输、丰富多样的品种选择,使人们足不出户便可以购买全球的产品或服务。[1] 此外,可以帮助中国产业链企业进一步拓展市场空间,拓宽中小企业嵌入产业集群的渠道,促进各地区合理分工,专注于发展具有比较优势的产业,增强竞争力,延伸国内产业链,畅通国内产业循环。

(二) 数字贸易推动数字经济提质增效

2020 年 9 月 4 日,习近平总书记在中国国际服务贸易交易会全球服务贸易峰会上指出,"我们要顺应数字化、网络化、智能化发展趋势,共同致力于消除'数字鸿沟',助推服务贸易数字化进程"[2]。数字贸易是数字经济的重要组成部分,也是发展外向型数字经济的主要载体。从另一维度看,数字贸易发展也可推动中国数字经济提质增效。

---

[1] 参见戈晶晶:《加快推动数字贸易高质量发展》,《中国信息界》2021 年第 4 期。
[2] 《习近平在 2020 年中国国际服务贸易会全球服务贸易峰会上致辞》,中国政府网,见 http://www.gov.cn/xin wen/2020-09/04/content_5540725.htm。

一方面,发展数字贸易可以吸引全球创新要素流入中国市场,弥补国内数字经济发展短板。数字贸易是数据、技术、资金等要素高度密集的市场活动,可以带动不同要素在国内外市场中高效流转。高技术水平的国际经济大循环带来的技术溢出效应和示范效应,有助于促进国内产业转型升级、增强国际竞争力。

另一方面,发展数字贸易进一步丰富了中国企业参与国际竞争的机会。数字贸易背景下,贸易活动主导力量从传统跨国公司转向平台企业,中小企业甚至个体均获得了参与国际贸易的机会,数字贸易成为越来越多的中小企业青睐的贸易方式,有利于国内企业深度融入国际经济大循环,进而为国内经济大循环提供动力。各地区和各行业也可以通过利用自身数字经济发展优势,在全国发展大局中找准数字贸易发展切口形成发展优势。

此外,有助于进一步拓展中国在全球数字经济领域的影响力。中国数字经济发展愈加成熟,而数字贸易是中国向世界提供全球公共产品的重要渠道。借助数字贸易,中国可以向国际社会提供数字经济发展的"中国智慧",不仅包括先进的数字产品和服务、数字基础设施、数字贸易平台等硬贡献,也包括数字经济治理和发展的国际规则、数字治理与合作的组织机制建设、数字经济发展的先进经验模式等软贡献,进而进一步提升中国数字经济的全球影响力。

三、数字贸易是促进国际经济循环的关键枢纽

习近平总书记指出:"构建新发展格局的关键在于经济循环的畅通无阻,就像人们讲的要调理好统摄全身阴阳气血的任督二脉。"[1]"十三五"时期,随着数字技术与国际贸易加速融合,中国数字贸易保持高速增长,规模持续扩大,比重逐步提高,展现出亮眼的发展潜力,数字贸易成为促进国际

---

[1] 习近平:《论把握新发展阶段、贯彻新发展理念、构建新发展格局》,中央文献出版社2021年版,第484页。

经济循环畅通的重要枢纽。

（一）联结国内市场与国外市场

尽管当前经济全球化遭遇逆流,但数字经济的合作趋势却难以阻挡。一方面,国内数字经济快速发展带动了数字领域进口、出口需求激增。进口方面,党的十八大以来,中国进口数字服务年均增长 6.0%,高出全球 1.0 个百分点,其中 2020 年电信计算机和信息服务、金融服务进口分别增长 22.6% 和 28.6%,有力支撑了国际经济的有序循环。[①] 出口方面,"十三五"时期,除 2017 年外,中国数字贸易出口额均大于进口额,展现出较强的国际竞争力。[②] 发展数字贸易对减少中国服务贸易总体逆差、提升服务贸易竞争力具有重要作用,也有力维护了全球产业链供应链稳定。

另一方面,数字贸易成为企业"引进来"和"走出去"的重要领域。"引进来"方面,众多国际知名企业在中国获得了广阔的发展市场,面向中国用户提供信息技术软件、电子器件、数据信息服务、管理咨询服务等数字服务。"走出去"方面,中国企业的出海正逐步实现从劳动密集型、资本密集型的产品出口到高技术产品、新兴商业模式输出;从互联网工具出海、到跨境电商和游戏出海、到视频和短视频出海,再到智能设备制造商甚至科技服务提供商出海的转变。联合国贸发会议《2019 年数字经济发展报告》将中国的腾讯、阿里巴巴列入全球七大"超级平台"。福布斯"2019 全球数字经济 100 强排行榜"中,中国上榜企业 14 家,位列第二。

（二）推动国际贸易方式变革

2020 年新冠肺炎疫情暴发之后,以数字技术为基础的远程办公、视频会议、在线教育、远程医疗、跨境电商、网上展会等新业态新模式异军突起,更是对国际循环畅通发挥了重要促进作用。

---

① 参见商务部:《中国服务进口报告 2020》,见 http://images.mofcom.gov.cn/aqyqzj/202012/20201208091839285.pdf。

② 参见商务部研究院:《中国数字贸易发展报告 2020》。

　　数字技术积极助力国际贸易方式变革创新,进一步强化对外贸易纽带,助推形成新发展格局。数字经济中各技术模块的融合、集成应用,有利于优化贸易各环节及其运行过程,促进实现内需和外需、供给和需求联动发展,降低贸易成本,提高贸易效率,为国内国际双循环相互促进奠定良好基础。比如,通过对贸易数据的实时抓取与深度挖掘,可以降低信息搜集费用、时间及风险,有利于克服贸易信息壁垒;数字技术与物流服务融合,实现货物仓储、分拣运输智能化,可以降低运输空载率以及运输成本。又如,通过实时分析贸易数据实现决策处理自动化,可以提高出口企业运行效率;推动公共服务信息化进程,可以缩短贸易时间、提高贸易效率。再如,发展数字经济不仅可以促进国内供给能力提升,而且可以通过数字经济平台扩大进口规模,强化对外贸易纽带,推动国际经济循环。进口规模扩大,又可以促进国内消费升级,进而加速产品更新迭代、促进国内产业升级,为出口贸易创造条件,推动国内国际双循环相互促进。①

　　例如,新技术加速拓展服务外包领域。2020 年我国数字化程度较高的集成电路和电子电路设计业务离岸执行额 490.9 亿元,同比增长 41%;知识密集型的医药和生物技术研发业务离岸执行额 488.1 亿元,同比增长 25%。② 人工智能的发展迅速,对服务外包产业发展规模的影响既有替代效应,也有增量效应。替代效应体现在人工智能将代替人力的服务外包,尤其是对于简单、高频的服务内容,人工智能无论是在成本还是服务质量上都表现得更好。增量效应体现在人工智能拓宽服务外包领域,在上游人工智能芯片领域,人工智能芯片需要衍生出对人工智能芯片设计需求。根据中商产业研究院数据,2017 年全球人工智能芯片市场规模达 44.7 亿美元;在下游人工智能应用领域,更加智能的服务吸引更多市场主体发包,比如政府发包构建"智慧城市",制造业企业发包构建"智能工厂",农业企业发包构

---

　　① 参见赵春明、班元浩:《发展数字经济　推动形成新发展格局》,《人民日报》2020 年12 月 1 日。

　　② 参见商务部:《2020 年中国服务外包情况》,见 http://www.mofcom.gov.cn/artical/i/iyil/l/202102/20210203038253.shtml。

建"精准农业"等。①

再如,云计算成为信息技术外包增长的重要动力。2016—2018年,全球云计算市场规模从 874 亿美元增长至 1883 亿美元,年均增速高达 29.2%。根据服务外包的定义,2019 年全球云计算服务外包规模达 788 亿美元,同比增长 31.3%。随着更多的企业和政府上云,云计算服务外包仍将处于高速发展阶段,预计到 2023 年,全球云计算服务外包规模将达到 1720 亿美元,年均增速达 21.5%。中国云计算服务外包保持高速增长。2015—2019 年,中国云计算服务外包规模从 47.2 亿元增长至 494.5 亿元,增长近 9.5 倍,年均增速高达 79.9%。②

(三) 成为各地区实现贸易突破发展的有力抓手

以数字贸易引领贸易创新发展,将是未来一个时期中国优化贸易结构、提升贸易效益、增强贸易实力的重要方向,各自由贸易试验区将是中国推动贸易高质量发展的排头兵,数字贸易成为各地区实现突破发展的重要抓手。国家也出台文件大力发展数字贸易,推进国家数字服务出口基地建设,打造数字贸易集聚区,2020 年遴选出了首批 12 家数字服务出口基地。

数字贸易拥有巨大的发展潜力,在顶层设计的指引下,中国的数字贸易试验和推广摸索出了很多有益的经验,以北京市、上海市和浙江省等地为代表,催生了很多数字贸易试验区和场景,形成了各具特色的数字贸易模式。北京市积极打造数字贸易示范区,先后发布了《北京市关于打造数字贸易试验区的实施方案》《北京市关于促进数字贸易高质量发展的若干措施》等多个政策文件,通过中关村软件园、金盏国际服务合作区、大兴机场临空经济区三个数字贸易示范区,进行"三位一体"规划,推进各项试点政策落地实施,打造全球数字贸易发展高地。上海市在数字贸易领域率先探索发声,

---

① 参见商务部:《中国服务外包发展报告 2019》,见 http://images. mofcom. gov. cn/fms/202101/20210104191758688.pdf。

② 参见商务部:《中国服务外包发展报告 2019》,见 http://images. mofcom. gov. cn/fms/202101/20210104191758688.pdf。

在《上海市数字贸易发展行动方案（2019—2021年）》中提出"一港三中心"的建设目标，"一港"即数字贸易国际枢纽港，"三中心"即数字贸易创新创业中心、数字贸易跨境交易促进中心和数字贸易全球合作共享中心，力争将上海加快建设成为全球范围内要素高效流动、数字规则完善、总部高度集聚的"数字贸易国际枢纽港"。浙江省拥有以阿里巴巴、网易等为代表的数字贸易企业，发展数字贸易的政策、环境和生态都非常优越，形成了数字贸易的"浙江模式"。2020年，浙江省印发了《浙江省数字贸易先行示范区建设方案》，大力扶持跨境电子商务等业务发展，做强跨境电商主场优势，完善产融合作机制，提出了数字贸易发展"两步走"的近期与远景目标。

此外，数字贸易有助于统筹沿海沿江沿边和内陆开放，各地都有数字贸易发展的契机和优势点。依赖数字贸易中具有代表性的数字交付贸易，各地不再局限于沿海沿边束缚，而是拓展至更广阔空间，有助于培育更多内陆开放高地，提升沿边开放水平，实现高质量"引进来"和高水平"走出去"，推动贸易创新发展，更高质量利用外资。

第三节　数字贸易成为新时期
经贸合作的主攻方向

纵观历史，贸易强国的崛起往往伴随着技术体系的变革。当前数字技术正在改变全球贸易根本图景，应用数字技术提高国家的技术竞争力和产业竞争力是成为贸易强国的关键。各国纷纷推进贸易数字化转型，加快数字贸易发展。

一、数字贸易是各国竞相发展和推进合作的新兴领域

为抢抓数字发展机遇，美国、欧盟等国家和地区纷纷在数字贸易领域开展布局，同时抢占数字贸易相关经贸规则制定的发声先机和主动权。

（一）各主要经济体将数字贸易作为发展的战略方向

美国率先从信息技术对全球价值链体系升华所带来的快速发展关注数字贸易,尝试主导推动全球数字贸易一体化、自由化发展。2013 年和 2014 年美国国际贸易委员会（United States International Trade Commission,USITC）分别发布了《美国和全球经济中的数字贸易》,为数字贸易体系构建奠定了基础。在《2015 年国会两党贸易优先事项和责任法案》中,美国对推动数字贸易相对于传统贸易的非歧视性原则、自由化原则的目标作出了相应的规定,法案明确要求政府不得强制数据的本地化存储以及设置数字贸易障碍。之后美国着力推动数字贸易自由化发展,美国贸易代表办公室（Office of the United States Trade Representative,USTR）成立专门的部门持续跟踪各个国家制定的数字贸易壁垒并发布《外国贸易壁垒评估报告》,对数字贸易壁垒对美国及其企业造成的影响进行分析评估。

欧盟继承构建欧盟内部统一的数字市场的数字经济政策,并推动数字一体化体系由内部逐步向外部国家扩展。2017 年欧洲议会国际贸易委员会通过《数字贸易战略》,除了促进建立欧盟数据贸易战略、加快制定相关的政策来保证跨境数据的自由流动外,还提出应该增加对欧盟贸易伙伴的"充分性认证"的数量,确保第三国开放数字产品及服务,逐步放开对欧盟外部国家的数字贸易限制,将其逐步融入欧盟数字体系。为了进一步推动欧洲的数字化发展,欧盟于 2018 年公布了《数字欧洲计划》,计划投资 92 亿欧元用于互联网安全、计算机技术、人工智能以及数字技术的发展和普及。欧盟的数字贸易战略与美国有异曲同工之处,同样是促进数字贸易自由化,但执行方式却存在显著差异,欧盟的数字贸易战略具有典型的"欧盟特征",从欧盟内部开始,基于欧盟高度一体化的区域发展特性,从欧盟内部成员国开始打破各国之间的数字贸易壁垒,建立欧盟内部的互联互通机制,推动内部数字贸易自由化,进而形成欧盟自身主导的数字贸易体系。

日本继承以科技创新为突破口的数字经济战略推动数字贸易发展。2021 年 6 月,日本经济产业省发布的《通商白皮书 2021》专门强调了数字技术对于疫情下稳定全球供应链的重要性,数字技术的引入具有鼓励中小企业参与和扩大交易机会的作用,可以成为"普惠供应链"的关键。[①] 日本的数字化贸易战略的出发点是本国如何去融入、适应数字贸易时代,因而更加注重本国的"数字硬实力",通过积极发挥新型生产要素的融合性,将其充分融入本国产业结构中,完成数字化改造。数字技术是数字贸易时代的重中之重,因此日本着眼于数字技术发展,从技术层面把握数字时代发展机遇,将数字技术应用到国家各个领域,从而确定领先优势,为今后日本在全球数字贸易体系构建过程中赚得先机。

(二) 数字贸易逐渐成为国际经贸规则的重点内容

数字技术在贸易领域中的应用带来了贸易方式和贸易对象的改变,对传统国际贸易规则带来重大挑战,相关国际组织和国家也不断发展新兴的贸易规则,来推动和完善数字贸易领域的经贸合作。当前虽然仍难以在全球范围内形成高度统一的数字贸易规则,但各经济体也尝试通过区域性双边和多边贸易协定对数字贸易领域的国际合作问题进行针对性、前瞻性、专门性的规制。

一是促成以数字贸易为专门对象的国际合作协定。例如,2020 年 6月,新加坡、智利、新西兰三国正式签署《数字经济伙伴关系协定》(Digital Economy Partnership Agreement, DEPA),这是首个数字经济的专门国际协定,旨在加强三国间数字贸易合作并建立相关规范,代表了数字时代的一种新型全球经济合作范式,致力于便利化无缝的端到端数字贸易,允许可信任的数据流动,构建数字系统的信任。2021 年 11 月,中国正式提出申请加入DEPA。

二是建立以数字经济为主要内容的跨境统一市场。例如,欧盟坚持合作共赢原则,着力打破成员国间的数字市场壁垒,推动建立数字单一市场,

---

① 参见日本经济产业省:《通商白皮书 2021》,见 https://www.meti.go.jp/report/tsu-haku2021/pdf/2021_2entai.pdf。

重视数据保护与开放共享,积极构建欧盟内部统一的数字市场,同时推进人工智能发展与治理。在此基础上逐步放开对欧盟外部贸易伙伴国的限制,将外部国家逐步纳入欧盟的数字贸易体系,将以欧盟为主体的"区域数字贸易体系"逐步发展成为"全球数字贸易体系",成长为全球数字贸易的领导者。美国、墨西哥和加拿大 2020 年签署的《美墨加贸易协定》(USMCA),则首次在国际协定中设置了数字贸易章节,力图实现数字要素在北美市场的自由、便利流动。

三是将数字贸易作为经贸规则的重点内容进行强调。为应对数字贸易发展的新需求,近年来新签的国际协定多将数据跨境流动、计算机设施本地化限制、跨境电子商务、在线消费者保护、数字税等数字贸易的重点问题作为重要议题。包括《全面与进步跨太平洋伙伴关系协定》(CPTPP)、《区域全面经济伙伴关系》(RCEP)、《跨大西洋贸易与投资伙伴协议》(TTIP)、《美韩自由贸易协定》(KORUS FTA),以及中国与新西兰、新加坡等国升级的自贸协定等,都不乏数字贸易合作相关内容。各国力求通过达成贸易协定,开放数字贸易市场。

二、数字贸易是展示中国对外合作积极形象的新窗口

中国紧抓数字贸易发展机遇,加快打造更加开放、透明、包容的全球数字贸易发展新生态,积极推进数字贸易领域的国际合作。

(一)中国加快数字贸易全方位发展布局

1. 数字贸易发展政策框架基本搭建

"十三五"时期,中国出台了一系列政策措施,从宏观部署、行业促进、先行先试等多维度形成了推动数字贸易发展的政策框架。

宏观部署层面。2019 年,中共中央、国务院印发《关于推进贸易高质量发展的指导意见》,提出加快数字贸易发展,推进数字服务出口基地建设。2020 年,国务院办公厅印发《关于推进对外贸易创新发展的实施意见》,进

一步提出大力发展数字贸易,鼓励企业向数字服务和综合服务提供商转型,建设贸易数字化公共服务平台,服务企业数字化转型。

行业促进方面。2017年,国务院印发《新一代人工智能发展规划》,鼓励人工智能企业"引进来""走出去";推动在"一带一路"沿线建设人工智能国际科技合作基地、联合研究中心等,加快推广应用;推动成立人工智能国际组织,制定相关国际标准;支持搭建全球化服务平台。2019年,国家发展改革委、市场监管总局联合印发《关于新时代服务业高质量发展的指导意见》,提出要培育文化创意、数字服务、信息通讯、现代金融、广告服务等新兴服务贸易,扩大研发设计、节能环保、质量管理等高技术服务进出口。2020年,国务院新设46个跨境电商综合试验区,全国将拥有覆盖30个省(自治区、直辖市)的105个试验区。

先行先试方面。2020年,商务部印发《全面深化服务贸易创新发展试点总体方案》,划定了北京市、天津市、上海市、海南省等28个省(自治区、直辖市)作为试点地区,明确了大力发展数字贸易的各项举措,包括完善数字贸易政策,优化数字贸易包容审慎监管,进一步深化服务贸易创新发展试点,探索数字贸易管理和促进制度。探索构建数字贸易国内国际双循环相互促进的新发展格局,积极组建国家数字贸易专家工作组机制,为试点地区创新发展提供咨询指导等。国务院批复的《关于深化北京市新一轮服务业扩大开放综合试点建设国家服务业扩大开放综合示范区工作方案》,提出要在北京推进数字经济和数字贸易发展,打造统计数据和企业案例相结合的数字贸易统计体系,研究建立完善数字贸易知识产权相关制度,打造数字贸易发展引领区。

2.纳入"十四五"时期发展的战略方向

"十四五"时期,数字贸易将成为中国对外开放向格局更优、层次更深、水平更高方向发展的重要抓手。

《"十四五"服务贸易发展规划》明确了数字贸易发展方向:"大力发展数字贸易。完善数字贸易促进政策,加强制度供给和法律保障。积极支持数字产品贸易,为数字产品走出去营造良好环境。持续优化数字服务贸易,进一步促进专业服务、社交媒体、搜索引擎等数字服务贸易业态创新发展。稳步推进数字技术贸易,提升云计算服务、通信技术服务等数字技术贸易业态关键核心技术自主权和创新能力。积极探索数据贸易,建立数据资源产权、交易流通等基础制度和标准规范,逐步形成较为成熟的数据贸易模式。提升数字贸易公共服务能力。建立数字贸易统计监测体系。加强国家数字服务出口基地建设。布局数字贸易示范区。加强数字领域多双边合作。"规划同时设立了"数字贸易示范区"专栏任务,提出要推进服务外包数字化高端化,促进传统服务贸易数字化转型,建立健全数字贸易治理体系,提升数字贸易治理能力和水平。

《"十四五"国家信息化规划》将"数字贸易开放合作行动"列为推进国家信息化进程的十大优先行动之一。规划提出,要"开展数字贸易先行示范。依托自由贸易试验区、海南自由贸易港等,建设数字服务出口基地,加快打造数字贸易重要载体,形成数字服务出口集聚区,打造具有全球竞争力的数字贸易先行示范区",要"完善数字贸易服务体系。加强对数字贸易企业海外市场需求、法律法规等方面的信息服务,提升海关智能化和通关便利化支撑能力。扩大数字贸易市场对外开放,促进数字贸易区域协调发展",要"健全数字贸易发展支撑体系。建立数字贸易统计制度和方法,完善相关统计监测、运行和分析体系。探索符合新时代数字贸易发展特点的监管体系,加强监管协作,探索监管创新的容错机制"。

(二) 中国积极推进数字贸易领域国际合作

数字贸易有助于加强中国与世界各国的经贸关系,是展现中国高水平对外开放的新典范和窗口,将在纷繁复杂的国际经贸环境中助力中国开创数字经贸合作的新局面。

近年来,中国积极推动数字贸易开放发展与互利合作。习近平总书记提出的网络空间命运共同体主张日益深入人心,2020 年中方发起的《全球数据安全倡议》为制定数字安全全球规则提供了蓝本,受到了多国广泛支持,将有助于建立和平、安全、开放、合作、有序的网络空间,共同打造数字命运共同体。"数字丝绸之路"建设影响力逐步提升,截至 2022 年 1 月,中国已与 171 个国家和国际组织共签署 205 份共建"一带一路"合作文件,随着"一带一路"沿线国家信息基础设施水平不断提高,数字贸易快速发展的条件将逐步成熟,地区间数字鸿沟将逐步缩小,将为地区间数字贸易相关企业开辟巨大市场。此外,中国还出台了《数字经济对外投资合作工作指引》,鼓励企业积极融入数字经济全球产业链,建设数字化经贸国际合作区,营造数字经济国际合作良好环境,推动形成更高水平的国内国际双循环。

同时,中国也积极推进具体各行业领域的对外开放合作。不断放宽相关领域市场准入,有序推进电信、互联网、教育、文化、医疗等领域相关业务开放。有效提高跨境服务贸易开放水平,建立健全跨境服务贸易负面清单管理制度,促进资金、信息、数据、技术、人才等要素跨境流动便利化。各业务方向的国际合作也不断拓展,例如,区块链技术国际合作方面,随着"一带一路"建设深入推进,中国与马来西亚、印度尼西亚、哈萨克斯坦、新加坡等沿线国家加强区块链技术在跨境贸易、数字货币、资格认证等方面的应用,区块链技术与跨境贸易深度融合,生态体系逐步完善。北斗系统卫星导航全球服务能力增强。目前,北斗相关产品已出口 120 余个国家和地区,与全球 137 个国家签订北斗合作协议,向"一带一路"沿线国家和地区亿级以上用户提供服务。

| 第 二 章 |

数字贸易的内涵特征与规则演变

第一节　数字贸易的内涵与特征

随着国际贸易数字化发展,全球正逐渐兴起以数字贸易为中心的第四次全球化浪潮,对全球价值链、产业链、供应链、创新链产生冲击,国际贸易分布、产业部署面临巨大挑战,新的国际治理格局、国际规则正在到来。了解数字贸易的概念、构成及特征,将对进一步探究其发展规律和影响等具有基础性意义。

一、数字贸易的概念界定

目前,全球各国对数字贸易的理解并不一致,在世界范围内也无权威精准定义。总体来说,大部分国家和地区认为数字贸易是指互联网上的产品和服务交易。

美国是数字贸易概念提出的先行者,美国国际贸易委员会和美国贸易代表办公室、美国国会研究服务局多次对数字贸易概念进行了解释。随着对数字贸易概念理解的不断深化,美国对数字贸易的关注点由贸易本身转向数字技术、数字化服务贸易对贸易中产品、生产、交易、平台等领域的赋能。

欧盟委员会在 2015 年颁布《数字贸易单一市场战略》,提出数字贸易是利用数字技术向企业和个人提供数字服务和数字产品。欧洲议会国际贸易委员会制定《数字贸易战略》,突出了数字贸易的战略定位,将消费者基本权利纳入数字贸易的考虑范畴。

日本经济产业省在《通商白皮书2018》中明确指出,数字贸易是通过互联网技术向消费者提供服务、商品与信息的商务活动,包括通过互联网提供的服务和产品、跨境电子商务、企业间的跨境数据交易等。

澳大利亚提出,数字贸易不只是在线购买商品和服务,还包括信息和数据的跨境流动。数字贸易的发展有赖于数字技术在贸易便利化和生产力改善方面的应用,例如简化海关程序。虽然信息和数据的流动并不一定能带来直接的收益,但他们是数字贸易的关键推动力量。

中国官方尚未给出数字贸易的详细定义,商务部发布的《中国数字贸易和软件出口报告2017》指出,随着数字技术的快速发展,全球产业结构、组织生产方式和产品内容等都发生了深刻变化,在这种趋势的推动下,逐渐产生了一种新的贸易形式,即数字贸易。中国学者则从数字贸易和电子商务的关系出发,强调数字技术对贸易形式的影响。马述忠等(2018)认为,数字贸易是通过现代信息网络技术交易实体货物、数字化知识与信息、数字产品与服务的新型贸易活动,是传统贸易的延伸和拓展。蓝庆新和窦凯(2019)提出,数字贸易是利用数字交换技术实现传统实体货物、数字化知识和信息、数字化服务与产品的高效交换的商业活动。贾怀勤(2019)根据美国国际贸易委员会发布的报告,将数字贸易分为本初定义和扩延定义,本初定义为数字贸易是利用互联网提交服务和产品的国内国际贸易;扩延定义为数字贸易是在生产、订货或提交服务和产品环节,通过互联网和基于互联网技术的国内国际贸易。盛斌和高疆(2020)将数字贸易分为狭义和广义,狭义的数字贸易是借助智能手机、互联网、网络连接传感器等相关设备交付的服务和产品;广义的数字贸易包括数字交付型、第三方平台、数字订购。

综上所述,数字贸易的概念多次出现在不同国家制定的政策战略、国际组织颁布的标准与规则以及学者的研究文献中,呈现出多种表达方式,在外延和内涵上存在部分差异。随着数字贸易的进一步发展,达成全球一致的标准和概念将成为全球数字贸易可持续发展的重中之重。

本书认为,数字贸易是指信息通信技术发挥重要作用的贸易形式,是数字经济的重要组成部分,不仅包括基于信息通信技术开展的线上宣传、交易、结算等促成的数字硬件产品贸易和数字内容产品,还包括通过信息通信网络(数据网络和语音等)传输的数字服务贸易,如数字化服务、数据等贸易。① 数字贸易与传统贸易最大的区别在于贸易对象数字化和贸易方式数字化(见图2-1)。其中,贸易对象数字化是指以数据形式存在的服务、产品和要素成为重要的贸易标的,引起全球分工从物理世界延伸至数字世界;贸易方式数字化是指国际贸易各个环节与数字技术深度融合,带来贸易中的数字结算、数字交付、数字订购、数字对接等变化,从而带来贸易成本的降低和效率的提高。数字贸易的发展有利于服务和商品高效地在线生产、分销、营销、销售、交付,从而实现国际贸易的深度和广度发展。

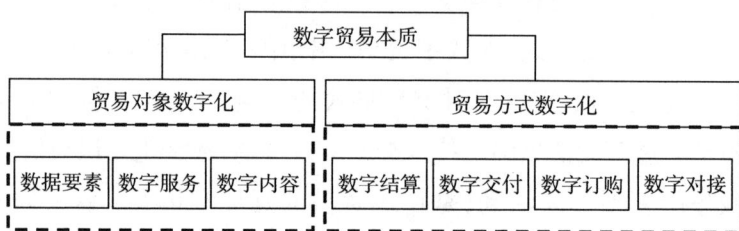

图 2-1　数字贸易的本质

资料来源:中国信息通信研究院。

数字贸易概念蕴含丰富内涵,需从多方面进行深刻理解。

第一,数字贸易的产生源于全球化分工和数字经济的发展。新一代信息通信技术不断发展,强化了不同经济体之间的联系,逐步形成更频繁、更高效的共享、协同和分工关系。物理商品交易变得更加广泛、有序、高效,中小企业获得了更多参与贸易的机会;数字商品的可贸易程度大幅提升,催生出一系列新业态和新模式。

第二,数字贸易可能打破传统的全球贸易格局,并对国际贸易监管模式

---

① 中国信息通信研究院:《数字贸易与影响白皮书(2019年)》,见 http://www.caict.ac.cn/kxyj/qwfb/bps/201912/t20191226.272659.htm。

提出新的挑战。与传统贸易相比,数字贸易的关键技术不仅包括交通物流技术、生产制造技术,还包括信息通信技术。信息通信技术的应用又引起贸易商品、贸易方式等贸易基础条件革新。一方面,以往全球产业分工、要素分配部署面临挑战,对各国人民生活、产业发展具有显著影响,国际贸易规则亟须重构;另一方面,日渐复杂的数字服务和碎片化的小单货物贸易对传统贸易监管部门和新兴数字产业监管部门都形成了巨大冲击。

第三,数字贸易的认识根据贸易商品类别可分为三个层次。目前国际上对数字贸易缺乏统一的理解,数字贸易的议题时常出现在数字经济、电子商务等谈判和会议中。如2019年76个世贸组织成员方宣布启动电子商务议题谈判,其中就包括大量关于数字贸易的内容。同时,鉴于各国数字贸易、数字经济发展水平存在差异,对数字贸易商品范围的认可度也不同。按照认可度,数字贸易涵盖的商品分为三个层次:第一层,以货物贸易为主;第二层,加入软件、影音、图书等常见数字产品,逐步涉及服务贸易领域;第三层,加入数字赋能服务,如云计算、电信、大数据、互联网等数字经济时代的新兴产业(见图2-2)。

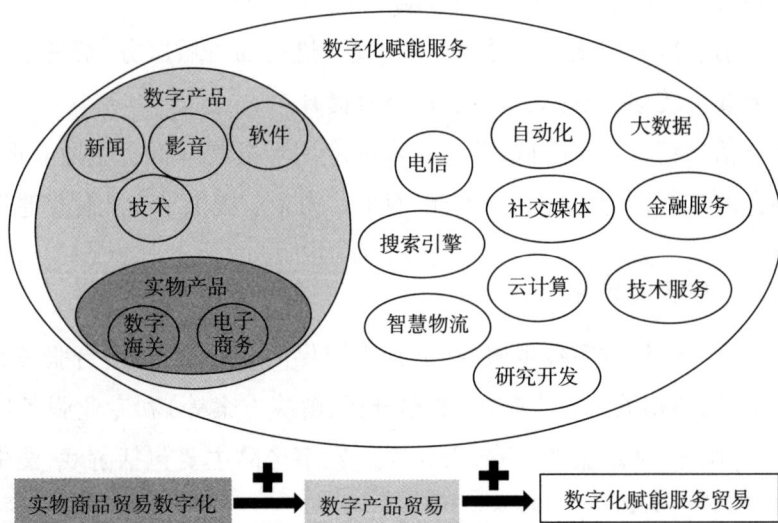

图2-2　数字贸易的三个层次

资料来源:中国信息通信研究院。

二、数字贸易的构成

数字贸易由贸易数字化和数字贸易化构成。贸易数字化指信息通信技术与传统贸易手段的深度融合,与跨境电子商务内涵基本相同;数字贸易化主要指以数字内容和数据为核心的服务贸易,包括电信、计算机与信息服务费及知识产权使用费。

(一) 贸易数字化

数字技术被广泛应用在贸易的事后(售后服务、供应链优化)、事中(交易结算、贸易洽谈)和事前(产品推广、市场调研)环节和贸易的监管过程。

数字技术对贸易的影响主要为:

信息的互联互通,平台大数据体系的完善,征信体系日趋成熟推动跨国信用体系的构建,降低了外贸企业结算风险。

供应链管理智能化发展,企业对供应链上下游资源进行整合,通过智能化分析,可以实现供销的高效对接,提升库存周转率。

推广洽谈售后向线上迁移,以往在线下进行的售后服务、贸易洽谈、产品推广向线上转移,交易效率和质量显著提升。

市场信息获取难度降低,信息技术的应用与发展降低了企业获取国外市场信息的难度,尤其是部门垂直电商平台为企业提供了专业化信息服务。

(二) 数字贸易化

数字服务包括数字技术服务(云计算提供的软件服务、平台服务、基础设施服务,以及相关的安全防护、数据分析、解决方案等)和专业服务(咨询审计、医疗服务、金融服务、法律服务等);数字产品主要包括游戏、图书、视频、音乐等数字类知识产权产品。

数字技术对服务和数字产品贸易的影响主要为:

产品内容互动化。数字产品内容与消费者的互动反馈不断增强,积累了大量用户数据,有助于人工智能的发展。

数字产品可交易化。随着互联网传输速度的不断提升,高品质大容量的数字内容产品的跨境传输成本不断减少,贸易可能性大幅度增长。

产品内容云端化。云端存储的发展和网络传输速度的改善显著推动越来越多数字产品内容向云服务器存储。

产品内容高度复用。数字内容产品的边际成本近乎为零,由于数字贸易的快速发展,产业创造价值显著增加。

三、数字贸易与传统贸易的异同

(一) 数字贸易与传统贸易的相同之处

1. 贸易行为本质一致

自史前社会以来,贸易的本质始终未发生改变,都是人类为满足自身需求,进行彼此间的服务和货物交换。无论是数字贸易,还是传统贸易,两者都无法脱离贸易的本质(以不同主体间的服务、商品、生产要素转移为核心),仅是活动方式有所不同。

2. 贸易的内在动因趋同

根据比较优势理论、绝对优势理论等古典国际贸易理论,国家间生产力水平的相对(绝对)差异会导致生产成本的相对(绝对)差异,因而,一个国家应仅生产自身具备相对(绝对)优势的产品,并利用部分产品换取本国不具备优势的其他产品,由此开展贸易的两国都将获得更高的消费福利。劳动分工和专业化生产以及对应的规模经济,是数字贸易与传统贸易的内在动因。

3. 贸易的经济价值相仿

传统贸易和数字贸易的经济价值主要体现在:克服各类经济主体之间的生产要素流动障碍,加强各个区域资源的价格联动与供求匹配;推动资源结构均衡化发展,强化各主体的技术、资源优势;弱化信息不对称,提高经济主体间的关联性;激发经济体的创新能力,优化生产效率,增加经济效益。

（二）数字贸易与传统贸易的不同之处

1. 贸易的时代背景不同

第一次到第三次工业革命引起了生产生活方式的巨大改变,如内燃机、蒸汽机的应用使机械生产替代手工劳动,贸易产品规模大幅扩大;通信技术的变革使实时通信成为可能;火车、飞机等交通工具的产生,推广了远途运输。基于此,传统贸易蓬勃发展。然而,数字贸易诞生于第三次和第四次工业革命,是一种新型贸易活动。数字技术的普及引发通信、传输方式的改变,传统产业迈入智能化、数字化的升级阶段,数据成为重要的生产资料。

2. 贸易的时空属性变化

影响传统贸易周期的因素主要是汇率、商品价格,而数字贸易通过数字技术,从交易开始到交易完成的时间不确定性极大地减少。同时,传统贸易受地位距离的制约较大,而数字贸易打破了严格的空间属性,地理距离的限制作用大大降低。

3. 贸易的主体改变

传统贸易的交易发生于零售商、批发商、代理商等诸多中间机构,需求方和供给方并不直接进行交易。然而,在数字贸易中,现代信息通信技术与信息网络可以让供求双方直接交易。此外,C2C、B2C 等商业模式的推广增大了个人消费者在贸易活动中的作用。在未来数智时代,C2M、C2B 等商业模式将进一步突出消费者的重要性。

4. 贸易的标的转换

传统贸易的标的主要是生产要素、服务、货物。数字贸易突出数字技术在生产、订购、递送等环节的关键作用,交易标的主要为通过互联网等数字化手段传输的数字服务与产品、在电子商务平台上交易的实体货物、数字化的信息与知识,较传统贸易,更为复杂多样。

5. 贸易的运营方式变革

传统贸易的开展需要纸质单据、证明材料、固定交易场所,而数字贸易主要凭借互联网平台完成,全部交易过程实现电子化。在传统贸易中,货物主要通过火车、轮船、飞机等方式运输,规模庞大,经济价值较高;在数字贸易中,数字服务与产品的贸易通过数字化的递送方式完成,个人在电商平台购买的商品则通过快递、邮政等方式实现交付,部分跨境电商企业采取保税仓、海外仓模式开展贸易。

6.贸易的监管体系调整

世界各国海关、商务部门及世界贸易组织等国际组织构成了传统贸易的主要监管机构,国际贸易协定和各国国内贸易制度是传统贸易的主要法律规范。然而,数字贸易监管体系不仅包括传统贸易的监管机构和法律规范,还将数据监管纳入体系建设。

数字贸易与传统贸易的异同整理如表2-1所示。

表2-1　数字贸易与传统贸易的异同

	传统贸易	数字贸易
贸易本质	不同主体间的服务、商品、生产要素转移	
贸易动因	劳动分工、专业化生产	
经济意义	克服各类经济主体之间的生产要素流动障碍;推动资源结构均衡化发展;弱化信息不对称;激发经济体的创新能力	
关键技术	交通物流、生产制造	信息通信技术、交通物流、生产制造
贸易主体	零售商、批发商、代理商等诸多中间机构	让供求双方直接交易
贸易标的	生产要素、服务、货物	通过互联网等数字化手段传输的数字服务与产品、在电子商务平台上交易的实体货物、数字化的信息与知识
贸易运作	面对面贸易洽谈、现实交易场所、跨境交易结算系统、市场调研、物理运输	网络传输、电商平台展示、信息服务、线上交易结算
贸易监管	检验检疫、海关、外汇管理局	检验检疫、海关、外汇管理局、数字内容审核部门

四、数字贸易的特征

（一）以平台和平台服务体系为支撑

2010—2020 年，全球范围内出现众多基于数据驱动模式的数字平台，成为推动数字经济快速扩张的重要原因。平台服务范围不限于平台企业所在国，而是几乎所有超大型平台企业都在开展跨国业务，如脸书、亚马逊、阿里巴巴、腾讯、苹果、谷歌、微软。平台借助业务拓展至尽可能多的国家，获取更多的用户流量和数据资源，进而深化平台在生态建设和资源整合方面的作用。平台企业克服跨境业务障碍，提高与数字贸易紧密程度。一方面，跨境平台服务本身属于数字服务贸易，用户是进口方，平台企业是出口方；另一方面，交易平台为不同经济主体间进出口贸易营造了良好的环境，双方可以通过平台更好、更快地开展贸易。此外，创新平台增进了全球数字服务分工，各国技术、软件等服务提供商深度融入平台构建的国际分工环境，相互补充、相互配合。

（二）以安全有序跨境数据流动为驱动

自 2008 年国际金融危机爆发以来，传统的资本流动、服务贸易和商品贸易增长已趋于平缓，然而跨境数据流动却在飞速增长，促进和支撑了几乎所有其他类型的跨境流动，对世界经济增长的推动作用超过传统货物贸易易。[①] 跨境数据流动不仅为世界各国信息传递提供支撑，促进全球价值链高效协同、配置，加快资金流、服务流、货物流等向更个性化、更高效率、更低成本方向转变，还激励数字服务贸易蓬勃发展，引导社交媒体、搜索引擎、云计算等基于数据流动的新业态、新模式融入国际贸易。然而，个人隐私、国家安全、商业秘密与数据等问题相伴，只有建立可信、有序、安全的跨境数据流动国际制度，才能更好地推动世界各国减弱对跨境数据流动的限制，保障

---

① 麦肯锡（MGI）：《数据全球化：新时代的全球性流动》。

数字贸易长期稳定发展。

（三）以跨界融合的全球数字生态为发展方向

由于物流、咨询、金融、信息技术（IT）等生产性服务业线上服务能力不断强化，以及农业、制造业数字化转型引起的分工细化和服务外包需求，跨界融合的数字生态正逐步成形，且由单一市场向全球延展。其一，"供应链+研发+生产"的数字化产业链构建使物资链与数据供应链融合，加强产业链协同，实现全链条、全渠道供需精准匹配。其二，"金融服务+商业模式+生产服务"的数字化产业生态日趋完善，推动生产性服务业与工业跨界融合。

（四）以服务数字化和经济服务化为基础

由于全球分工不断细化，农业、制造业呈现服务化发展趋势，服务在生产中的贡献逐渐增多，产业发展从单纯生产制造或单纯出售产品向"生产+服务"或"产品+服务"转变。基于此，数字技术进一步改善服务的生产和提供方式，服务内容与范畴快速拓展，服务的边际成本趋于零，部分服务转变为可存储、可复制、可线上交付，出现了"一点接入，全网服务"的可能。在国际贸易领域，服务数字化、经济服务化极大地改变民众对服务贸易和传统服务业的理解，扩大数字服务贸易的范围。

（五）以需求个性化、多样化为目标

基于数字贸易迅速吸纳庞大消费者，个性化的需求逐渐得到重视。生产经营企业已越来越难以凭借标准化的服务与产品获取利润，因而，按照消费者的个性化需求提供定制化服务与产品成为增强全球竞争力的重点。亚马逊海外购的分析报告指出，消费者的选择非常多样化，长尾选品（原本销量少但品类繁多的服务或产品）的销量增长显著。

第二节　数字贸易发展的历史沿革

　　数字贸易是商贸活动发展的一个新阶段,其产生并非一蹴而就。从电子商务到跨境电子商务,再到现在的数字贸易,随着信息技术在商贸活动中应用的日渐深入,涌现出众多新的概念、新的名词,所描述事物的内涵特征不断演进升级(见图 2-3)。

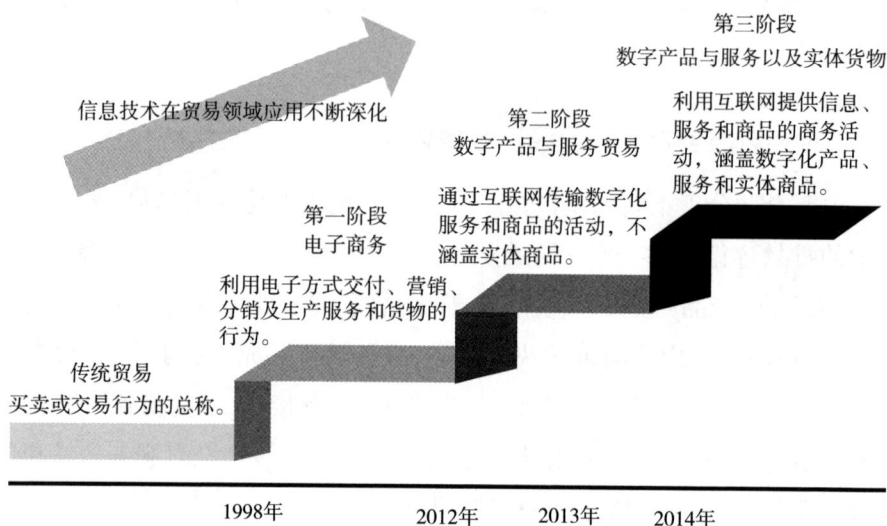

信息技术在贸易领域应用不断深化

第三阶段
数字产品与服务以及实体货物

利用互联网提供信息、服务和商品的商务活动,涵盖数字化产品、服务和实体商品。

第二阶段
数字产品与服务贸易

通过互联网传输数字化服务和商品的活动,不涵盖实体商品。

第一阶段
电子商务

利用电子方式交付、营销、分销及生产服务和货物的行为。

传统贸易
买卖或交易行为的总称。

1998年　　　　2012年　2013年　　2014年

图 2-3　数字贸易历史沿革

一、将数字贸易视为电子商务的阶段(1998—2012 年)

　　在这一阶段,数字贸易的概念尚未被明确提出,美国、日本、欧洲等发达经济体甚至全球普遍以"电子商务"概念表述数字贸易。美国在《全球电子商务纲要》中将电子商务描述为,通过互联网进行的服务、支付、交易、广告等商务活动。欧洲经济委员会对电子商务的定义是,参与方之间以电子方式①而不是以直接物理接触或物理交换方式完成任何形式的业务交易。在1998年第二次部长会议上,世界贸易组织创制"电子商务工作计划",定义电子商务为利用电子方式交付、营销、分销及生产服务和货物的行为,但是该项计划并未受到足够的重视。此外,在这一阶段,全球电子商务分为两个时期:第一个时期为1998—2003年,该时期电子商务的主要模式为线下交易和线上展示的贸易信息服务模式,电子商务的目的是为企业的产品和信息提供互联网展示的平台,尚未涉及网络交易;第二个时期为2004—2012年,该时期电子商务逐步脱离单纯信息展示的行为,向支付、物流及线下交易等环节拓展,构建在线交易平台。

二、将数字贸易视为数字产品与服务贸易的阶段(2013年)

在这一阶段,美国主导了数字贸易的内涵演变。2013年,美国国际贸易委员会在《美国和全球经济中的数字贸易》第一次报告中首次提出"数字贸易"的概念,认为数字贸易是以数字技术为手段,通过互联网传输服务和商品的活动,并划分为国内、国际两大部分,包括搜索引擎、社会媒介、数字内容、其他数字产品和服务,但不涵盖任何实体商品。这一阶段的数字贸易内涵较为狭窄,将通过数字化方式传输的非货物贸易认同为数字贸易,与现实经济活动脱节较为鲜明。

三、将数字贸易视为数字产品和服务以及实体货物的阶段(2014年以后)

在这一阶段,数字贸易的标的吸纳了实体货物,突出数字贸易是由数字技术引发的贸易。2014年,美国国际贸易委员会在《美国和全球经济中的

---

① 电子方式包括电子支付手段、电子数据交换、电子订货系统、电子公告系统、电子邮件、图像处理、网络、智能卡、条码、传真等。

数字贸易》第二次报告中完善了"数字贸易"内涵,不再仅仅包含数字化的产品和服务。2015 年,欧盟在《数字单一市场》中提出,数字贸易是借助数字技术向企业和个人提供数字产品和服务的贸易活动。2017 年,美国贸易代表办公室基于数字技术与传统产业融合发展现状,将互联网销售的产品、全球价值链利用的数据流、智能制造的服务及其他相关平台都纳入数字贸易范畴中。日本在《通商白皮书 2018》中提出,数字贸易是利用互联网向消费者提供信息、服务和商品的商务活动。

第三节 数字贸易国际规则的演变

数字贸易规则的产生与发展,经历了一个由点到面、由浅及深、由少到多的过程。本部分根据数字贸易规则发展过程中的实质性变化和标志事件,梳理总结数字贸易国际规则的演进过程。

一、数字贸易国际规则演进过程

目前,数字贸易国际规则制定尚处于起步阶段,知识产权保护、个人隐私保护、数字信息自由流动、电子支付、网络安全等数字贸易共性规则有待各国政府和各国际组织进一步商榷和探讨。数字贸易规则的演进整体上分为孕育阶段、初创阶段、形成阶段和完善阶段。

(一) 孕育阶段(1998 年以前)

在此阶段,由于电子商务发展水平低,经济数字化滞后,经济增长对数字贸易规则的需求较少,所以这一阶段数字贸易规则处于孕育阶段。

(二) 初创阶段(1998—2014 年)

在该阶段,电子商务发展迈入高速时期,然而经济数字化程度还处于较低水平。这一阶段的数字贸易规则主要以电子商务的形式表现。相关规则由单独条款逐步拓展到电子商务专章,但尚未产生数字贸易规则框架。

一方面,世界贸易组织提出了关于数字贸易规则的相关条款框架。《服务贸易总协定》(GATS)没有提出明确的信息流通、数字贸易的相关条款,但在金融服务和电信服务条款中涵盖了数字贸易的相关内容。《信息技术协定》(ITA)和《全球电子商务宣言》仅提及电子传输免征关税,其他相关内容都没有涉及。

另一方面,双边自由贸易协定(FTA)开始以电子商务的形式关注数字贸易发展。多边国际贸易框架下数字贸易规则缺失导致众多经济体在区域层面开展探索,其中美国成为引领者。2001 年,《美国—约旦特惠贸易协定》首次提出电子商务条款,该条款只是涉及电子传输透明度和免征关税要求,未涉及其他数字贸易实质内容。2004 年,《美国—智利自由贸易协定》对电子商务以专章的形式展示,共包含 1 个附件和 6 个条款。在此之后,美国与发达国家签订的自由贸易协定都是在《美国—智利自由贸易协定》的基础上进行必要拓展;美国与发展中国家签订的自由贸易协定,大部分以《美国—智利自由贸易协定》为模板进行普及,电子商务条款数量维持在 6 条左右,如《美国—韩国自由贸易协定》和《美国—澳大利亚自由贸易协定》关于电子商务的条款分别是 9 条和 8 条。在这一时期,数字贸易规则的核心内容已延伸到电子认证和电子签名、无纸化贸易、电子信息跨境自由传输、数字产品非歧视性待遇、接入并使用互联网等。

(三) 形成阶段(2015—2018 年)

《跨太平洋伙伴关系协定》成为该阶段数字贸易规则发展的里程碑,逐步搭建数字贸易规则的核心内容和基本框架。其后《跨太平洋伙伴关系协定》设计的数字贸易规则模板逐渐推广,并分别演变为欧式模板和美式模板。

第一个标志性事件为《跨太平洋伙伴关系协定》的签订,表明数字贸易规则的核心内容和美式模板形成。2015 年,《跨太平洋伙伴关系协定》创制电子商务专章,包括保护消费者权益、减少数字贸易壁垒、加强国际合作、促进电子商务发展四个方面。其中,保护消费者权益主要涵盖个人信息保护、线上消费者保护等条款,目的在于防止个人信息滥用;减少数字贸易壁垒涉及数字产品非歧视性待遇、计算设施的位置、电子传输免关税、源代码、商业信息跨境自由传输等,目的在于降低对国外数字产品和服务以及提供商的国民待遇限制和市场准入限制,为美国数字贸易的全球扩展提供制度保障;加强国际合作涵盖网络安全与国际合作、合作条款等,旨在提高中小企业电子政务水平、电子商务水平以及网络安全的应对能力;促进电子商务发展涉及电子签名与电子认证、电子交易监管框架、无纸贸易等条款,目的在于推动数字贸易便利化,且适度监管。《跨太平洋伙伴关系协定》数字贸易规则囊括了《数字贸易 12 条》《2013 美国数字贸易法案》的核心条款,在一定程度上表明数字贸易规则"美式模板"的诞生。同时,基于全面性和先进性,《跨太平洋伙伴关系协定》数字贸易规则成为全球贸易协定的重要参考依据,并发展为世界贸易组织改革中数字贸易议题的重要来源。尽管《跨太平洋伙伴关系协定》最终由美国退出而意外流产,但《全面与进步跨太平洋伙伴关系协定》保留了《跨太平洋伙伴关系协定》关于数字贸易的全部条款内容。

第二个标志性事件是欧盟根据自身情况,打造数字贸易的欧式模板。尽管《跨太平洋伙伴关系协定》中数字贸易规则表露了过多的美国意志,但欧盟签署的贸易协定中依然引用了不少《跨太平洋伙伴关系协定》中的条款内容,如《欧盟—日本经济伙伴关系协定》(EPA)、《欧盟—加拿大综合经济与贸易协定》(CETA)。虽然整体内容没有《跨太平洋伙伴关系协定》丰富多样,但欧盟也逐渐调整修改,形成了符合自身情况、独具特色的数字贸易模板。其一,鉴于保护个人隐私的传承,欧盟对"跨境数据自由流动"进行必要限制,允许计算设施本地化,这也是《通用数据保护条例》(GDPR)部分理念的应用。其二,为了保护欧盟本地文化,欧盟设定"文化例外"(把文化部门排除在谈判之外)条款。欧盟不仅呼吁世界贸易组织实行"文化例外",还在多边和双边谈判中否定传统贸易规则在文化部门的适用性。"文化例外"是欧盟在数字贸易谈判中的关键禁忌。

（四）完善阶段（2019年至今）

在这一阶段,数字贸易规则在多边、双边和区域框架下都呈现持续发展势头,迈入精工细作阶段。

第一,《美墨加贸易协定》进一步加剧数字贸易规则"严苛"倾向。《美墨加贸易协定》是当前所有自由贸易协定中关于数字贸易规定最强大的协定。《美墨加贸易协定》替代TPP成为美国数字贸易谈判的模板,且在世界贸易组织改革和美日数字贸易协定（UJDTA）中都有所应用。《美墨加贸易协定》数字贸易规则具体为:(1)将"电子商务"专章改为"数字贸易"专章;(2)加强边境后措施的执行,即要求成员国建立与数字贸易相关的国内法律框架,主要包括个人信息保护、消费者保护、垃圾商业信息规划、电子交易等方面;(3)促进贸易自由化,其一取消国家对跨境数据流动限制的权力,其二要求政府以结构化数据的形式开放相关数据;(4)减少电子商务非关税壁垒,即删除计算设施位置例外条款,计算设施本地化不得作为非关税壁垒的形式,将源代码扩展到算法。

第二,《美日数字贸易协定》对《美墨加贸易协定》模板进一步修改完善。《美日数字贸易协定》对《美墨加贸易协定》核心条款进行适度回调。一是在一般例外基础上,《美日数字贸易协定》增加货币和汇率政策例外、审慎例外、安全例外,考虑缔约方的金融稳定需求和安全需求;二是《美日数字贸易协定》增设"使用加密技术的通信技术和信息技术产品"条款,加强数字贸易领域知识产权的保护力度;三是《美日数字贸易协定》将《美墨加贸易协定》激进的数字贸易自由化条款回调,提高本国政策的调控力度和监管能力;四是《美日数字贸易协定》更好地实现了与国际公约的协调,比如协定内容均不得影响任何一方根据任何税务公约承担的义务和权力。上述的修正进一步优化数字贸易规则对全球各国的适用性,加速数字贸易规则普及。

第三,世界贸易组织改革着重数字贸易规则完善,并有实质性突破。

2019年,76个世界贸易组织成员方共同签署《关于电子商务的联合声明》,开启了世界贸易组织多边框架下与贸易有关的电子商务议题谈判。在电子商务谈判过程中,各成员方存在显著的利益分歧,导致关注点较为分散。欧盟强调个人信息保护和线上消费者保护;日本坚持网络使用和开放,倡导以《跨太平洋伙伴关系协定》《全面与进步跨太平洋伙伴关系协定》为模板,提出政府对互联网服务和网站不进行特殊限制,不得违反正当程序要求企业披露商业秘密和数据;美国注重跨境数据自由流动、非歧视性待遇、保护源代码、禁止计算设施本地化等方面,秉持《美墨加贸易协定》理念和诉求;中国呼吁数字贸易互联互通和便利化改善,打造安全可靠、规范便利的电子商务交易生态。2020年,86个世界贸易组织成员方颁布《世界贸易组织电子商务诸边谈判合并案文》。该文案覆盖范围超越了已有的数字贸易规则,在电信、市场准入、信托和电子商务、交叉、电子商务、开放和电子商务等方面均有所丰富和扩充。

《跨太平洋伙伴关系协定》《全面与进步跨太平洋伙伴关系协定》标志着数字贸易规则体系的形成,是数字贸易规则发展的里程碑,在高水平和完整性方面取得了显著突破。《美墨加贸易协定》延伸了《跨太平洋伙伴关系协定》《全面与进步跨太平洋伙伴关系协定》的数字贸易规则,但是部分数字贸易规则较为激进,难以满足多边化需求。《美日数字贸易协定》是对《美墨加贸易协定》数字贸易规则的进一步完善,优化政府的调控力度和监管水平,以及多边化的可能性和规则的适用性。相较于国际贸易规则,数字贸易规则更为复杂,一方面关联公民权利、国家安全、数据主权;另一方面涉及国际数字红利与企业商业利益之争的问题。由此,数字贸易规则的制定必将引起全球激烈和复杂的国家博弈。

二、数字贸易规则演进特征

经过对数字贸易规则演进过程的梳理,数字贸易规则演进的主要特征为:

（一）数字贸易规则范畴不断拓展

数字贸易从一条逐步扩展到一章,核心条款从 1 条增加到 19 条,规制的对象从生产者开始,逐渐扩展至互联网平台、政府、消费者等新兴业态。目前为止,数字贸易过程中产生的消费者保护、税收、信息安全、知识产权等问题都能从已有规则得以解决。

（二）规则朝均衡化方向完善

一方面,数字贸易规则致力于实现平衡性和高水平的完美融合;另一方面,同一议题的条款逐渐向高标准推进。如《美日数字贸易协定》中的部分补充规定和例外规则调整了《美墨加贸易协定》中较为激进的做法,展示了数字贸易规则均衡性提高的趋势。

（三）规则强制力不断增加

世界贸易组织中强制性条款只有 1 条,而《美韩自由贸易协定》强制性条款为 3 条,《跨太平洋伙伴关系协定》中强制性条款则增加到 10 条。非强制性规则和强制性规则的实施效力存在显著差别。非强制规则主要由于共识度较低、利益分歧未弥合等因素,尽管已达成了协议,但对缔约方的约束力较弱,给予缔约方实施提供了缓冲空间。然而,随着缔约执行能力的不断提高,以及利益共识度的增长,非强制性规则将逐渐向强制性规则演变,规则效力迅速增强。

（四）程序性规则与实体性规则融合趋势显著

程序性规则处理的是"应该怎样办"的问题,实体性规则处理的是"是什么"的问题。虽然越来越多的自由贸易协定开始关注实体性规则的构建,但是目前多数条款既无具体实施办法又不具有强制性,使协议落实效果较差。为了减少类似问题,《跨太平洋伙伴关系协定》开始强调构建程序化规则,《美墨加贸易协定》则开启程序性规则的进一步完善。

三、主要经济体数字贸易规则

（一）美国

作为全球数字贸易强国，美国很早就意识到传统国际贸易规则对数字贸易发展的制约和限制，其致力于构建具有全球约束力的数字贸易体系，成为全球数字贸易规则制定的引领者。为了加速数字贸易发展，美国一方面在传统世界贸易组织框架下探索数字贸易规则制定，另一方面在双边和多边贸易协定中率先推出数字贸易规则，将数字贸易规则作为电子商务这一单独章节下的独立条款出现，加速数字贸易规则形成。美国的数字贸易规则不仅限于电子商务章节，在跨境服务贸易、信息技术、知识产权、投资等章节都有所体现。

2012年，《美韩自由贸易协定》在界定非歧视性待遇、关税征收和数字产品基础上，提出了数字产品交易中的互联网访问和使用、跨境信息流动原则。美国在《跨太平洋伙伴关系协定》《美墨加贸易协定》《美日数字贸易协定》等协定以及2017年向亚太经合组织秘书处提交的《促进数字贸易的基本要素》、2016年向世界贸易组织总理事会提交的电子商务提案都显示出了美国主导的数字贸易规则，具体如下。

第一，数字贸易可以适用跨境服务贸易规则，数字产品适用非歧视待遇，各国政府应永久性地对数字产品（包括载体）实行零关税待遇，推动电子传输关税豁免永久化。

第二，基于全部合法的商业目的，互联网需要保持自由开放。

第三，确保商业目的的跨境数据自由流动，不能对跨境数据流动建立歧视和保护主义壁垒。曾由美国主导的《跨太平洋伙伴关系协定》规定缔约方要在坚持公共政策目标（包括"保护个人信息"等）的前提下，确保数据和信息的全球自由流动，同时，美国在《国际服务贸易协定》(TISA)、《跨大西洋贸易与投资伙伴协议》谈判过程中也提出了类似的倡议。《美墨加贸易协定》《美日数字贸易协定》中都涵盖"计算设施的位置"这一章节，均规定不得将数据本地化作为在当地开展业务的条件。甚至对相对敏感的金融服务领域,美国在《美日数字贸易协定》中也首次提出数据存储非本地化的规定,条件是缔约方在需要数据时能够及时便捷地获取。

第四,源代码和数据存储设备非强制本地化。开放数据源代码规定国外企业开放自身在东道国领域内提供的服务业务相关的所有软件源代码,而数据存储本地化要求国外企业在进入东道国市场时把数据处理服务器设置在本地。《跨太平洋伙伴关系协定》要求缔约方不得把数据存储设备与源代码本地化作为缔约方企业进入本国市场的前提条件。

第五,禁止强制性技术转移。可制定相关贸易规则禁止对企业提出转移生产流程、技术等其他产权信息的要求。

第六,借助消费者保护支持在合法社会或商业用途适用互联网过程中产生的消费者信任,包括制定具有强制力的隐私规则。

第七,支持针对技术服务以及数据的保护知识产权、互操作性、对接信息技术研究和标准。

第八,确认合格评定程序。数字出口贸易的障碍之一是过于繁琐的合格评定程序,合格评定的国民待遇即在一个合格机构的认证和检验结果应当被其他成员方接受,这是优化数字贸易便利性的重要措施。

与此相对,美国政府为有效保障数字贸易规则的形成,还不断完善贸易领域的相关立法,以法律的形式明确数字贸易谈判规则。在《2015年国会两党贸易优先事项和责任法案》中,美国对推动数字贸易相对于传统贸易的自由化原则、非歧视性原则的目标作出了相应的规定,法案明确规定政府不得明确要求数据的本地化存储以及设置数字贸易障碍,并且以知识产权保护为重点,加大对数字产品的保护力度。此外,美国贸易代表办公室成立专门的部门持续跟踪各国制定的数字贸易壁垒,并发布《外国贸易壁垒评估报告》,对数字贸易壁垒与美国企业造成的影响进行评估分析,积极推进全球数字贸易自由化进程。

作为全球数字贸易领域的先行者,美国开展理论研究界定数字贸易发展方向、建设法律法规保障、加强多边双边谈判,稳步推进数字贸易的自由化进程,避免在数字贸易时代出现数字贸易保护主义,进一步加强数字贸易资源配置作用来扩大美国在传统贸易时代的优势,强化美国在数字贸易领域的绝对主导权(见表2-2)。

表2-2　美国(曾)主导的区域贸易协定关于数字贸易规则的核心条款

条款	《美墨加贸易协定》	《美日数字贸易协定》	《跨太平洋伙伴关系协定》
关税	包含、强制性	包含、强制性	包含、强制性
电子产品的非歧视待遇	包含、强制性	包含、强制性	包含、强制性
国内电子交易监管框架	包含、强制性	包含、强制性	包含、强制性
电子认证和电子签名	包含、强制性	包含、强制性	包含、强制性
在线消费者保护	包含、强制性	包含、强制性	包含、强制性
个人信息保护	包含、强制性	包含、强制性	包含、强制性
无纸化贸易	包含、非强制性	—	包含、非强制性
接入并使用互联网进行电子商务的原则	包含、非强制性	—	包含、非强制性
商业信息跨境自由传输	包含、强制性	包含、强制性	包含、强制性
网络互联网收费分享	—	—	包含、非强制性
计算设施的位置	包含、强制性	包含、强制性	包含、强制性
金融服务计算设施的位置	—	包含、强制性	—
非应邀电子商业信息	包含、强制性	包含、强制性	包含、强制性
合作	包含、非强制性	—	包含、非强制性
网络安全事务合作	包含、非强制性	包含、非强制性	包含、非强制性
源代码	包含、强制性	包含、强制性	包含、强制性
争端解决	—	—	包含、非强制性
交互式计算机服务	包含、强制性	包含、强制性	—
公开政府数据	—	包含、非强制性	—
信息与通信技术产品的加密	包含、非强制性	包含、强制性	—

资料来源:朱福林:《数字贸易规则国际博弈、"求同"困境与中国之策》,《经济纵横》2021年第8期。

(二)欧盟

与美国相比,欧盟在制定数字贸易规则的立场和取向上是基于欧盟的宗旨,强调在数字服务提供商有效监管下的数字贸易自由化和数据有效保护,并关注对数字内容的适当保护。

欧盟数字贸易规则发展历程主要分为两个阶段。

第一阶段是欧盟内部数字一体化阶段。2010年,欧盟正式发布《欧洲数字议程》,对信息技术迅猛发展对未来欧盟经济的持续影响以及影响欧盟信息技术的七大障碍和解决措施进行了相应的阐述,其核心就是发展信息技术,建立数字欧盟。2015年,欧盟委员会发布《数字单一市场战略》,探讨在欧洲内部建立一个数字化资本、商品和服务自由流通的市场,加强欧洲国家之间的数字互联互通,促进欧洲一体化进程,其主要内容为:一是为企业和个人生产更好的数字服务和产品,进一步推动跨境电子商务的繁荣发展,加强对消费者权益的保护,为电子商务提供制定合理、符合欧盟环境的版权保护法律法规以及更高效的货运服务;二是为数字服务和网络的蓬勃发展营造良好的生态环境,包括全方位分析评估搜索引擎、社交、应用商店等在线平台的作用、全面改革欧盟电信领域的规章制度、重新审查视听媒体组织框架以适应社会发展需求、加强数字化服务领域的安全管理等;三是提出欧洲数据自由流动计划,进一步减少欧盟各国在数据流动产业领域的限制,加强关键性行业通用标准的互通,以便构建一个包容性的信息化社会,最终发展成为欧洲数字一体化同盟。

第二阶段是欧洲数字一体化体系由内向外逐步扩展阶段。2017年,欧洲议会国际贸易委员会通过《数字贸易战略》,数字贸易战略不仅涵盖欧盟内部各成员国,还强调增加对欧盟贸易伙伴的"充分性认证"的数量,保障第三国开放数字服务及产品,逐步放开对欧盟外部国家的数字贸易限制,将更多的伙伴国融入欧盟数字体系中。

此外,欧式自由贸易协定中的跨境数据传输原则上规定数据境内存储、处理和访问,只有在达到一定的条件时才可以将数据和信息向欧盟以外的国家和地区传输。1995年,欧盟就通过了《个人数据保护指令》,要求欧盟公民的个人数据不能传输到欧盟以外的无法对数据提供有效保护的国家,除非满足特定条件。欧盟认定的能够对数据提供有效保护的国家只有十几个,欧盟认为这些国家能达到与欧盟大致相当的数据保护水平。对于未达到有效保护标准的国家,欧盟制定了约束性公司规则和标准合同条款来对跨境数据传输提供补充性的法律保护。其中,约束性公司规则适用跨国公司在欧盟的数据访问和获取,标准合同条款适用于欧盟企业向境外传输数据。利用约束性公司规则和标准合同条款能导致数据流动成本高、耗时长、程序多。欧盟认为,实行数据本地化立法、数据存储本地化,能够减少因数据传输、利用而给个人和国家造成危害,将数据限制于境内。2016 年,美国与欧盟就两地公司传输个人数据涉及的隐私保护问题达成框架协议。这一框架协议要求美国公司履行更加严格的义务来保护欧盟个人数据安全。同时,德国与法国都坚决拥护数据存储本地化,要求企业在本国境内建立数据存储服务器和其他设施。

欧盟的数字贸易规则与美国有异曲同工之处,都是强调数字贸易自由化,但执行方式却存在差异。欧盟数字贸易规则具有典型的"欧盟特征",先从欧盟内部开始,由于欧盟高度一体化的区域发展特征,从欧盟内部成员国着手破除区域数字贸易壁垒,打造欧盟内部的互联互通机制,推动内部数字贸易自由化,进而形成欧盟自身主导的数字贸易体系,并在此基础上逐渐向欧盟外部贸易伙伴开放,将其他国家纳入欧盟数字贸易系统,从而实现由欧盟为主体的"区域数字贸易体系"向"全球数字贸易体系"转变,发展成为数字贸易全球的引领者。

(三) 日本

日本数字贸易规则演变分为三个阶段,即由"e-Japan"到"u-Japan",再到"i-Japan"。2000 年,日本构建 IT 战略总部,发布 e-Japan 战略,e 为 electronic 的缩写,然而由于当时日本通信基础设施较差,e-Japan 的重心则是提高日本在信息化投资的力度,加强电子商务模式创新和市场规则的创制,培育高级通信技术人才,巩固日本信息化发展基础。因此,e-Japan 战略为日本的信息化转型搭建了主要框架。2004 年,日本总务省制定 u-Japan 战略,u 的内涵包括 user-oriented、universal、ubiquitous、unique,重点关注信息化的以人为本、广泛性、普遍性、独特性四个方面,以互联网服务创新、互联网软环境建设为目标,致力于打造个性化的"开放式互联网生态圈"。2009年,日本 IT 战略本部提出 i-Japan 战略,分为三大核心领域(电子自治体与电子政府、医疗保健、教育与人才)、数字基础设施完善、新兴产业与区域活力培育等范畴。

日本数字贸易规则主要聚焦于以下三点。

1.数字知识产权保护

在目前的数字贸易规则中,与数字知识产权保护相关的规则主要涵盖数字环境下的版权保护、使用密码技术的通信技术和信息产品、源代码、非强制公开算法等。这些数字知识产权保护规则既被纳入日本已缔结的区域贸易协定中,也成为日本向世界贸易组织提交文案的主要内容。

第一,禁止政府对包括加密技术的特定技术的使用施加任何强制性规定。日本提出,这项措施会显著抑制数字商业和数字技术的快速发展,并且政府通过技术壁垒阻碍国外企业进入本国市场,也会损害数字贸易自由化生态圈。同时,企业被强制要求采纳特定加密技术也会引发数据安全问题。因此,除合法公共政策目标外,日本政府倡导不应对特定技术的使用施加强制要求。《美日数字贸易协定》对"使用密码技术的通信技术和信息产品"条款作了具体规定,充分反映出日本对这一诉求的态度。

第二,禁止强制公开算法和源代码。日本认为,强制公开算法和源代码是一种典型的数字贸易壁垒,会提高商业机密泄露的风险,显著降低企业利益。日本政府甚至阻止企业将产品出口至强制要求公开算法和源代码的国家。因此,日本提倡,政府除为了实现合法的公共政策目标外,不应该对企业要求公开包括算法、源代码在内的重要商业机密。在《日欧经济伙伴关系协定》(EPA)、《全面与进步跨太平洋伙伴关系协定》《美日数字贸易协定》中都将"源代码"作为单独一项条款提出。由此可知,日本对算法和源代码保护拥有较为强硬的立场。

第三,禁止政府借助不正当程序获得数字知识产权。日本发现部分数字经济水平较低的国家对数字知识产权的立法保护不足,政府部门可能会借助不正当程序获取国外企业的数字知识产权。因此,日本提出,为保护企业商业机密和数字知识产权,政府在访问私人机构的商业机密或知识产权时应当遵循必要的、合适的程序,各成员方须在世界贸易组织框架作出承诺。

2.公平开放的数字贸易环境

尽管数字贸易已经成为现代贸易形式,对世界经济影响深远,但由于没有形成全球统一公认的数字贸易规则,且各国数字贸易发展水平参差不齐,各种数字贸易壁垒甚至"数字贸易保护主义"都阻碍了数字贸易的发展。鉴于此,日本的数字贸易诉求之一就是营造公平开放的数字贸易环境。

第一,公开政府数据。《美墨加贸易协定》是全球第一个纳入"公开政府数据"条款的贸易协定,随后《美日数字贸易协定》中也将此款纳入。这一方面是受到美国的影响,另一方面日本也认为公开政府数据有利于企业利益最大化。因此,日本政府向世界贸易组织递交的提案中也讨论了该内容。然而,日本在提案中指出,政府公开数据不应因企业国别而区别对待,国外企业不应享有非国民待遇,否则不利于国外企业进入本国市场。

第二,禁止政府强制计算设施本地化安置和数据本地化存储。2015年,日本在与蒙古国签署的贸易协定中首次针对"计算设施非强制本地化"进行规范。日本认为,如果他国政府强制要求日本企业使用东道国的计算设施,将降低日本计算设施生产企业利益,并可能由于他国不成熟的数据技术产生数据泄露问题,从而引发日本云计算服务供应商面临的一系列风险。鉴于此,日本倡导世界贸易组织成员方之间达成协议,不强制要求计算设施本地化。

第三,改善数字贸易或电子商务相关服务中的市场准入承诺。日本认为,在作为数字贸易发展基础的电信、计算机和信息服务(ICT)行业中,国民待遇承诺和市场准入改善是数字贸易可持续发展的前提。一方面,国民待遇承诺和市场准入改善可以推动国内外企业对数字基础设施行业的投资,并促进国内外企业公平竞争,从而营造有助于数字贸易发展的商业环境。另一方面,国民待遇承诺和市场准入改善将消除数字鸿沟,为数字化服务(如在线教育服务)以及其他数字基础设施服务(如物流服务、金融服务)提供更多的发展机会。

3. 数据隐私保护

数据隐私保护包括个人数据隐私保护、消费者保护、政府访问隐私数据及跨境数据流动等数字贸易规则,这是日本在递交世界贸易组织提案以及缔结的区域贸易协定中多次提到的。

2003 年,日本颁布《个人信息保护法》(PIPA),这是亚洲最早的数据保护法规之一。2016 年,日本成立个人信息保护委员会,负责执行数据隐私法规和保护个人信息。2017 年,经过首次修订的《个人信息保护法》全面生效,从而更好地满足监管需求。2020 年,日本内阁决定再次修订《个人信息保护法》。由此可以看出,日本十分重视数据隐私保护。

在双边数字贸易方面中,日本依然对数据隐私保护具有较强的诉求。2018 年,在《通用数据保护条例》生效后,欧盟和日本签署了《日欧经济伙伴关系协定》。该协定允许欧盟和日本企业之间无须通过额外的安全审查就可共享个人数据。同时,欧盟和日本还相互认可彼此的数据保护制度,为两个地区个人数据保护奠定了坚实基础。由此可见,欧盟对日本的数据隐私保护是高度认可的,而且日本的数据隐私保护措施也已处于全球顶尖标准。日本个人信息保护委员会也与美国商务部就亚太经济合作组织框架下的跨境数据隐私规则体系构建开展合作,旨在进一步完善亚太经合组织数据隐私保护框架,引导更多的其他亚洲国家和企业参与。此外,日本政府还与英国媒体、数字、文化和体育部以及信息专员办公室商讨个人数据保护协议,保障两国之间数据隐私的自由流动。

在多边数字贸易方面,日本向世界贸易组织建议,允许成员方之间为实现个人数据保护的合法公共政策目标,可以实施贸易限制措施,并且成员方还应承诺为政府访问隐私数据编制明确、合理的行政程序。

综上所述,数据隐私保护对于日本来说,无论是在多边、双边数字贸易合作中,还是在加强本国数字贸易发展层面,都是其关注的焦点。这主要是因为,数据隐私保护既与消费者、企业的利益密切相关,还是其融入美欧

"数据贸易圈"的关键。更为重要的是,日本试图借助全球数据保护的领导权,提升自身在全球数字贸易规则制定的话语权。

四、主要经济体数字贸易规则发展倾向

(一) 美国

1. 加强数据安全政策

美国认为,数据安全的提升不一定需要政府加强管制,而采用适合的安全策略和技术工具也可以消除潜在的威胁,降低损失风险。美国的这一诉求主要体现在:(1)加大网络安全规则与策略的使用。必要的网络安全规则尽管无法从根本上解决全部的数据安全问题,但可以保障互联网企业遵循最佳的运营规则,以保护数据安全。数据服务提供商须具备保护相关数据和商业机密的义务和责任。(2)普及加密技术的使用。数字贸易规则应积极引导数字贸易参与者使用安全度高、创新性强的加密技术,贸易缔约国不应强制限制加密技术的使用,也不应制定针对特定国家的加密标准。

2. 开放电信与互联网服务市场

美国在这方面的诉求主要是:(1)减轻互联网中介的责任。美国政府倡导,为了保证公众可以获得政府数据,允许互联网中介对非知识产权(IP)内容免责,即互联网中介不对第三方提供互联网内容承担责任。(2)对外开放与电信服务、数字服务的相关市场。为了跨越国家之间的数据鸿沟,美国提倡开放电信服务与互联网服务市场,让国外服务供应商可以参与到东道国电信服务与互联网服务的投资与竞争中。(3)弱化政府电信和互联网服务的管制。美国认为,目前许多数字服务与产品市场非常具有竞争性,政府的过多管制会扭曲市场激励,损害创新动力。美国认为,这个诉求能够促进数据信息的使用和创新,带动数据信息的流动。

3. 提高数字贸易便利化

美国强调数字贸易的便利化,要求将数字贸易纳入1995年达成的《贸

易便利化协定》(TFA)中,简化数字贸易流程,为数字贸易发展营造可预计、透明的营商环境。同时,美国还主张对跨境包裹设置合理的免关税门槛,要求将最低关税豁免标准提升为800美元,鼓励中小企业出口。

（二）欧盟

1. 强化知识产权保护

欧盟在区域自由贸易协定的谈判中大力推广"Agreement on Trade-Related Aspects of Intellectual Property Rights(TRIPS)+条款"来提升数字贸易中的知识产权保护水平和执法力度。欧盟关于知识产权的诉求主要有两个方面,具体为:(1)数字内容的创作主体在具备版权材料的基础下,可以向互联网平台公司收费,以便于维护创作主体的权益。除特殊情况外,互联网平台要承担用户上传数字内容引发的版权侵权责任,即互联网中介责任条款。(2)重视源代码的保护,禁止强制性技术转让要求。贸易缔约国市场准入条件不应涉及强制性技术转让,并且企业或个体的源代码拥有者不需要将源代码递交给政府。

2. 推进公平竞争

欧盟认为数字贸易发展需要中小企业和创业者的积极参与,并应营造公平竞争的市场环境。欧盟关注反垄断,强调数据公司之间的并购、公司数据的处理和收集行为对市场竞争的影响以及互联网平台公司的支配地位等方面。例如,欧盟禁止互联网平台利用电商的销售数据开展低价竞争的促销活动。

3. 注重有效税收

欧盟关于税收的诉求为:(1)规制数字公司在欧盟市场的跨境避税行为,促进公平税收。欧盟主张数字产业的税收应以利润、收入的产生地或来源地进行征收。2018年,欧盟发布"数字服务税"议案,即暂时按照3%的税率对特定数字服务总收入征税。(2)在欧盟境内简化、统一各成员国的电子商务税收制度和管理,减少不必要、不合理的税费。

（三）日本

1. 以美欧为标准升级数字贸易规则

为了增加全球数字贸易规则制定的话语权，日本须向美欧的数字贸易规则看齐。

第一，在数字知识产权保护中加入"数字环境下版权保护"的相关规则。美国极其重视数字环境下的版权保护，并在《美墨加贸易协定》谈判中多次提及对版权"正当使用"的新规则。同时，美国多次对日本数字产品侵权盗版问题提出强烈不满。此外，除电影外，日本对数字产品版权的保护期仅为50年，这一期限无法被美国认可。因此，日本可能会在之后的数字贸易相关协定中增加关于数字知识产权保护规则。

第二，剔除"计算设施非强制本地化"条款中的"合法公共政策目标"的例外规定。"合法公共政策目标"的存在可能会导致缔约方凭借此内容强制计算设施本地化，从而与美欧的核心诉求背道而驰。尽管日本与欧盟缔结的贸易协定中，尚未取消"合法公共政策目标"的规定，但在《美日数字贸易协定》中，迫于美国的压力，日本最终剔除该例外规定。因此，在之后的数字贸易协定中，"合法公共政策目标"的例外规定可能不会成为日本未来数字贸易规则的重心。

2. 推动数字贸易自由化

关于数字贸易壁垒，日本和美国的态度高度相仿，都强烈反对数字贸易壁垒，并在向世界贸易组织递交的提案中倡导数字贸易自由化。日本认为，"促进世界贸易组织各成员方内部监管法规的协调"是一项重要的议题，并且世界贸易组织应就此问题提供解决方案，从而更好地推动全球数字贸易自由化。同时，日本认为，政府强制限制数据的自由流动将阻碍企业的跨境业务运营，也将导致来自发展中国家的中小企业更加难以融入全球价值链。此外，日本多次在世界贸易组织提案中呼吁，世界贸易组织应考虑在成员方之间就确保数据自由流通的原则达成一致协议。随着数字贸易规则的发展，日本将强烈要求缔约国降低此类数字贸易壁垒，进一步推动数字贸易的自由化发展。

五、中国数字贸易规则发展历程及思路

（一）中国数字贸易规则的发展历程

随着数字贸易的发展、数字经济的深化,中国不断加大对外开放力度,加快国内改革步伐,在自由贸易协定和立法方面均有较大进步。

在立法方面,2004 年 8 月,《中华人民共和国电子签名法》的颁布规范了电子签名行为,明确了电子签名的法律效力,确立了认证机构的法律地位和认证程序。2013 年 10 月,第二次修订的《中华人民共和国消费者权益保护法》专门增加了针对线上消费者保护的条款。2015 年 7 月颁布并实施的《中华人民共和国国家安全法》和 2017 年 6 月开始实施的《中华人民共和国网络安全法》都规定了跨境数据流动和数据本地化等方面。2017 年 1月,工业和信息化部发布《关于清理规范互联网网络接入服务市场的通知》,对网络访问、使用、开放进行了说明和规范。2021 年 9 月开始实施的《中华人民共和国数据安全法》对数据安全、数据处理、数据开发利用等进行了规定。2021 年 11 月,《中华人民共和国个人信息保护法》施行,旨在规范个人信息处理活动、保障个人信息依法有序自由流动、保护个人信息权益并促进个人信息合理利用。

在自贸协定方面,中国基于世界贸易组织框架,不断对数字贸易规则进行探索,逐渐实现从被动到主动,从跟随者变为参与者。目前,《中国—澳大利亚自由贸易协定》《中国—韩国自由贸易协定》《区域全面经济伙伴关系协定》都已涉及电子商务专章。《中国—韩国自由贸易协定》是中国第一个设立电子商务专章的双边自由贸易协定,包含无纸贸易、电子签名与电子认证、电子商务合作、个人信息保护、关税等基本内容,是中国在数字贸易规则制定的关键尝试。然而,《中国—澳大利亚自由贸易协定》则对数字贸易提出了更高标准,其通过增加国内监管框架,强化电子商务的监管力度,并借助增设透明度条款,提高缔约方信息的执行力度和传递效率。《区域全

面经济伙伴关系协定》是对《中国—澳大利亚自由贸易协定》的再升级,进一步完善规则合理性、适用性,创建计算设施本地化、非应邀商业电子信息、网络安全和通过电子方式跨境传输信息4个条款。其中,通过电子方式跨境传输信息和计算设施本地化能够加快数字贸易自由化进程,但也会扩大跨境信息监管难度和泄露风险,展示了中国对标高水平数字贸易规则的信心和决心。

(二) 中国与国外数字贸易规则差异

中国当前数字贸易规则在广度层面还与国际高标准的数字规则存在显著差异(见表2-3)。目前国际现行数字贸易规则最高标准的核心条款共有19个,而中国签订的贸易协定仅覆盖13个条款,尚有开放网络、网络访问和使用,互动电脑服务,政府数据开放,源代码,税收(涉及税务公约),使用加密技术的通信技术和信息产品6个条款未涉及。这主要是因为中国对数字贸易制度开放保持审慎态度,特别是如源代码、网络开放等关乎国家安全、数字贸易知识产权权益的议题,持保留态度。同时,现阶段中国数字贸易规则与数字标准最高的《全面与进步跨太平伙伴关系协定》《区域全面经济伙伴关系协定》关于数字贸易条款的内容差异不大,因而中国与高标准数字贸易规则在深度方面并不存在明显差别。

表2-3　中国数字贸易规则与现行数字贸易规则最高标准的差异

条款	中国	现行数字贸易最高标准	条款	中国	现行数字贸易最高标准
非应邀商业电子信息	包含	包含	使用加密技术的通信技术和信息产品	不包含	包含
源代码	不包含	包含	数字产品的非歧视性待遇	包含	包含
政府数据开放	不包含	包含	个人信息保护	包含	包含
合作	包含	包含	通过电子方式跨境传输信息	包含	包含
互动电脑服务	不包含	包含	国内电子交易监管框架	包含	包含

续表

条款	中国	现行数字贸易最高标准	条款	中国	现行数字贸易最高标准
网络安全	包含	包含	无纸贸易	包含	包含
争端解决	包含	包含	线上消费者保护	包含	包含
计算设施的位置	包含	包含	开放网络、网络访问和使用	不包含	包含
电子传输关税	包含	包含	电子认证和电子签名	包含	不包含
税收（涉及税务公约）	不包含	包含			

资料来源：根据相关贸易协定文本整理。

中国数字贸易规则与欧美发达国家的主要差异为以下几方面。

1. 注重监管主权

中国在降低交易壁垒上，倡导充分考虑各国的法律制度、历史传统、发展基础的不同，以及最不发达国家和发展中国家所面临的监管挑战，尊重各国为实现合理公共政策目标而采取数据流动管制措施的权利。

2. 缺乏适应性较强的数字贸易改革方案

中国对电子产品和服务的市场开放依然处于探索性阶段，以便于充分了解相关风险和挑战，但是欧美发达国家则制定了明确的数字贸易方案，涵盖扩展《信息技术协定》以及禁止在电信服务和计算机服务等与数字贸易高度相关行业实施实质性的市场准入限制和非国民待遇等。

3. 数字贸易规则谈判灵活性不足

中国主张定期延长对电子传输的暂免关税率，在政府数据公开、隐私保护等方面依然与发达国家存在显著差异。而欧美发达国家则提出永久实行免税令，且主要针对电子传输服务和传输内容。

（三）中国数字贸易规则发展思路

基于市场规模优势、互联网红利，中国数字贸易强势崛起，已成为全球数字贸易大国。中国是否能由数字贸易大国转变为数字贸易强国，关键在于能否紧握数字贸易发展的"机会窗口",在全球数字贸易框架中争取主动权、提高影响力,打造契合自身发展诉求的数字贸易规则。

1. 根据自身优势,大力推动跨境货物贸易便利化

由于不同国家或地区的数字贸易基础不同,其在数字贸易结构中必然具备不同比较优势,从而在构建数字贸易规则体系中,不同国家的利益诉求也千差万别。因此,中国不盲目跟从美国数字贸易规则,而在认清本国数字贸易结构优势的基础上,构建体现中国优势的数字贸易规则体系。具体而言,在数字贸易结构方面,美国的优势在于数字服务贸易,而其构建的数字贸易规则"美式模板"的核心是实现跨境数据自由流动、保证网络自由接入、数字技术和数据存储设备非强制本地化。与之相比,中国的优势则是跨境货物贸易,因而,从比较优势出发,中国正大力推动实现跨境货物贸易便利化等相关规则的制定。

2. 消除数字鸿沟,促进数字经济蓬勃发展

数字经济是数字贸易发展的重要动力。目前,中国数字经济发展还存在部分问题,如数字经济在区域和城乡之间发展的不充分、不平衡,东部沿海地区数字经济发展速度较快、发展水平较高,特别是大型城市的数字经济优势较为突出,而中西部地区受限于自身产业基础,数字经济发展潜力尚未得以完全发挥。由此,中国构建数字贸易体系,以带动中西部地区以及农村地区数字基础设施投资、破除数字鸿沟为目标之一,推动中国从数字经济大国向数字经济强国跃升。

3. 注重数字技术嵌入生产,激励全球价值链位势向中高端攀升

随着数字贸易的发展,作为贸易新型形式,数字产品逐步成为中间品,嵌入全球价值链生产体系中,对全球产业链、供应链、价值链的重构发挥着越来越突出的作用,如以工业互联网和 3D 打印为主导的新型数字产品正颠覆全球分工体系和贸易布局。因此,中国从全球价值链视角,积极加强国际交流与合作,注重国内价值链与全球价值链的衔接,促进数字产品有效嵌入生产过程,保障核心技术的研发,增强中国在国际贸易领域的话语权,为打造中国数字贸易发展规则奠定基础。

| 第三章 |

新发展格局下数字贸易的发展态势

第一节 全球数字贸易发展态势

数字贸易推动全球贸易向数字服务化方向发展。2020年,全球数字服务贸易(出口)规模达到31991.3亿美元,同比增长11.80%,增速超过同期服务贸易和货物贸易,占服务贸易比重上升至64.2%,占全部贸易比重升至14.2%。此外,由于2020年全球性新冠肺炎疫情暴发,这一发展进程将进一步加快。

一、全球数字贸易迈入高速增长阶段

(一)数字服务贸易规模占比

全球数字服务贸易稳步增长,在服务贸易中的主导地位逐步显现。在全球数字经济蓬勃发展的大背景下,基于数字技术开展的线上研发、设计、生产、交易等活动日益频繁,促进了数字服务贸易的发展。2015—2020年全球数字服务贸易出口保持稳定的增长态势,数字服务在服务贸易中所占的份额快速上升。2020年全球数字服务贸易出口规模为31991.3亿美元;占服务出口比重为64.2%,比2019年提高11.8个百分点;占出口贸易总额(货物贸易和服务贸易)的比重为14.2%,比2019年提高1.2个百分点(见图3-1)。

（单位：万亿美元）

（单位：%）

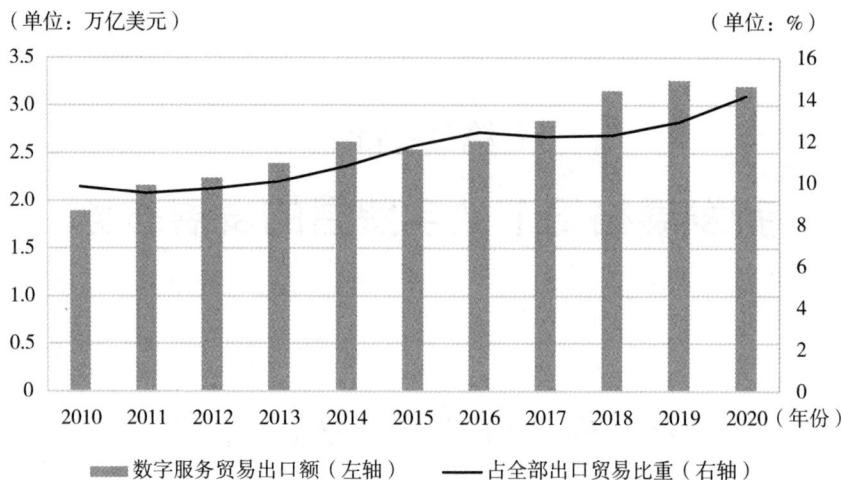

图 3-1　2010—2020 年全球数字服务贸易出口规模

数字服务贸易出口额（左轴）　　占全部出口贸易比重（右轴）

资料来源:联合国贸发会议。

此外,由于"商业存在"提供模式的数据被忽视,全球数字服务贸易存在被严重低估的可能。根据世界贸易组织《服务贸易总协定》,服务贸易包括商业存在、跨境交付、自然人流动、境外消费四种提供模式。在服务贸易统计实践中,通常将自然人流动、境外消费、跨境交付三种模式合并统计和发布,即国际收支统计口径(BOP)下的服务贸易统计;商业存在模式则单独统计,即国外分支机构统计口径(FATS)下的服务贸易。如果将商业存在的数据纳入考虑,数字服务贸易规模可能是现有数据的 2—3 倍。根据世界贸易组织测算,2017 年全球商业服务贸易中跨境交付、境外消费、商业存在、自然人流动的占比分别为 27.7%、10.4%、59.0%、2.9%,商业存在占比接近 6 成(见图 3-2)。

（二）数字服务贸易增长状况

全球数字服务贸易增速领先,构筑全球贸易新增长引擎。2008 年国际金融危机爆发以来,经济全球化遭遇逆流,保护主义、单边主义上升,全球贸易增长趋于平缓,数字贸易成为驱动贸易增长的关键。

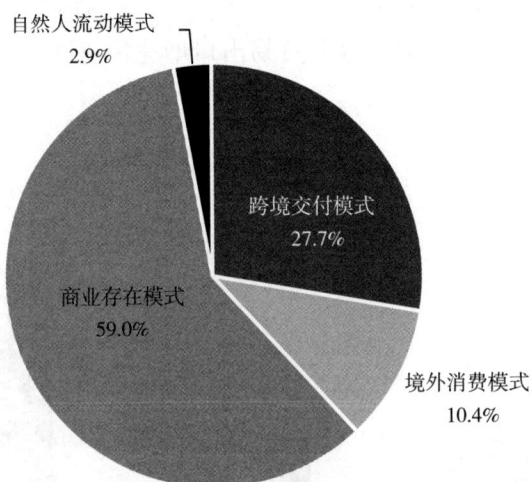

图 3-2　2017 年全球商业服务贸易的提供模式构成

资料来源：世界贸易组织。

　　从短期增长来看，2020 年，在全球贸易萎靡的背景下，全球数字服务贸易出口也仅出现小幅下降，较 2019 年缩小 1.9%，而同期服务贸易出口额降低了 20.0%，货物贸易出口额降低了 7.4%，由此可以看出，数字服务贸易的发展势头远好于服务贸易和货物贸易的发展。

　　从长期增长来看，数字服务贸易增速超过服务贸易和货物贸易。2015—2020 年，数字服务贸易、服务贸易、货物贸易年平均增长率依次为 4.8%、0.6%、1.5%。数字服务贸易在服务贸易中的核心地位得到确立和巩固，于 2015 年首次超过 50%，2015—2020 年数字服务贸易在服务贸易中的占比从 50.8% 升至 64.2%。数字服务贸易驱动全球贸易向服务化方向发展，2015—2019 年服务贸易在全球贸易中的占比从 23.2% 降低到 22.1%，减少了 1.1 个百分点。

　　新冠肺炎疫情加速服务贸易数字化进程，数字服务贸易占比大幅提升。新冠肺炎疫情暴发以后，数字服务贸易出口和其他服务贸易出口增速差不断扩大，表明无须面对面接触的数字服务贸易受疫情影响较小，数字服务出口在服务出口中的比重大幅提高（见图 3-3），其中美国非数字服务贸易出口同比增速长期低于0,非数字服务贸易出口规模大幅缩减。然而,在2021年疫情防控常态化后,非数字服务贸易出口增速快速回升,并相继超过数字服务贸易出口增速(见图3-4)。

（单位：万亿美元）

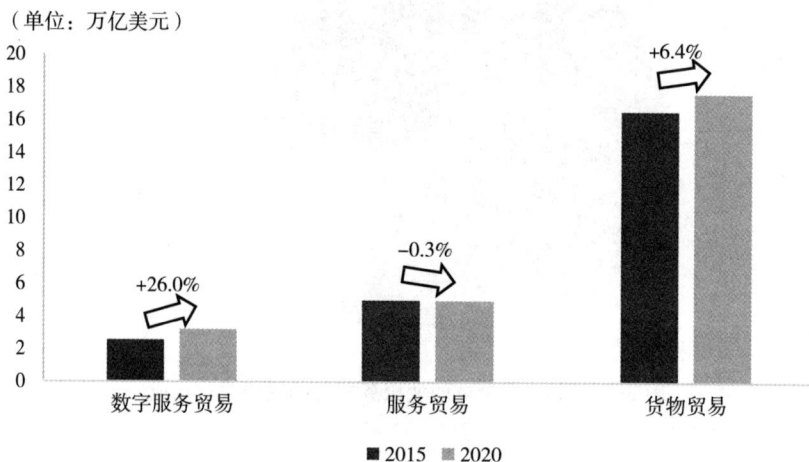

图3-3　2015年、2020年全球贸易出口增长情况

资料来源:联合国贸发会议。

（单位：%）

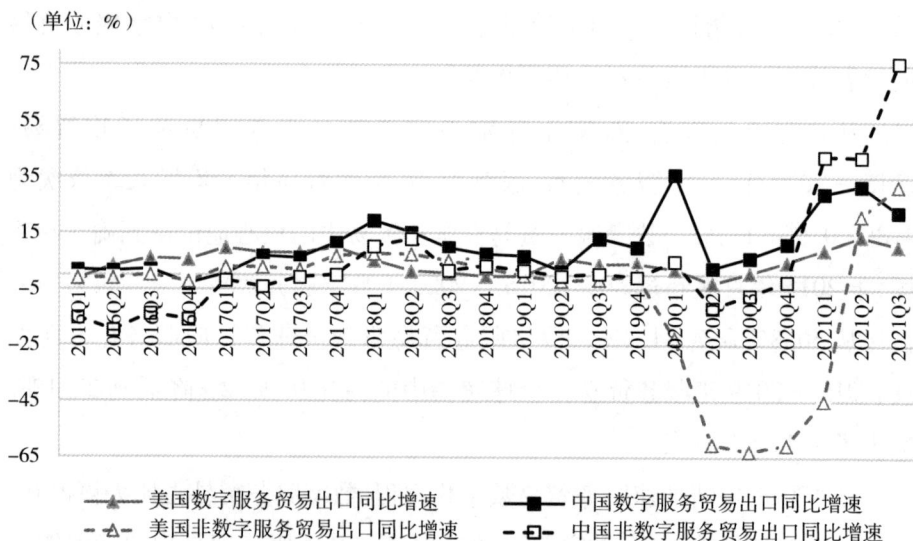

图3-4　2016—2021年第三季度中国与美国数字服务贸易出口和
非数字服务贸易出口同比增速走势图

资料来源:中华人民共和国国家外汇管理局、Bureau of Economic Analysis。

(三) 数字服务贸易结构特征

1. 细分数字服务贸易结构特征

其他商业服务①、ICT 服务、金融服务在数字服务贸易中占据主导地位。根据联合国贸发会议《ICT 服务贸易和 ICT 赋能服务贸易》报告,扩大国际收支服务分类(EBOPS)的 12 类细分服务贸易中有 6 类涉及可数字交付的服务贸易,即数字服务贸易,分别是保险服务、金融服务、知识产权服务、ICT 服务、其他商业服务、个人文娱服务②。6 类细分数字服务贸易的对应产业发展和国际化分工程度差异巨大,因此其在数字服务贸易中的占比也各不相同。2020 年,6 类细分数字服务按出口规模从大到小排序依次为其他商业服务、ICT 服务、金融服务、知识产权服务、保险服务、个人文娱服务,出口规模分别为 13380.1 亿美元、7104.3 亿美元、5395.7 亿美元、3905.4 亿美元、1434.8 亿美元、771.0 亿美元,在数字服务贸易出口中的占比依次为 41.8%、22.2%、16.9%、12.2%、4.5%、2.4%(见图 3-5)。

2. 细分数字服务结构变化趋势

ICT 服务、其他商业服务、知识产权服务是数字服务贸易增长的关键动力。细分数字服务贸易发展快慢主要取决于三方面因素:一是对应服务产业本身是否处于扩张阶段,二是对应服务产业与数字技术融合的难易程度,三是对应服务产业开展贸易的主要堵点是否可以通过数字交付解决。因此,数字化程度高且处于扩张期的 ICT 服务、知识和信息高度密集的知识产权服务增长居前。2010—2020 年 6 类细分数字服务按出口年均增长速度排序从大到小依次为 ICT 服务、其他商业服务、知识产权服务、个人文娱服务、金融服务、保险服务,年均增长速度依次为 8.3%、5.3%、5.2%、5.0%、4.6%、3.4%(见图 3-6)。

---

① 其他商业服务贸易包括研发、会计、法律、广告、管理咨询、公共关系等服务贸易。

② 为方便阅读,部分服务贸易分类采用简写,如保险服务(保险和养老金服务)、知识产权(知识产权使用费)、ICT 服务(电信、计算机和信息服务)、个人文娱服务(个人、文化和娱乐服务)。

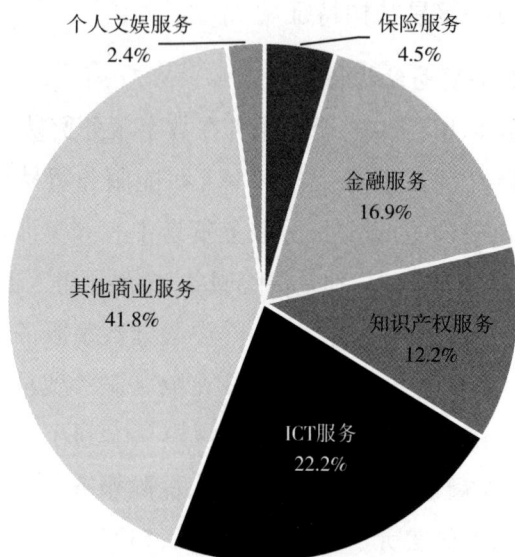

图 3-5　2020 年全球细分数字服务贸易出口结构

资料来源:联合国贸发会议。

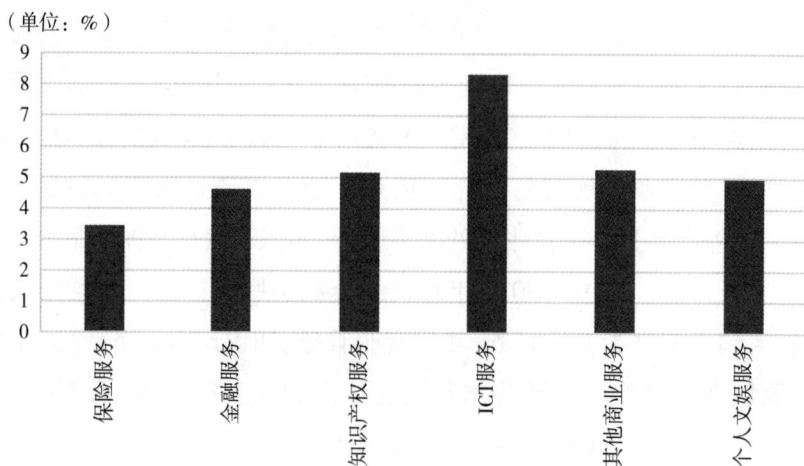

（单位：%）

图 3-6　2010—2020 年全球细分数字服务贸易出口年均增速

资料来源:联合国贸发会议。

二、发达经济体数字服务贸易优势突出

(一) 数字服务贸易规模与占有率

发达经济体在数字服务领域具有更突出的优势。发达经济体技术、资本占优,在具有技术、资本密集型特征的数字服务产业的培育上具有非常明显的优势,而且优势一旦建立,马太效应就开始不断发挥作用,发展中经济体很难逾越。2020 年,发达经济体、发展中经济体的数字服务贸易出口规模分别为 24628.5 亿美元、7362.8 亿美元,在全球数字服务出口中的占比分别为 77.0%、23.0%。通过对比可知,发达经济体在数字服务贸易中的支配地位超过服务贸易和货物贸易,其在国际市场占有率超过了服务贸易(见图 3-7)。

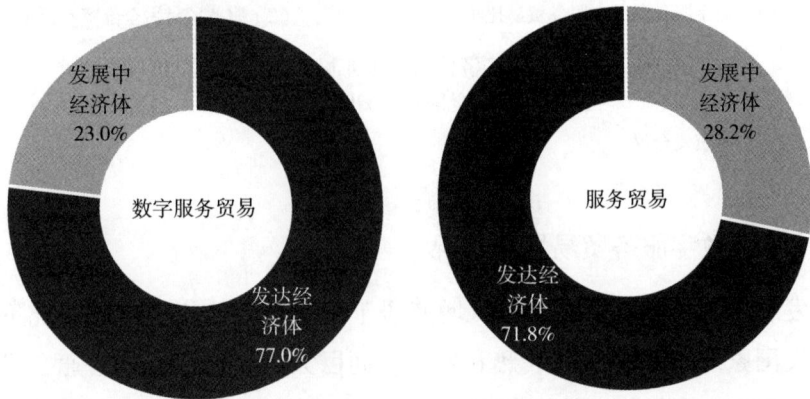

图 3-7　2020 年分经济体数字服务贸易和服务贸易国际市场占有率情况

资料来源:联合国贸发会议。

(二) 数字服务贸易占服务贸易比重

发达经济体出口偏向于服务,特别是数字服务。从不同经济体在国际分工中扮演的角色来看,发达经济体产业比较优势集中在服务业,服务出口比重相对比较高;发展中经济体则集中在制造业和农业,货物出口比重相对

较高。进一步聚焦到服务贸易分工,发达经济体偏向于技术、资本密集型的高收益数字服务出口,发展中经济体的服务出口则仍依靠于传统的运输、维修、旅游等服务出口。2020年,发展中经济体、发达经济体的服务出口占全部出口的比例分别为14.8%、27.3%;数字服务贸易出口在服务贸易出口中的占比分别为52.4%、68.8%(见图3-8)。

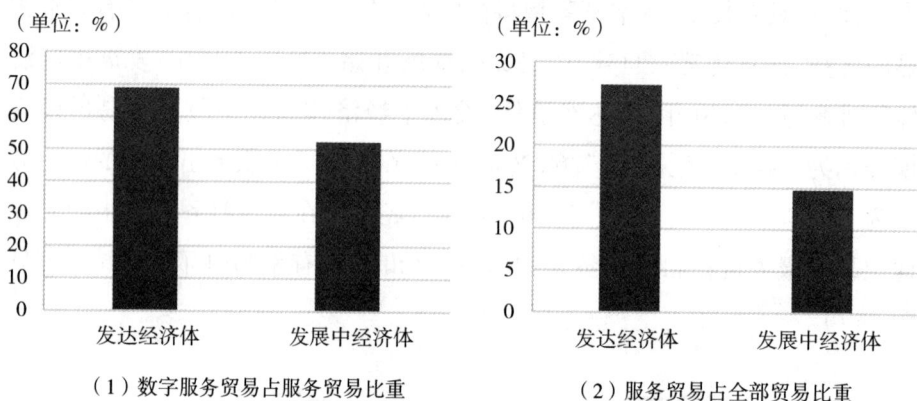

(1)数字服务贸易占服务贸易比重   (2)服务贸易占全部贸易比重

图3-8   2020年分经济体数字服务贸易(服务贸易)出口
占服务贸易(全部贸易)出口比重

资料来源:联合国贸发会议。

(三) 数字服务贸易增长状况

发展中经济体数字服务出口增速居于全球领先地位。一般情况下,由于后发国家产业发展尚不成熟和发展空间巨大,其经济、贸易增速会更快,数字服务出口也相仿。从短期增长来看,2018—2020年,发展中经济体、发达经济体数字服务贸易出口、服务出口和货物出口增速大小关系各不相同。在数字服务贸易出口方面,发展中经济体增长速度高于发达经济体,分别增长7.1%、3.4%。在服务出口方面,两类经济体出口均出现下滑,发展中经济体降低速度却高于发达经济体,分别降低3.4%、2.11%。在货物出口方面,发展中经济体增长速度高于发达经济体,分别增长了0.7%、-0.6%。从长期增长来看,2010—2020年两类经济体的三类出口年均增长速度的大小关系完全一致,均是发展中经济体增长快于发达经济体。在数字服务出口方面,发展中经济体和发达经济体年均增长速度依次为 8.1%、5.0%(见图 3-9)。

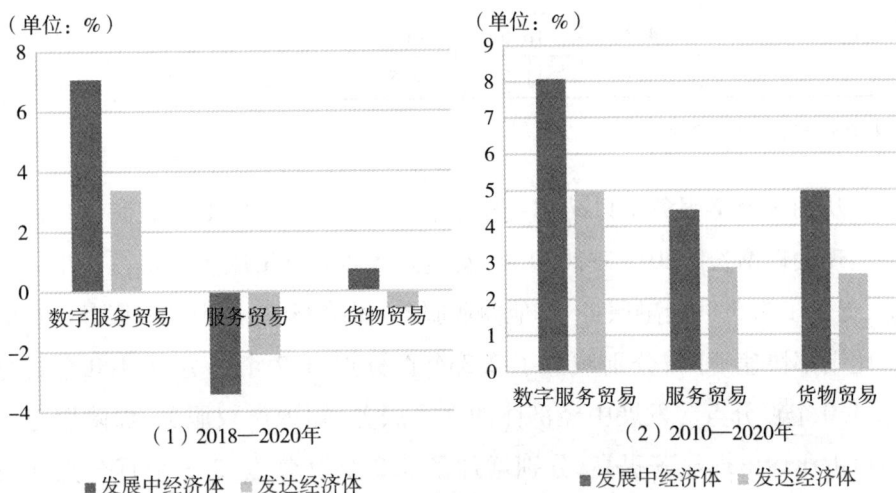

（单位：%）

（1）2018—2020年

■发展中经济体　■发达经济体

（单位：%）

（2）2010—2020年

■发展中经济体　■发达经济体

图 3-9　分经济体数字服务出口增速

资料来源:联合国贸发会议。

（四）数字服务贸易结构特征

1.细分数字服务结构特征与变化情况

从细分数字服务出口结构看,两类经济体出口结构相似,但个别细分数字服务出口占比差异较大。2020 年,发展中经济体、发达经济体出口占比第一、第二的细分数字服务均为其他商业服务和 ICT 服务,合计占比分别达到 77.8%、59.9%,发展中经济体占比远高于发达经济体。发展中经济体的保险服务出口占比明显高于发达经济体,保险服务出口占比达 5.1%,高于发达经济体的 4.3%。发展中经济体的金融服务出口、知识产权服务出口、个人文娱服务出口占比低于发达经济体,其中金融服务出口占比为11.3%,低于发达经济体的 18.5%;知识产权服务出口占比为 4.5%,低于发达经济体的 14.5%;个人文娱服务出口占比为 1.4%,低于发达经济体的 2.7%(见表 3-1)。

表 3-1　2020 年分经济体细分数字服务出口占比　　（单位:%）

经济体	保险服务	金融服务	知识产权服务	ICT 服务	其他商业服务	个人文娱服务
发达经济体	4.3	18.5	14.5	20.4	39.5	2.7
发展中经济体	5.1	11.3	4.5	28.2	49.6	1.4

资料来源:联合国贸发会议。

　　从细分数字服务出口结构变化来看,两类经济体的 ICT 服务出口占比均出现大幅增长。2010—2020 年,发达经济体的 ICT 服务出口占比出现上涨,提升了 5.5%,金融服务、其他商业服务、保险服务、知识产权服务出口的占比则都快速下降,分别减少了 2.3 个百分点、1.2 个百分点、1.0 个百分点、1.0 个百分点。发展中经济体的 ICT 服务、知识产权服务、保险服务的出口占比均出现显著提高,分别增加了 5.2 个百分点、2.3 个百分点、0.8 个百分点,而其他商业服务、个人文娱服务、金融服务的出口占比都出现不同程度的下降,分别减少了 5.3 个百分点、1.6 个百分点、1.4 个百分点(见表 3-2)。

表 3-2　2010—2020 年分经济体细分数字服务出口占比变化　　（单位:%）

经济体	保险服务	金融服务	知识产权服务	ICT 服务	其他商业服务	个人文娱服务
发达经济体	-1.0	-2.3	-1.0	5.5	-1.2	0.0
发展中经济体	0.8	-1.4	2.3	5.2	-5.3	-1.6

资料来源:联合国贸发会议。

2.细分数字服务国际市场占有率与变化情况

　　从细分数字服务国际市场占有率看,发达经济体在各细分数字服务出口中均拥有绝对优势。发达经济体在知识产权服务、金融服务、个人文娱服务的国际市场占有率均超过 80%,其中知识产权服务出口的国际市场占有率超过 90%,而保险服务、ICT 服务、其他商业服务的国际市场占有率在 70%—80%。发展中经济体细分数字服务国际市场占有率均在 30% 以下,其中 ICT 服务出口市场占有率最高,达到 29.2%。

表 3-3　2020 年分经济体细分数字服务国际市场占有率　（单位:%）

经济体	保险服务	金融服务	知识产权服务	ICT 服务	其他商业服务	个人文娱服务
发达经济体	73.8	84.6	91.6	70.8	72.7	86.7
发展中经济体	26.2	15.4	8.4	29.2	27.3	13.3

资料来源:联合国贸发会议。

从细分数字服务国际市场占有率变化来看,发展中经济体在大部分细分数字服务的影响力均显著提高。2010—2020 年,发展中经济体保险服务、知识产权服务、其他商业服务、金融服务、ICT 服务的国际市场占有率都大幅提高,分别提升了9.9 个百分点、5.2 个百分点、2.9 个百分点、2.8 个百分点、2.4 个百分点(见图 3-10);发达经济体仅个人文娱服务的市场占有率上升,从 79.% 升至 86.7%。

（单位：%）

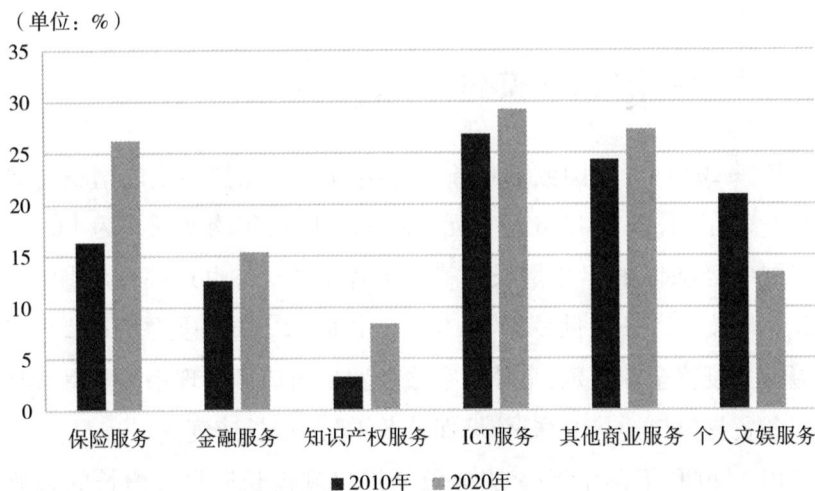

图 3-10　2010 年、2020 年发展中经济体细分数字服务贸易国际市场占有率

资料来源:联合国贸发会议。

第二节　中国数字贸易发展态势

近年来,随着现代信息通信技术的推广应用和数字经济的快速发展,以数据为生产要素、数字服务为核心、数字交付为特征的数字贸易蓬勃兴起,正成为数字经济时代的重要贸易方式。"十三五"时期,中国数字贸易规模快速扩大,数字贸易发展基础更加坚实,数字贸易法律法规政策体系初步形成,数字贸易领域有序开放,市场主体发展活跃,数字贸易国际市场持续拓展。据联合国贸发会议测算,2020 年中国可数字交付的服务贸易规模达到2947 亿美元,新冠肺炎疫情期间逆势增长 8.4%,占服务贸易总额的44.5%,比"十三五"初期提升了 13.9 个百分点。《中国数字服务贸易发展报告 2020》预测,到 2025 年,中国可数字化的服务贸易进出口总额将超过4000 亿美元,占服务贸易总额的比重达到 50% 左右。

一、数字服务贸易规模不断扩大

2010—2020 年,中国数字服务贸易出口规模保持稳定的增长态势,从576.5 亿美元增长到 1543.8 亿美元(见图 3-11),年均增长率为 11.7%,比同期发展中经济体的年均增长率高 3.6 个百分点,也远高于同期的巴西(2.5%)、印度(7.8%)、俄罗斯(2.9%)、南非(2.0%)(见图 3-12)。2020年新冠肺炎疫情全球蔓延,全球数字服务贸易出口额出现小幅下滑,但中国数字服务贸易出口逆势上涨,依然保持 8.1% 的增长速度。

2010—2020 年,中国数字服务贸易进口规模长期呈现增长的趋势,从689.6 亿美元增长到 1396.1 亿美元(见表 3-3),年均增长率为 8.3%,高于同期的巴西(3.8%)、俄罗斯(3.2%)、南非(0.1%),但低于同期的印度(8.8%)。2020 年,中国数字服务贸易进口额受到新冠肺炎疫情的影响不大,依然保持 6.1% 的增长速度。

（单位：亿美元）

（单位：%）

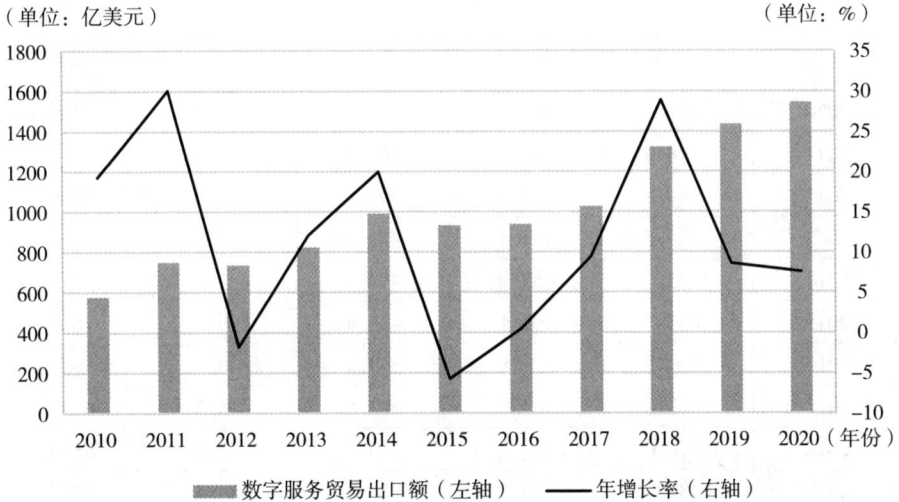

图 3-11 2010—2020 年中国数字服务贸易出口额

资料来源：联合国贸发会议、世界贸易组织。

（单位：%）

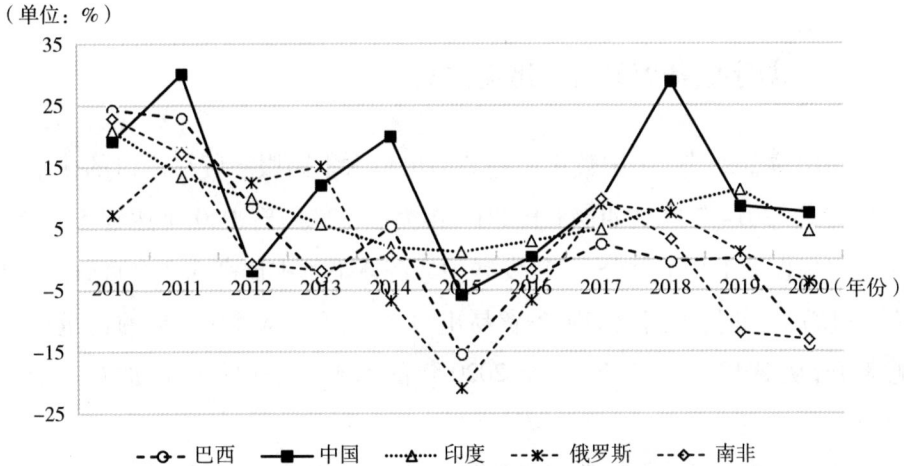

图 3-12 2010—2020 年金砖五国数字服务贸易出口年增长速度

资料来源：联合国贸发会议、世界贸易组织。

表 3-3 2010—2020 年金砖五国数字服务贸易进口额

(单位:亿美元)

年份	中国	巴西	印度	俄罗斯	南非
2010	689. 6	307. 5	475. 4	291. 0	63. 7
2011	898. 3	363. 6	460. 1	340. 7	67. 7
2012	886. 8	399. 3	497. 0	381. 4	62. 6
2013	1025. 5	411. 5	482. 9	433. 7	63. 8
2014	1023. 7	455. 9	474. 3	437. 0	59. 1
2015	861. 3	407. 1	483. 4	339. 0	56. 5
2016	970. 7	379. 8	549. 4	318. 5	59. 9
2017	1053. 8	403. 9	622. 5	355. 7	61. 4
2018	1240. 6	383. 7	670. 5	368. 4	58. 8
2019	1282. 6	379. 5	756. 0	384. 4	56. 3
2020	1396. 1	334. 6	799. 0	334. 2	46. 1

资料来源:联合国贸发会议、世界贸易组织。

二、数字服务贸易占比迅速提高

2010—2020 年,中国数字服务贸易出口占本国服务贸易出口的比重逐年提高,于 2014 年突破 40%,于 2019 年突破 50%,于 2020 年达到 55.0%,平均每年提高 1.9 个百分点,较发展中经济体平均占比高 5.2 个百分点(见图 3-13)。同时,中国数字服务贸易出口占本国全部贸易出口的比重也大幅上升,从 2010 年的 3.3% 升至 2020 年的 5.4%,平均每年增加 0.2 个百分点。

2010—2020 年,中国数字服务贸易进口占本国服务贸易进口的比重先减后增,于 2015 年降至最低,达到 19.8%,随后逐年提高,于 2020 年达到 36.6%,远低于同期的巴西(68.1%)、印度(51.9%)、俄罗斯(51.7%)、南非(46.7%),表明中国数字服务贸易的进口依赖程度远低于其他发展中国家(见图 3-14)。然而,中国数字服务贸易进口占本国全部贸易进口的比重快速提高,从 2010 年的 4.3% 升至 2020 年的 5.7%,增加 1.4 个百分点,表明中国服务贸易的数字化转型不断深化。

（单位：%）

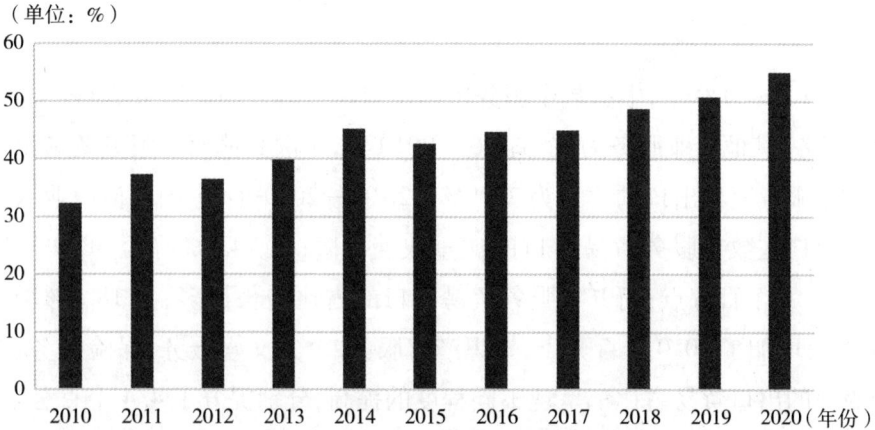

图 3-13　2010—2020 年中国数字服务贸易出口占本国服务贸易出口的比重

资料来源:联合国贸发会议。

（单位：%）

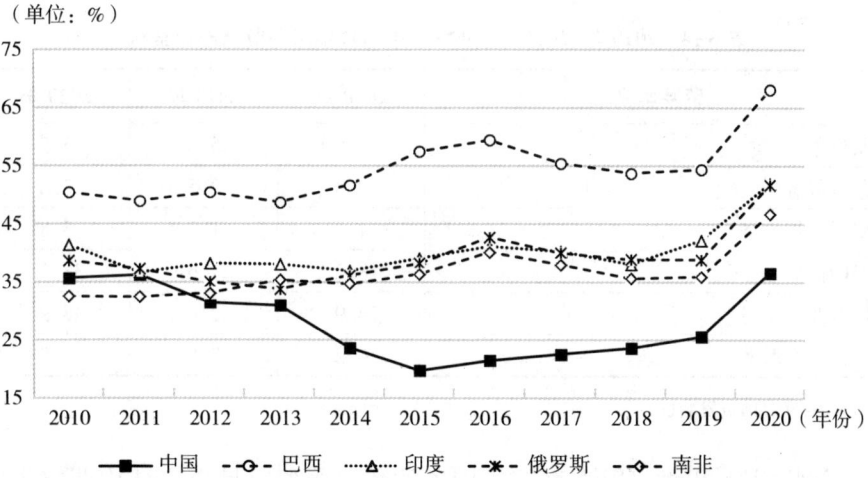

图 3-14　2010—2020 年金砖五国数字服务贸易进口占本国服务贸易进口的比重

资料来源:联合国贸发会议。

三、数字服务贸易结构持续优化

（一）出口贸易

2010—2020 年,中国数字服务贸易出口从以其他商业服务为核心向以 ICT 服务、其他商业服务为核心转变。2010 年,中国其他商业服务贸易出口占数字服务贸易出口的比重为 74.9%。2010—2020 年,中国其他商业服务贸易出口在数字服务贸易出口的比重快速下降,从 74.9% 降至 48.9%,减少了 26.0 个百分点;而 ICT 服务贸易出口的占比增长最多,由 18.2% 增至 38.2%,增加了 20.0 个百分点,知识产权服务、个人文娱服务、保险服务、金融服务的出口贸易占比都呈现不同程度的提高,分别提升了 4.4 个百分点、0.6 个百分点、0.5 个百分点、0.5 个百分点。2020 年,中国其他商业服务、ICT 服务的出口贸易额之和占本国数字服务贸易出口总额的 87.1%(见表 3-4)。

表 3-4　2010 年、2015 年、2020 年中国数字服务贸易出口结构　(单位:%)

贸易类别	2010 年	2015 年	2020 年
保险服务	3.0	5.3	3.5
金融服务	2.3	2.5	2.8
知识产权服务	1.4	1.2	5.8
ICT 服务	18.2	27.6	38.2
其他商业服务	74.9	62.6	48.9
个人文娱服务	0.2	0.8	0.8

资料来源:联合国贸发会议。

与此相对,巴西、印度、南非等国家的数字服务贸易出口结构调整仍以加大其他商业服务的占比为主攻方向。2010—2020 年,巴西其他商业服务出口贸易占比从 72.1% 增长到 73.1%,增加 1.0 个百分点;印度其他商业服务出口贸易占比由 41.2% 提高到 50.0%,增加 8.8 个百分点;南非其他商业服务出口贸易占比从 47.9% 上升到 48.6%,增加 0.7 个百分点。然而,俄罗斯的数字贸易结构调整方向与中国相近,降低其他商业服务贸易出口占比,提高 ICT 服务贸易出口占比(见图 3-5)。

表 3-5   2010—2020 年巴西、印度、俄罗斯、南非
细分数字贸易出口占比变化

(单位:%)

贸易类别	巴西	印度	俄罗斯	南非
保险服务	0.9	-0.6	-0.2	-2.3
金融服务	-4.5	-4.3	-0.5	-1.3
知识产权服务	2.4	0.7	3.4	-0.3
ICT 服务	10.4	-4.7	13.5	2.0
其他商业服务	1.0	8.7	-15.5	0.8
个人文娱服务	-10.3	0.2	-0.7	1.2

资料来源:联合国贸发会议。

(二) 进口贸易

2010—2020 年,中国数字服务贸易进口从以其他商业服务、保险服务为核心向以其他商业服务、知识产权服务为核心转变。2010 年,中国其他商业服务贸易进口占数字服务贸易进口的比重为 49.8%。2010—2020 年,中国其他商业服务贸易进口在数字服务贸易进口的比重快速下降,从 49.8%降至 36.2%,减少了 13.6 个百分点;中国保险服务贸易进口在数字服务贸易进口的比重从 22.8%减至 8.8%,减少了 14.0 个百分点。然而,2010—2020 年,中国知识产权服务贸易进口的占比迅速上升,由 18.9%增至 27.0%,增加了 8.1 个百分点,ICT 服务、个人文娱服务、金融服务的进口贸易占比都呈现不同程度的提高,分别提升了 17.7 个百分点、1.7 个百分点、0.3 个百分点。2020 年,中国其他商业服务、知识产权服务的进口贸易额之和占本国数字服务贸易进口总额的 63.2%(见表 3-6)。

表 3-6　2010 年、2015 年、2020 年中国数字服务贸易进口结构

（单位:%）

贸易类别	2010 年	2015 年	2020 年
保险服务	22.8	10.2	8.8
金融服务	2.0	3.1	2.3
知识产权服务	18.9	25.6	27.0
ICT 服务	5.9	13.0	23.6
其他商业服务	49.8	45.9	36.2
个人文娱服务	0.5	2.2	2.2

资料来源:联合国贸发会议。

与此相对,巴西、俄罗斯、南非等国家的数字服务贸易进口结构调整仍以其他商业服务的占比为主攻方向,但其所占份额逐渐降低。2010—2020年,巴西其他商业服务进口贸易占比从66.3%降至63.2%,减少了3.1个百分点;俄罗斯其他商业服务进口贸易占比从53.7%减少到48.4%,减少5.3个百分点;南非其他商业服务进口贸易占比从47.6%减至34.6%,减少13.0个百分点。然而,印度的其他商业服务占比快速上升,从53.6%增长到60.8%,增加了7.2个百分点(见表3-7)。

表 3-7　2010—2020 年巴西、印度、俄罗斯、南非
细分数字贸易进口占比变化

（单位:%）

贸易类别	巴西	印度	俄罗斯	南非
保险服务	-0.8	-3.5	-0.4	1.9
金融服务	-3.4	-8.5	-2.4	-0.4
知识产权服务	1.6	3.9	3.7	-0.1
ICT 服务	5.8	6.2	4.1	11.2
其他商业服务	-3.1	7.2	-5.3	-13.0
个人文娱服务	-0.2	-5.3	0.3	0.4

资料来源:联合国贸发会议。

四、数字服务贸易国际市场占有率显著提升

(一) 出口贸易

2010—2020 年,中国数字服务贸易出口额占全球市场的比重进入高速增长阶段,由 2010 年的 3.0%增长到 2020 年的 4.8%,年均提高 0.2 个百分点,在发展中经济体中处于领先地位。2010—2020 年,巴西、俄罗斯、南非数字服务贸易出口额占全球市场的比重呈下降状态,分别从 1.0%、0.9%、0.2%降至 0.6%、0.6%、0.1%;印度、东盟的数字服务贸易出口占全球市场的比重整体呈现增长状态,分别从 4.4%、4.0%提高到 4.9%、5.7%,年均分别提高 0.05 个百分点、0.15 个百分点(见表 3-8)。

表 3-8　2010—2020 年主要发展中经济体数字服务贸易出口全球占比

(单位:%)

年份	中国	巴西	印度	俄罗斯	南非	东盟
2010	3.0	1.0	4.4	0.9	0.2	4.0
2011	3.5	1.1	4.4	0.9	0.2	4.2
2012	3.3	1.1	4.7	1.0	0.2	4.6
2013	3.4	1.0	4.6	1.1	0.2	4.8
2014	3.8	1.0	4.3	0.9	0.2	4.7
2015	3.7	0.9	4.5	0.8	0.2	5.2
2016	3.6	0.8	4.5	0.7	0.1	5.2
2017	3.6	0.8	4.3	0.7	0.1	5.2
2018	4.2	0.7	4.3	0.7	0.1	5.6
2019	4.4	0.7	4.6	0.7	0.1	5.7
2020	4.8	0.6	4.9	0.6	0.1	5.7

资料来源:联合国贸发会议。

此外,2010—2020 年,中国数字服务贸易出口各细分领域在全球市场所占份额都逐年稳步提高,其中 ICT 服务、保险服务、知识产权服务的增长幅度最为显著(见表 3-9)。

2010—2020 年,中国 ICT 服务出口贸易在全球市场所占份额从 3.4%
升至 8.3%,提高了近 4.9 个百分点,增长速度领先于其他发展中经济体,远
比同期巴西、印度、俄罗斯、南非、东盟增长幅度大,上述五个经济体 ICT 服
务出口贸易占全球市场份额分别增加了 0.2 个百分点、−3.4 个百分点、0.0
个百分点、0.0 个百分点、0.5 个百分点。

2010—2020 年,中国保险服务出口贸易占全球市场份额从 1.8%增长
到 3.8%,提高了 2.0 个百分点,而同期的印度、俄罗斯、南非保险服务出口
贸易占比出现明显下滑,分别减少了 0.2 个百分点、0.1 个百分点、0.2 个百
分点,而同期的东盟保险服务贸易也是其数字贸易发展的重心,占全球比重
从 3.1%提高到 5.3%。

2010—2020 年,中国知识产权服务出口贸易在全球市场占有率从
0.3%增至 2.3%,提高了 2.0 个百分点,增长幅度高于大部分发展中经济
体;同期,巴西、印度、俄罗斯、南非、东盟知识产权服务出口贸易在全球市场
占有率分别增加了 0.1 个百分点、0.2 个百分点、0.1 个百分点、0.0 个百分
点、1.4 个百分点。

表 3-9　2010 年、2020 年主要发展中经济体 ICT 服务、保险服务、
知识产权服务出口贸易在全球市场份额 　　　　　　（单位:%）

国家或地区	ICT 服务		保险服务		知识产权服务	
	2010 年	2020 年	2010 年	2020 年	2010 年	2020 年
中国	3.4	8.3	1.8	3.8	0.3	2.3
巴西	0.2	0.4	0.4	0.4	0.1	0.2
印度	13.0	9.6	1.8	1.6	0.1	0.3
俄罗斯	0.8	0.8	0.4	0.3	0.2	0.3
南非	0.1	0.1	0.3	0.1	0.0	0.0
东盟	3.2	3.7	3.1	5.3	0.9	2.3

资料来源:联合国贸发会议。

同时,如表 3-10 所示,2010—2020 年,中国个人文娱服务出口贸易在
全球市场占有率从 0.2%增至 1.7%,提高了 1.5 个百分点,高于同期巴西、

印度、俄罗斯、南非、东盟的个人文娱服务出口贸易在全球市场占有率的增长幅度,上述五个经济体的个人文娱服务出口贸易占全球市场的比重分别增加-4.0个百分点、0.9个百分点、-0.3个百分点、0.0个百分点、1.1个百分点。

2010—2020年,中国金融服务出口贸易占全球市场的比重仅提高0.4个百分点,从0.4%升至0.8%,而东盟的金融服务出口贸易占全球市场比重提高幅度较大,增加了2.6个百分点,巴西、印度、俄罗斯、南非的金融服务出口贸易占比都出现不同程度的下降,分别减少了0.3个百分点、0.8个百分点、0.1个百分点、0.1个百分点。

2010—2020年,中国其他商业服务出口贸易占全球市场比重增长幅度不大,仅从5.3%增长到5.6%,提高了0.3个百分点,而同期东盟、印度的其他商业服务出口贸易占全球市场比重却大幅提升,分别从5.7%、4.2%升高到7.7%、5.8%,分别提高了2.0个百分点、1.6个百分点;同期巴西、俄罗斯、南非的其他商业服务出口贸易占全球市场比重则都陷入降低阶段,分别减少了0.7个百分点、0.6个百分点、0.1个百分点。

表3-10　2010年、2020年主要发展中经济体金融服务、其他商业服务、个人文娱服务出口贸易在全球市场份额　　　（单位:%）

国家或地区	金融服务		其他商业服务		个人文娱服务	
	2010年	2020年	2010年	2020年	2010年	2020年
中国	0.4	0.8	5.3	5.6	0.2	1.7
巴西	0.5	0.2	1.7	1.0	4.5	0.5
印度	1.6	0.8	4.2	5.8	1.9	2.8
俄罗斯	0.3	0.2	1.5	0.9	0.9	0.6
南非	0.2	0.1	0.2	0.1	0.2	0.2
东盟	3.7	6.3	5.7	7.7	1.3	2.4

资料来源:联合国贸发会议。

综上所述,中国数字服务贸易细分领域都保持着增长势头,而逐步形成以ICT服务和保险服务为主要抓手的发展格局,对全球数字贸易的影响力稳步提升,而东盟在部分领域与中国存在竞争关系,巴西、印度、俄罗斯、南非则出现不同程度的下滑,与中国不存在显著的竞争。

(二) 进口贸易

2010—2020 年,中国数字服务贸易进口额占全球市场的比重整体保持增长态势,由 2010 年的 4.0%增长到 2020 年的 5.0%,年均提高 0.1 个百分点,在发展中经济体中处于领先地位。2010—2020 年,巴西、俄罗斯、南非数字服务贸易进口额占全球市场的比重呈下降状态,分别从 1.8%、1.7%、0.4%降至 1.2%、1.2%、0.2%;印度、东盟的数字服务贸易进口占全球市场的比重整体呈现增长状态,分别从 2.8%、5.3%提高到 2.9%、6.3%,分别提高 0.1 个百分点、1.0 个百分点(见表 3-11)。

表 3-11 2010—2020 年主要发展中经济体
数字服务贸易进口全球占比 （单位:%）

年份	中国	巴西	印度	俄罗斯	南非	东盟
2010	4.0	1.8	2.8	1.7	0.4	5.3
2011	4.6	1.9	2.4	1.8	0.4	5.6
2012	4.5	2.0	2.5	1.9	0.3	6.1
2013	4.9	1.9	2.3	2.1	0.3	6.5
2014	4.3	1.9	2.0	1.8	0.2	6.2
2015	3.7	1.8	2.1	1.5	0.2	6.1
2016	4.1	1.6	2.3	1.3	0.3	6.1
2017	4.1	1.6	2.4	1.4	0.2	6.2
2018	4.5	1.4	2.4	1.3	0.2	6.2
2019	4.4	1.3	2.6	1.3	0.2	6.2
2020	5.0	1.2	2.9	1.2	0.2	6.3

资料来源:联合国贸发会议。

此外,2010—2020 年,中国数字服务贸易进口各细分领域在全球市场所占份额呈现两极化的发展态势,其中金融服务、知识产权服务、ICT 服务、个人文娱服务的占比稳步提高,保险服务、其他商业服务的占比则显著下滑,由此可以看出,中国数字贸易发展对全球金融服务、知识产权服务、ICT服务、个人文娱服务的影响力不断增强(见表3-12)。

表3-12 2010年、2020年主要发展中经济体金融服务、知识产权服务、
ICT服务、个人文娱服务进口贸易在全球市场份额   (单位:%)

国家或地区	金融服务		知识产权服务		ICT服务		个人文娱服务	
	2010年	2020年	2010年	2020年	2010年	2020年	2010年	2020年
中国	0.8	1.2	4.8	8.3	2.1	8.2	0.8	3.6
巴西	0.9	0.2	1.2	0.9	1.9	1.5	0.7	0.4
印度	3.9	1.7	0.9	1.6	1.8	2.7	8.5	3.3
俄罗斯	1.5	0.8	1.8	1.5	2.0	1.5	2.0	1.5
南非	0.1	0.0	0.7	0.3	0.4	0.3	0.0	0.0
东盟	2.5	4.1	8.6	5.8	3.6	6.9	1.9	1.7

资料来源:联合国贸发会议。

2010—2020年,中国金融服务进口贸易在全球市场所占份额从0.8%升至1.2%,提高了0.4个百分点,增长速度领先于其他发展中经济体,远比同期巴西、印度、俄罗斯、南非增长幅度大,上述四个经济体金融服务进口贸易占全球市场份额分别增加了-0.7个百分点、-2.2个百分点、-0.7个百分点、-0.1个百分点。然而,同期的东盟金融服务进口贸易占全球市场的份额增长速度高于中国,从2.5%提高到4.1%,增长了1.6个百分点。

2010—2020年,中国知识产权服务进口贸易占全球市场份额从4.8%增长到8.3%,提高了3.5个百分点,而同期的巴西、俄罗斯、南非、东盟知识产权服务进口贸易占比都出现明显下滑,分别减少了0.3个百分点、0.3个百分点、0.4个百分点、2.8个百分点,而同期的印度知识产权服务进口贸易占全球比重从0.9%提高1.6%。

2010—2020年,中国ICT服务进口贸易在全球市场占有率从2.1%增至8.2%,提高了6.1个百分点,增长幅度高于大部分发展中经济体;同期,印度和东盟ICT服务进口贸易在全球市场占有率分别从1.8%、3.6%增长

到 2.7%、6.9%;而巴西、俄罗斯、南非 ICT 服务进口贸易在全球市场占有率都呈缩减状态,分别减少了 0.4 个百分点、0.5 个百分点、0.1 个百分点。

2010—2020 年,中国个人文娱服务进口贸易占全球市场份额从 0.8% 增长到 3.6%,提高了 2.8 个百分点,而同期的巴西、印度、俄罗斯、南非、东盟个人文娱服务进口贸易占比都出现明显下滑,分别减少了 0.3 个百分点、5.2 个百分点、0.5 个百分点、0.0 个百分点、0.2 个百分点。

同时,如表 3-13 所示,2010—2020 年,中国保险服务进口贸易在全球市场占有率从 9.0% 减至 6.4%,减少了 2.6 个百分点,减幅大于同期巴西、俄罗斯、南非的保险服务进口贸易在全球市场占有率的减少幅度,上述三个经济体的保险服务进口贸易占全球市场的比重分别减少了 0.2 个百分点、0.1 个百分点、0.1 个百分点。然而,相同时期印度和东盟的保险服务进口贸易占全球比重显著提高,分别增长了 0.1 个百分点和 1.4 个百分点。

2010—2020 年,中国其他商业服务进口贸易占全球市场的比重减少了 0.3 个百分点,而巴西、俄罗斯、南非的其他商业服务进口贸易占全球市场比重也同步下降,分别减少了 0.9 个百分点、0.6 个百分点、0.3 个百分点。然而,同期印度和东盟的其他商业服务进口贸易在全球市场所占份额却显著上升,分别增加了 0.5 个百分点和 1.7 个百分点。

表 3-13　2010 年、2020 年主要发展中经济体保险服务、
其他商业服务进口贸易在全球市场份额　　　　(单位:%)

国家或地区	保险服务		其他商业服务	
	2010 年	2020 年	2010 年	2020 年
中国	9.0	6.4	4.0	3.7
巴西	0.9	0.7	2.4	1.5
印度	2.9	3.0	3.0	3.5
俄罗斯	0.6	0.5	1.8	1.2
南非	0.3	0.2	0.4	0.1
东盟	5.1	6.5	5.3	7.0

资料来源:联合国贸发会议。

五、数字服务贸易出口以欧美发达经济体为核心

（一）数字贸易整体布局

2010—2019 年,中国对全球数字服务贸易出口重心长期是美国、日本、新加坡、德国、英国、荷兰、瑞士、意大利等国家,但集中程度呈逐步下降的态势,并且中国数字服务出口贸易覆盖的范围不断扩大。

如表 3-14 所示,2010 年,中国数字服务贸易出口额前十位的国家是美国、日本、新加坡、德国、英国、荷兰、瑞士、意大利、爱尔兰、法国,十个国家的出口额之和为 307.2 亿美元,占中国数字服务贸易出口总额的比重为 53.3%,其中美国数字服务贸易出口额为 116.7 亿美元,占中国数字服务贸易出口总额的比重为 20.2%。同时,全球有 33 个国家或地区尚未与中国开展数字服务贸易出口往来。

2015 年,中国数字服务贸易出口额前十位的国家是美国、日本、新加坡、德国、英国、荷兰、瑞士、澳大利亚、爱尔兰、意大利,十个国家的数字服务贸易出口额之和为 452.9 亿美元,占中国数字服务贸易出口总额的比重为 48.53%,其中美国数字服务贸易出口额为 162.8 亿美元,占中国数字服务贸易出口总额的比重为 17.4%。同时,全球有 22 个国家或地区尚未与中国开展数字服务贸易出口往来。

2019 年,中国数字服务贸易出口额前十位的国家是美国、日本、新加坡、德国、英国、荷兰、瑞士、澳大利亚、韩国、意大利,十个国家的数字服务贸易出口之和为 685.0 亿美元,占中国数字服务贸易出口总额的比重为 47.7%,其中美国的出口贸易额为 242.5 亿美元,占中国数字服务贸易出口总额的比重为 16.9%。同时,全球有 18 个国家或地区尚未与中国开展数字服务贸易出口往来。

表 3-14 2010 年、2015 年、2019 年中国数字服务贸易出口前十位国家

（单位：亿美元）

2010 年		2015 年		2019 年	
国家	出口额	国家	出口额	国家	出口额
美国	116.7	美国	162.8	美国	242.5
日本	36.8	日本	52.6	日本	79.5
新加坡	33.4	新加坡	51.9	新加坡	72.0
德国	27.9	德国	38.7	德国	61.0
英国	22.3	英国	31.9	英国	49.2
荷兰	19.4	荷兰	31.6	荷兰	46.7
瑞士	15.2	瑞士	25.9	瑞士	38.6
意大利	13.4	澳大利亚	21.4	澳大利亚	35.1
爱尔兰	11.5	爱尔兰	18.4	韩国	32.8
法国	10.6	意大利	17.7	意大利	27.6

资料来源：世界贸易组织。

（二）数字贸易细分领域布局

1. ICT 服务

2010—2019 年，中国对全球 ICT 服务贸易出口额从 104.8 亿美元增长到 537.9 亿美元，年均增长率为 22.8%。

如表 3-15 所示，2010 年，中国 ICT 服务贸易出口额前十位的国家是美国、日本、英国、新加坡、荷兰、澳大利亚、德国、意大利、爱尔兰、加拿大，十个国家出口贸易额之和为 56.4 亿美元，占中国 ICT 服务贸易出口总额的比重为 53.8%，其中美国 ICT 服务贸易出口额为 27.4 亿美元，占中国 ICT 服务贸易出口总额的比重为 26.1%。同时，全球有 67 个国家或地区尚未与中国开展 ICT 服务贸易出口往来。

2015 年，中国 ICT 服务贸易出口额前十位的国家是美国、日本、英国、新加坡、澳大利亚、荷兰、德国、意大利、瑞士、加拿大，十个国家出口贸易额之和为 130.6 亿美元，占中国 ICT 服务贸易出口总额的比重为 50.6%，其中

美国 ICT 服务贸易出口额为 61.3 亿美元,占中国 ICT 服务贸易出口总额的比重为 23.8%。同时,全球有 52 个国家或地区尚未与中国开展 ICT 服务贸易出口往来。

2019 年,中国 ICT 服务贸易出口额前十位的国家是美国、日本、英国、新加坡、澳大利亚、德国、荷兰、意大利、韩国、瑞士,十个国家出口贸易额之和为 276.1 亿美元,占中国 ICT 服务贸易出口总额的比重为 51.3%,其中美国 ICT 服务贸易出口额为 123.2 亿美元,占中国 ICT 服务贸易出口总额的比重为 22.9%。同时,全球有 40 个国家或地区尚未与中国开展 ICT 服务贸易出口往来。

表 3-15　2010 年、2015 年、2019 年中国 ICT 服务贸易出口前十位国家

(单位:亿美元)

2010 年		2015 年		2019 年	
国家	出口额	国家	出口额	国家	出口额
美国	27.4	美国	61.3	美国	123.2
日本	5.2	日本	13.1	日本	29.5
英国	5.1	英国	11.1	英国	24.0
新加坡	4.1	新加坡	10.9	新加坡	21.3
荷兰	3.1	澳大利亚	7.7	澳大利亚	16.6
澳大利亚	2.8	荷兰	7.0	德国	16.3
德国	2.6	德国	5.5	荷兰	14.4
意大利	2.4	意大利	5.1	意大利	11.0
爱尔兰	1.9	瑞士	4.6	韩国	10.1
加拿大	1.8	加拿大	4.3	瑞士	9.7

资料来源:世界贸易组织。

2. 知识产权服务

2010—2019 年,中国对全球知识产权服务贸易出口额从 8.3 亿美元增长到 66.5 亿美元,年均增长率为 49.7%。

如表 3-16 所示,2010 年,中国知识产权服务贸易出口额前十位的国家是美国、爱尔兰、新加坡、加拿大、荷兰、瑞士、英国、澳大利亚、墨西哥、意大

利,十个国家出口贸易额之和为 4.4 亿美元,占中国知识产权服务贸易出口总额的比重为 53.0%,其中美国知识产权服务贸易出口额为 1.6 亿美元,占中国知识产权服务贸易出口总额的比重为 19.3%。同时,全球有 127 个国家或地区尚未与中国开展知识产权服务贸易出口往来。

表 3-16　2010 年、2015 年、2019 年中国知识
产权服务贸易出口前十位国家　　　(单位:亿美元)

2010 年		2015 年		2019 年	
国家	出口额	国家	出口额	国家	出口额
美国	1.6	美国	1.8	美国	6.2
爱尔兰	0.9	爱尔兰	1.1	爱尔兰	6.0
新加坡	0.5	新加坡	0.7	韩国	4.7
加拿大	0.3	加拿大	0.4	新加坡	4.3
荷兰	0.3	荷兰	0.4	加拿大	2.5
瑞士	0.2	瑞士	0.3	瑞士	2.4
英国	0.2	墨西哥	0.2	荷兰	2.4
澳大利亚	0.2	英国	0.2	墨西哥	1.6
墨西哥	0.1	澳大利亚	0.2	法国	1.6
意大利	0.1	泰国	0.2	澳大利亚	1.6

资料来源:世界贸易组织。

2015 年,中国知识产权服务贸易出口额前十位的国家是美国、爱尔兰、新加坡、加拿大、荷兰、瑞士、墨西哥、英国、澳大利亚、泰国,十个国家出口贸易额之和为 5.5 亿美元,占中国知识产权服务贸易出口总额的比重为 51.2%,其中美国知识产权服务贸易出口额为 1.8 亿美元,占中国知识产权服务贸易出口总额的比重为 16.5%。同时,全球有 120 个国家或地区尚未与中国开展知识产权服务贸易出口往来。

2019 年,中国知识产权服务贸易出口额前十位的国家是美国、爱尔兰、韩国、新加坡、加拿大、瑞士、荷兰、墨西哥、法国、澳大利亚,十个国家出口贸易额之和为 33.3 亿美元,占中国知识产权服务贸易出口总额的比重为 50.0%,其中美国知识产权服务贸易出口额为 6.2 亿美元,占中国知识产权

服务贸易出口总额的比重为 9.3%。同时,全球有 84 个国家或地区尚未与中国开展知识产权服务贸易出口往来。

3. 其他商业服务

2010—2019 年,中国对全球其他商业服务贸易出口额从 431.7 亿美元增长到 732.5 亿美元,年均增长率为 21.4%。

如表 3-17 所示,2010 年,中国其他商业服务贸易出口额前十位的国家是美国、日本、德国、新加坡、荷兰、英国、瑞士、法国、爱尔兰、意大利,十个国家出口贸易额之和为 239.5 亿美元,占中国其他商业服务贸易出口总额的比重为 55.5%,其中美国其他商业服务贸易出口额为 84.8 亿美元,占中国其他商业服务贸易出口总额的比重为 19.6%。同时,全球有 36 个国家或地区尚未与中国开展其他商业服务贸易出口往来。

表 3-17   2010 年、2015 年、2019 年中国其他
商业服务贸易出口前十位国家　　　　（单位:亿美元）

2010 年		2015 年		2019 年	
国家	出口额	国家	出口额	国家	出口额
美国	84.8	美国	93.4	美国	107.0
日本	30.9	日本	38.2	日本	47.0
德国	30.4	新加坡	38.1	新加坡	43.9
新加坡	22.6	德国	32.3	德国	42.4
荷兰	15.4	荷兰	22.6	荷兰	27.8
英国	15.1	瑞士	19.7	瑞士	24.9
瑞士	12.8	英国	16.2	法国	17.9
法国	12.0	法国	14.3	英国	17.7
爱尔兰	8.6	爱尔兰	12.5	韩国	15.9
意大利	6.9	澳大利亚	10.8	澳大利亚	13.8

资料来源:世界贸易组织。

2015 年,中国其他商业服务贸易出口额前十位的国家是美国、日本、新加坡、德国、荷兰、瑞士、英国、法国、爱尔兰、澳大利亚,十个国家出口贸易额之和为 298.1 亿美元,占中国其他商业服务贸易出口总额的比重为 51.1%,

其中美国其他商业服务贸易出口额为 93.4 亿美元,占中国其他商业服务贸易出口总额的比重为 16.0%。同时,全球有 25 个国家或地区尚未与中国开展其他商业服务贸易出口往来。

2019 年,中国其他商业服务贸易出口额前十位的国家是美国、日本、新加坡、德国、荷兰、瑞士、法国、英国、韩国、澳大利亚,十个国家出口贸易额之和为 358.3 亿美元,占中国其他商业服务贸易出口总额的比重为 48.9%,其中美国其他商业服务贸易出口额为 107.0 亿美元,占中国其他商业服务贸易出口总额的比重为 14.6%。同时,全球有 24 个国家或地区尚未与中国开展其他商业服务贸易出口往来。

4. 金融服务

2010—2019 年,中国对全球金融服务贸易出口额从 13.3 亿美元增长到 39.0 亿美元,年均增长率为 3.5%。

如表 3-18 所示,2010 年,中国金融服务贸易出口额前十位的国家是美国、英国、卢森堡、法国、日本、荷兰、新加坡、意大利、韩国、瑞士,十个国家出口贸易额之和为 4.0 亿美元,占中国金融服务贸易出口总额的比重为 30.4%,其中美国金融服务贸易出口额为 1.5 亿美元,占中国金融服务贸易出口总额的比重为 11.3%。同时,全球有 128 个国家或地区尚未与中国开展金融服务贸易出口往来。

2015 年,中国金融服务贸易出口额前十位的国家是美国、卢森堡、英国、新加坡、法国、荷兰、日本、意大利、韩国、瑞士,十个国家出口贸易额之和为 6.8 亿美元,占中国金融服务贸易出口总额的比重为 28.7%,其中美国金融服务贸易出口额为 2.2 亿美元,占中国金融服务贸易出口总额的比重为 9.3%。同时,全球有 114 个国家或地区尚未与中国开展金融服务贸易出口往来。

2019 年,中国金融服务贸易出口额前十位的国家是美国、俄罗斯、卢森堡、英国、日本、新加坡、荷兰、意大利、法国、巴西,十个国家出口贸易额之和为 11.6 亿美元,占中国金融服务贸易出口总额的比重为 29.6%,其中美国金融服务贸易出口额为 2.9 亿美元,占中国金融服务贸易出口总额的比重为 7.3%。同时,全球有 101 个国家或地区尚未与中国开展金融服务贸易出口往来。

表 3-18　2010 年、2015 年、2019 年中国金融
服务贸易出口前十位国家 （单位:亿美元）

2010 年		2015 年		2019 年	
国家	出口额	国家	出口额	国家	出口额
美国	1.5	美国	2.2	美国	2.9
英国	0.5	卢森堡	1.0	俄罗斯	1.8
卢森堡	0.5	英国	0.7	卢森堡	1.4
法国	0.3	新加坡	0.5	英国	1.0
日本	0.2	法国	0.4	日本	0.8
新加坡	0.2	荷兰	0.4	新加坡	0.8
荷兰	0.2	日本	0.4	荷兰	0.8
意大利	0.2	意大利	0.4	意大利	0.7
韩国	0.2	韩国	0.4	法国	0.7
瑞士	0.2	瑞士	0.4	巴西	0.7

资料来源:世界贸易组织。

5. 个人文娱服务

2010—2019 年,中国对全球个人文娱服务贸易出口额从 1.2 亿美元增长到 12.0 亿美元,年均增长率为 44.5%。

如表 3-19 所示,2010 年,中国个人文娱服务贸易出口额前十位的国家是美国、英国、德国、韩国、荷兰、日本、澳大利亚、意大利、瑞士、法国,十个国家出口贸易额之和为 0.6 亿美元,占中国个人文娱服务贸易出口总额的比重为 49.6%,其中美国个人文娱服务贸易出口额为 0.2 亿美元,占中国个人文娱服务贸易出口总额的比重为 17.9%。同时,全球有 165 个国家或地区尚未与中国开展个人文娱服务贸易出口往来。

2015 年,中国个人文娱服务贸易出口额前十位的国家是美国、英国、荷兰、韩国、澳大利亚、德国、意大利、瑞士、新加坡、日本,十个国家出口贸易额之和为 3.2 亿美元,占中国个人文娱服务贸易出口总额的比重为 43.6%,其

中美国个人文娱服务贸易出口额为 0.9 亿美元,占中国个人文娱服务贸易出口总额的比重为 12.7%。同时,全球有 121 个国家或地区尚未与中国开展个人文娱服务贸易出口往来。

2019 年,中国个人文娱服务贸易出口额前十位的国家是英国、美国、韩国、德国、荷兰、澳大利亚、日本、意大利、瑞士、新加坡,十个国家出口贸易额之和为 5.7 亿美元,占中国个人文娱服务贸易出口总额的比重为 47.6%,其中美国个人文娱服务贸易出口额为 1.4 亿美元,占中国个人文娱服务贸易出口总额的比重为 11.5%。同时,全球有 117 个国家或地区尚未与中国开展个人文娱服务贸易出口往来。

表 3-19　2010 年、2015 年、2019 年中国个人
文娱服务贸易出口前十位国家　　（单位:百万美元）

2010 年		2015 年		2019 年	
国家	出口额	国家	出口额	国家	出口额
美国	22	美国	93	英国	141
英国	9	英国	37	美国	138
德国	6	荷兰	33	韩国	63
韩国	4	韩国	26	德国	47
荷兰	4	澳大利亚	24	荷兰	40
日本	4	德国	23	澳大利亚	31
澳大利亚	3	意大利	22	日本	30
意大利	3	瑞士	22	意大利	28
瑞士	3	新加坡	21	瑞士	27
法国	3	日本	18	新加坡	24

资料来源:世界贸易组织。

6. 保险服务

2010—2019 年,中国对全球保险服务贸易出口额从 17.3 亿美元增长到 47.7 亿美元,年均增长率为 13.6%。

如表 3-20 所示,2010 年,中国保险服务贸易出口额前十位的国家是英国、美国、意大利、澳大利亚、加拿大、新加坡、荷兰、卢森堡、瑞士、日本,十个

国家出口贸易额之和为 6.6 亿美元,占中国保险服务贸易出口总额的比重为 37.8%,其中美国保险服务贸易出口额为 1.3 亿美元,占中国保险服务贸易出口总额的比重为 7.4%。同时,全球有 111 个国家或地区尚未与中国开展保险服务贸易出口往来。

表 3-20　2010 年、2015 年、2019 年中国保险
服务贸易出口前十位国家　　　　　（单位:亿美元)

2010 年		2015 年		2019 年	
国家	出口额	国家	出口额	国家	出口额
英国	1.3	英国	3.3	英国	4.0
美国	1.3	美国	3.3	意大利	2.3
意大利	1.0	意大利	2.3	澳大利亚	2.2
澳大利亚	0.7	澳大利亚	2.2	美国	1.8
加拿大	0.6	加拿大	1.6	加拿大	1.5
新加坡	0.6	新加坡	1.6	新加坡	1.5
荷兰	0.3	荷兰	0.9	德国	1.0
瑞士	0.3	卢森堡	0.8	荷兰	0.8
卢森堡	0.3	瑞士	0.7	韩国	0.8
日本	0.2	肯尼亚	0.7	瑞士	0.7

资料来源:世界贸易组织。

2015 年,中国保险服务贸易出口额前十位的国家是英国、美国、意大利、澳大利亚、加拿大、新加坡、荷兰、卢森堡、瑞士、肯尼亚,十个国家出口贸易额之和为 17.4 亿美元,占中国保险服务贸易出口总额的比重为 34.5%,其中美国保险服务贸易出口额为 3.3 亿美元,占中国保险服务贸易出口总额的比重为 6.6%。同时,全球有 92 个国家或地区尚未与中国开展保险服务贸易出口往来。

2019 年,中国保险服务贸易出口额前十位的国家是英国、意大利、澳大利亚、美国、加拿大、新加坡、德国、荷兰、韩国、瑞士,十个国家出口贸易额之和为 16.6 亿美元,占中国保险服务贸易出口总额的比重为 34.9%,其中美国保险服务贸易出口额为 1.8 亿美元,占中国保险服务贸易出口总额的比

重为 3.8%。同时,全球有 91 个国家或地区尚未与中国开展保险服务贸易出口往来。

六、数字服务贸易进口以北美、东亚为重心

(一) 数字贸易整体布局

2010—2019 年,中国对全球数字服务贸易进口重心长期是美国、日本、德国、英国、韩国、新加坡等国家,且集中趋势进一步强化,但中国数字服务进口贸易范围不断向全球扩张。

如表 3-21 所示,2010 年,中国数字服务贸易进口额前十位的国家是美国、日本、德国、英国、韩国、新加坡、瑞士、荷兰、爱尔兰、澳大利亚,十个国家的进口额之和为 376.3 亿美元,占中国数字服务贸易进口总额的比重为 54.6%,其中美国数字服务贸易进口额为 113.7 亿美元,占中国数字服务贸易进口总额的比重为 16.5%。同时,全球有 61 个国家或地区尚未与中国开展数字服务贸易进口往来。

2015 年,中国数字服务贸易进口额前十位的国家是美国、日本、德国、英国、韩国、新加坡、瑞士、荷兰、爱尔兰、法国,十个国家的数字服务贸易进口额之和为 541.4 亿美元,占中国数字服务贸易进口总额的比重为 62.9%,其中美国数字服务贸易进口额为 144.7 亿美元,占中国数字服务贸易进口总额的比重为 16.8%。同时,全球有 60 个国家或地区尚未与中国开展数字服务贸易进口往来。

2019 年,中国数字服务贸易进口额前十位的国家是美国、日本、德国、英国、韩国、新加坡、瑞士、荷兰、爱尔兰、法国,十个国家的数字服务贸易进口之和为 803.4 亿美元,占中国数字服务贸易进口总额的比重为 62.6%,其中美国的进口贸易额为 238.0 亿美元,占中国数字服务贸易进口总额的比重为 18.6%。同时,全球有 55 个国家或地区尚未与中国开展数字服务贸易进口往来。

表 3-21　2010 年、2015 年、2019 年中国数字
服务贸易进口前十位国家　　　（单位:亿美元）

2010 年		2015 年		2019 年	
国家	进口额	国家	进口额	国家	进口额
美国	113.7	美国	144.7	美国	238.0
日本	59.5	日本	76.0	日本	104.8
德国	35.9	德国	66.3	德国	89.9
英国	33.9	英国	48.1	英国	86.1
韩国	30.9	韩国	46.5	韩国	62.8
新加坡	29.6	新加坡	43.0	新加坡	60.3
瑞士	22.3	瑞士	38.7	瑞士	49.1
荷兰	17.9	荷兰	31.7	荷兰	44.2
爱尔兰	17.7	爱尔兰	28.3	爱尔兰	42.0
澳大利亚	14.9	法国	18.1	法国	26.2

资料来源:世界贸易组织。

(二) 数字贸易细分领域布局

1. ICT 服务

如表 3-22 所示,2010—2019 年,中国从全球进口 ICT 服务贸易额从
41.0 亿美元增长到 268.6 亿美元,年均增长率为 21.0%。

2010 年,中国 ICT 服务贸易进口额前十位的国家是英国、美国、新加
坡、澳大利亚、爱尔兰、菲律宾、韩国、瑞典、德国、加拿大,十个国家进口贸易
额之和为 25.2 亿美元,占中国 ICT 服务贸易进口总额的比重为 61.4%,其
中英国 ICT 服务贸易进口额为 7.6 亿美元,占中国 ICT 服务贸易进口总额
的比重为 18.6%。同时,全球有 95 个国家或地区尚未与中国开展 ICT 服务
贸易进口往来。

2015 年,中国 ICT 服务贸易进口额前十位的国家是英国、美国、新加
坡、爱尔兰、韩国、德国、澳大利亚、瑞典、加拿大、日本,十个国家进口贸易
额之和为 72.8 亿美元,占中国 ICT 服务贸易进口总额的比重为 64.8%,其中

英国ICT服务贸易进口额为22.0亿美元,占中国ICT服务贸易进口总额的比重为19.5%。同时,全球有83个国家或地区尚未与中国开展ICT服务贸易进口往来。

2019年,中国ICT服务贸易进口额前十位的国家是英国、美国、新加坡、爱尔兰、德国、韩国、澳大利亚、日本、瑞典、菲律宾,十个国家进口贸易额之和为171.2亿美元,占中国ICT服务贸易进口总额的比重为63.7%,其中英国ICT服务贸易进口额为49.6亿美元,占中国ICT服务贸易进口总额的比重为18.5%。同时,全球有72个国家或地区尚未与中国开展ICT服务贸易进口往来。

表3-22　2010年、2015年、2019年中国ICT
服务贸易进口前十位国家 （单位:亿美元）

2010 年		2015 年		2019 年	
国家	进口额	国家	进口额	国家	进口额
英国	7.6	英国	22.0	英国	49.6
美国	6.7	美国	20.0	美国	48.0
新加坡	2.8	新加坡	7.3	新加坡	16.4
澳大利亚	1.6	爱尔兰	5.1	爱尔兰	12.1
爱尔兰	1.4	韩国	4.1	德国	12.0
菲律宾	1.2	德国	4.0	韩国	9.6
韩国	1.1	澳大利亚	3.1	澳大利亚	7.6
瑞典	1.0	瑞典	2.5	日本	5.8
德国	0.9	加拿大	2.4	瑞典	5.3
加拿大	0.9	日本	2.3	菲律宾	4.8

资料来源:世界贸易组织。

2. 知识产权服务

2010—2019年,中国对全球知识产权服务贸易进口额从130.4亿美元增长到343.2亿美元,年均增长率为12.4%。

如表3-23所示,2010年,中国知识产权服务贸易进口额前十位的国家是美国、日本、韩国、荷兰、德国、瑞士、爱尔兰、法国、新加坡、英国,十个国家进口贸易额之和为 104.6 亿美元,占中国知识产权服务贸易进口总额的比重为 80.3%,其中美国知识产权服务贸易进口额为 31.4 亿美元,占中国知识产权服务贸易进口总额的比重为 24.1%。同时,全球有 126 个国家或地区尚未与中国开展知识产权服务贸易进口往来。

表 3-23　2010 年、2015 年、2019 年中国知识产权
服务贸易进口前十位国家　　　　　（单位:亿美元）

2010 年		2015 年		2019 年	
国家	进口额	国家	进口额	国家	进口额
美国	31.4	美国	44.9	美国	79.4
日本	19.4	日本	35.0	日本	54.7
韩国	13.2	韩国	24.2	韩国	33.7
荷兰	10.1	德国	20.7	德国	30.1
德国	9.2	荷兰	19.8	荷兰	28.5
瑞士	5.9	瑞士	15.8	瑞士	22.2
爱尔兰	4.2	爱尔兰	7.8	爱尔兰	11.5
法国	3.8	卢森堡	5.8	英国	9.1
新加坡	3.7	法国	5.7	法国	8.1
英国	3.7	新加坡	5.3	卢森堡	8.1

资料来源:世界贸易组织。

2015 年,中国知识产权服务贸易进口额前十位的国家是美国、日本、韩国、德国、荷兰、瑞士、爱尔兰、卢森堡、法国、新加坡,十个国家进口贸易额之和为 185.0 亿美元,占中国知识产权服务贸易进口总额的比重为 84.1%,其中美国知识产权服务贸易进口额为 44.9 亿美元,占中国知识产权服务贸易进口总额的比重为 20.4%。同时,全球有 127 个国家或地区尚未与中国开展知识产权服务贸易进口往来。

2019 年,中国知识产权服务贸易进口额前十位的国家是美国、日本、韩国、德国、荷兰、瑞士、爱尔兰、英国、法国、卢森堡,十个国家进口贸易额之和为 285.4 亿美元,占中国知识产权服务贸易进口总额的比重为 83.1%,其中美国知识产权服务贸易进口额为 79.4 亿美元,占中国知识产权服务贸易进

口总额的比重为 23.1%。同时,全球有 120 个国家或地区尚未与中国开展知识产权服务贸易进口往来。

3. 其他商业服务

2010—2019 年,中国对全球其他商业服务贸易进口额从 343.1 亿美元增长到 497.8 亿美元,年均增长率为 11.0%。

如表 3-24 所示,2010 年,中国其他商业服务贸易进口额前十位的国家是美国、德国、新加坡、日本、英国、法国、澳大利亚、韩国、荷兰、爱尔兰,十个国家进口贸易额之和为 170.7 亿美元,占中国其他商业服务贸易进口总额的比重为 49.7%,其中美国其他商业服务贸易进口额为 62.8 亿美元,占中国其他商业服务贸易进口总额的比重为 18.3%。同时,全球有 66 个国家或地区尚未与中国开展其他商业服务贸易进口往来。

表 3-24　2010 年、2015 年、2019 年中国其他
商业服务贸易进口前十位国家　　　（单位:亿美元）

2010 年		2015 年		2019 年	
国家	进口额	国家	进口额	国家	进口额
美国	62.8	美国	67.9	美国	88.3
德国	22.4	德国	38.0	德国	44.9
新加坡	18.5	新加坡	25.5	新加坡	31.4
日本	17.0	日本	23.1	日本	25.9
英国	14.2	英国	14.8	英国	18.8
法国	8.8	韩国	10.8	爱尔兰	11.8
澳大利亚	8.2	瑞士	10.1	韩国	11.7
韩国	7.8	法国	9.9	瑞士	11.2
荷兰	5.8	爱尔兰	9.4	法国	10.9
爱尔兰	5.2	荷兰	8.6	澳大利亚	10.8

资料来源:世界贸易组织。

2015 年,中国其他商业服务贸易进口额前十位的国家是美国、德国、新加坡、日本、英国、韩国、瑞士、法国、爱尔兰、荷兰,十个国家进口贸易额之和为 218.1 亿美元,占中国其他商业服务贸易进口总额的比重为 55.1%,其中

美国其他商业服务服务贸易进口额为 67.9 亿美元,占中国其他商业服务贸易进口总额的比重为 17.2%。同时,全球有 68 个国家或地区尚未与中国开展其他商业服务服务贸易进口往来。

2019 年,中国其他商业服务贸易进口额前十位的国家是美国、德国、新加坡、日本、英国、爱尔兰、韩国、瑞士、法国、澳大利亚,十个国家进口贸易额之和为 265.7 亿美元,占中国其他商业服务贸易进口总额的比重为 53.4%,其中美国其他商业服务贸易进口额为 88.3 亿美元,占中国其他商业服务贸易进口总额的比重为 17.7%。同时,全球有 66 个国家或地区尚未与中国开展其他商业服务贸易进口往来。

4. 金融服务

2010—2019 年,中国对全球金融服务贸易进口额从 13.8 亿美元增长到 24.6 亿美元,年均增长率为 31.5%。

如表 3-25 所示,2010 年,中国金融服务贸易进口额前十位的国家是美国、新加坡、卢森堡、英国、韩国、日本、澳大利亚、法国、爱尔兰、瑞士,十个国家进口贸易额之和为 3.6 亿美元,占中国金融服务贸易进口总额的比重为 26.0%,其中美国金融服务贸易进口额为 1.2 亿美元,占中国金融服务贸易进口总额的比重为 8.8%。同时,全球有 147 个国家或地区尚未与中国开展金融服务贸易进口往来。

2015 年,中国金融服务贸易进口额前十位的国家是新加坡、美国、卢森堡、爱尔兰、瑞士、英国、荷兰、澳大利亚、韩国、日本,十个国家进口贸易额之和为 10.1 亿美元,占中国金融服务贸易进口总额的比重为 38.4%,其中美国金融服务贸易进口额为 2.1 亿美元,占中国金融服务贸易进口总额的比重为 8.1%。同时,全球有 130 个国家或地区尚未与中国开展金融服务贸易进口往来。

2019 年,中国金融服务贸易进口额前十位的国家是美国、新加坡、英国、卢森堡、韩国、日本、法国、爱尔兰、瑞士、德国,十个国家进口贸易额之和为 8.3 亿美元,占中国金融服务贸易进口总额的比重为 33.8%,其中美国金融服务贸易进口额为 1.9 亿美元,占中国金融服务贸易进口总额的比重为

7.8%。同时,全球有 138 个国家或地区尚未与中国开展金融服务贸易进口往来。

表 3-25   2010 年、2015 年、2019 年中国金融
服务贸易进口前十位国家   (单位:亿美元)

2010 年		2015 年		2019 年	
国家	进口额	国家	进口额	国家	进口额
美国	1.2	新加坡	2.4	美国	1.9
新加坡	0.6	美国	2.1	新加坡	1.4
卢森堡	0.4	卢森堡	1.6	英国	1.3
英国	0.3	爱尔兰	0.8	卢森堡	0.9
韩国	0.2	瑞士	0.8	韩国	0.5
日本	0.2	英国	0.5	日本	0.5
澳大利亚	0.2	荷兰	0.5	法国	0.5
法国	0.2	澳大利亚	0.5	爱尔兰	0.5
爱尔兰	0.2	韩国	0.5	瑞士	0.4
瑞士	0.1	日本	0.4	德国	0.4

资料来源:世界贸易组织。

5. 个人文娱服务

2010—2019 年,中国对全球个人文娱服务贸易进口额从 3.7 亿美元增长到 40.7 亿美元,年均增长率为 33.7%。

如表 3-26 所示,2010 年,中国个人文娱服务贸易进口额前十位的国家是美国、英国、韩国、澳大利亚、荷兰、加拿大、瑞士、德国、新加坡、瑞典,十个国家进口贸易额之和为 2.1 亿美元,占中国个人文娱服务贸易进口总额的比重为 50.4%,其中美国个人文娱服务贸易进口额为 0.7 亿美元,占中国个人文娱服务贸易进口总额的比重为 19.8%。同时,全球有 144 个国家或地区尚未与中国开展个人文娱服务贸易进口往来。

2015 年,中国个人文娱服务贸易进口额前十位的国家是美国、英国、韩国、德国、瑞士、澳大利亚、荷兰、日本、加拿大、新加坡,十个国家进口贸易额之和为 10.4 亿美元,占中国个人文娱服务贸易进口总额的比重为 54.7%,

其中美国个人文娱服务贸易进口额为4.1亿美元,占中国个人文娱服务贸易进口总额的比重为21.4%。同时,全球有122个国家或地区尚未与中国开展个人文娱服务贸易进口往来。

2019年,中国个人文娱服务贸易进口额前十位的国家是美国、英国、韩国、日本、澳大利亚、瑞士、荷兰、德国、加拿大、新加坡,十个国家进口贸易额之和为22.2亿美元,占中国个人文娱服务贸易进口总额的比重为54.5%,其中美国个人文娱服务贸易进口额为8.7亿美元,占中国个人文娱服务贸易进口总额的比重为21.3%。同时,全球有115个国家或地区尚未与中国开展个人文娱服务贸易进口往来。

表3-26　2010年、2015年、2019年中国个人
文娱服务贸易进口前十位国家　　（单位:亿美元）

2010年		2015年		2019年	
国家	进口额	国家	进口额	国家	进口额
美国	0.7	美国	4.1	美国	8.7
英国	0.4	英国	1.9	英国	3.9
韩国	0.2	韩国	1.3	韩国	3.2
澳大利亚	0.2	德国	0.6	日本	1.7
荷兰	0.1	瑞士	0.5	澳大利亚	1.1
加拿大	0.1	澳大利亚	0.5	瑞士	0.9
瑞士	0.1	荷兰	0.4	荷兰	0.8
德国	0.1	日本	0.4	德国	0.7
新加坡	0.1	加拿大	0.4	加拿大	0.6
瑞典	0.1	新加坡	0.3	新加坡	0.6

资料来源:世界贸易组织。

6.保险服务

2010—2019年,中国对全球保险服务贸易进口额从15.8亿美元增长到107.6亿美元,年均增长率为4.9%。

如表3-27所示,2010年,中国保险服务贸易进口额前十位的国家是日本、瑞士、美国、韩国、英国、爱尔兰、新加坡、澳大利亚、德国、意大利,十个国

家进口贸易额之和为81.1亿美元,占中国保险服务贸易进口总额的比重为51.5%,其中美国保险服务贸易进口额为10.9亿美元,占中国保险服务贸易进口总额的比重为6.9%。同时,全球有107个国家或地区尚未与中国开展保险服务贸易进口往来。

表3-27 2010年、2015年、2019年中国保险
服务贸易进口前十位国家 （单位:亿美元）

2010年		2015年		2019年	
国家	进口额	国家	进口额	国家	进口额
日本	22.2	日本	14.8	日本	16.3
瑞士	11.4	瑞士	9.7	美国	11.8
美国	10.9	美国	5.7	瑞士	10.6
韩国	8.3	韩国	5.6	爱尔兰	5.9
英国	7.7	爱尔兰	4.9	韩国	4.2
爱尔兰	6.7	英国	3.9	英国	3.4
新加坡	3.9	德国	2.8	新加坡	2.6
澳大利亚	3.4	新加坡	2.2	法国	2.5
德国	3.3	巴西	1.3	德国	1.7
意大利	3.3	南非	1.2	澳大利亚	1.6

资料来源:世界贸易组织。

2015年,中国保险服务贸易进口额前十位的国家是日本、瑞士、美国、韩国、爱尔兰、英国、德国、新加坡、巴西、南非,十个国家进口贸易额之和为52.1亿美元,占中国保险服务贸易进口总额的比重为59.2%,其中美国保险服务贸易进口额为5.7亿美元,占中国保险服务贸易进口总额的比重为6.5%。同时,全球有113个国家或地区尚未与中国开展保险服务贸易进口往来。

2019年,中国保险服务贸易进口额前十位的国家是日本、美国、瑞士、爱尔兰、韩国、英国、新加坡、法国、德国、澳大利亚,十个国家进口贸易额之和为60.6亿美元,占中国保险服务贸易进口总额的比重为56.1%,其中美国保险服务贸易进口额为11.8亿美元,占中国保险服务贸易进口总额的比

重为11.0%。同时,全球有111个国家或地区尚未与中国开展保险服务贸易进口往来。

七、数字服务贸易从逆差转变为顺差

(一)数字服务贸易整体情况

2010—2019年,中国对全球数字服务贸易由逆差转变为顺差,顺差额从-93.3亿美元增长到173.1亿美元,数字服务贸易顺差重心长期是沙特阿拉伯、墨西哥、加拿大、意大利、新加坡、西班牙、阿拉伯联合酋长国、澳大利亚、印度尼西亚。

如表3-28所示,2010年,中国数字服务贸易顺差额前十位的国家是沙特阿拉伯、美国、阿拉伯联合酋长国、墨西哥、西班牙、荷兰、印度尼西亚、丹麦、哈萨克斯坦、加拿大,十个国家的顺差额之和为21.6亿美元,而同期中国数字贸易顺差总额为-93.3亿美元,其中美国数字服务贸易顺差额为3.1亿美元。同时,中国对世界58个国家或地区的数字服务贸易处于逆差。

2015年,中国数字服务贸易顺差额前十位的国家是美国、意大利、新加坡、西班牙、阿拉伯联合酋长国、沙特阿拉伯、墨西哥、澳大利亚、印度尼西亚、泰国,十个国家的顺差额之和为87.7亿美元,占中国数字服务贸易顺差总额的比重为95.4%,其中美国数字服务贸易顺差额为18.1亿美元,占中国数字服务贸易进口总额的比重为19.7%。同时,中国对世界43个国家或地区的数字服务贸易处于逆差。

2019年,中国数字服务贸易顺差额前十位的国家是意大利、西班牙、墨西哥、新加坡、沙特阿拉伯、澳大利亚、阿拉伯联合酋长国、加拿大、印度尼西亚、泰国,十个国家的顺差额之和为111.7亿美元,占中国数字服务贸易顺差总额的比重为64.5%。同时,中国对世界40个国家或地区的数字服务贸易处于逆差。

表 3-28　2010 年、2015 年、2019 年中国数字
服务贸易顺差前十位国家　　　　　（单位:亿美元）

2010 年		2015 年		2019 年	
国家	进口额	国家	进口额	国家	进口额
沙特阿拉伯	5.1	美国	18.1	意大利	15.9
美国	3.1	意大利	10.0	西班牙	13.3
阿拉伯联合酋长国	3.0	新加坡	8.9	墨西哥	12.4
墨西哥	2.3	西班牙	8.9	新加坡	11.7
西班牙	1.7	阿拉伯联合酋长国	8.5	沙特阿拉伯	11.4
荷兰	1.4	沙特阿拉伯	8.5	澳大利亚	11.0
印度尼西亚	1.3	墨西哥	7.2	阿拉伯联合酋长国	10.9
丹麦	1.3	澳大利亚	6.7	加拿大	9.1
哈萨克斯坦	1.2	印度尼西亚	5.8	印度尼西亚	8.3
加拿大	1.2	泰国	5.1	泰国	7.7

资料来源:世界贸易组织。

（二）数字贸易顺差结构

1. ICT 服务

2010—2019 年,中国对全球 ICT 服务贸易顺差额从 63.7 亿美元增长到 269.3 亿美元,年均增长率为 34.2%。

如表 3-29 所示,2010 年,中国 ICT 服务贸易顺差额前十位的国家是美国、日本、荷兰、意大利、德国、阿拉伯联合酋长国、瑞士、西班牙、新加坡、澳大利亚,十个国家顺差贸易额之和为 38.1 亿美元,占中国 ICT 服务贸易顺差总额的比重为 59.8%,其中美国 ICT 服务贸易顺差额为 20.7 亿美元,占中国 ICT 服务贸易顺差总额的比重为 32.4%。同时,中国与全球有 19 个国家或地区存在 ICT 服务贸易逆差。

2015 年,中国 ICT 服务贸易顺差额前十位的国家是美国、日本、荷兰、澳大利亚、意大利、阿拉伯联合酋长国、新加坡、西班牙、瑞士、墨西哥,十个

国家顺差贸易额之和为82.6亿美元,占中国ICT服务贸易顺差总额的比重为56.8%,其中美国ICT服务贸易顺差额为41.2亿美元,占中国ICT服务贸易顺差总额的比重为28.3%。同时,中国与全球有26个国家或地区存在ICT服务贸易逆差。

2019年,中国ICT服务贸易顺差额前十位的国家是美国、日本、荷兰、澳大利亚、意大利、阿拉伯联合酋长国、西班牙、瑞士、墨西哥、新加坡,十个国家顺差贸易额之和为157.8亿美元,占中国ICT服务贸易顺差总额的比重为58.6%,其中美国ICT服务贸易顺差额为75.3亿美元,占中国ICT服务贸易顺差总额的比重为28.0%。同时,中国与全球有25个国家或地区存在ICT服务贸易逆差。

表3-29　2010年、2015年、2019年中国ICT
服务贸易顺差前十位国家　（单位:亿美元）

2010年		2015年		2019年	
国家	进口额	国家	进口额	国家	进口额
美国	20.7	美国	41.2	美国	75.3
日本	4.6	日本	10.8	日本	23.7
荷兰	2.5	荷兰	5.3	荷兰	10.7
意大利	1.9	澳大利亚	4.6	澳大利亚	9.0
德国	1.7	意大利	4.3	意大利	9.0
阿拉伯联合酋长国	1.5	阿拉伯联合酋长国	4.0	阿拉伯联合酋长国	6.8
瑞士	1.4	新加坡	3.6	西班牙	6.8
西班牙	1.3	西班牙	3.4	瑞士	6.0
新加坡	1.3	瑞士	2.8	墨西哥	5.5
澳大利亚	1.2	墨西哥	2.6	新加坡	5.0

资料来源:世界贸易组织。

2. 知识产权服务

2010—2019年,中国对全球知识产权服务贸易顺差额从-122.1亿美元减至-276.8亿美元,年均缩减率为10.5%。

如表 3-30 所示,2010 年,中国知识产权服务贸易顺差额前十位的国家是泰国、印度尼西亚、阿塞拜疆、肯尼亚、巴基斯坦、巴拉圭、委内瑞拉、阿尔巴尼亚、莱索托、斯里兰卡,十个国家顺差贸易额之和为 0.3 亿美元。同时,中国与全球有 62 个国家或地区存在知识产权服务贸易逆差,其中美国、日本、韩国、荷兰的逆差额都突破 10 亿美元。

2015 年,中国知识产权服务贸易顺差额前十位的国家是泰国、墨西哥、印度尼西亚、阿塞拜疆、肯尼亚、巴基斯坦、巴拉圭、斯里兰卡、委内瑞拉、智利,十个国家顺差贸易额之和为 0.6 亿美元。同时,中国与全球有 62 个国家或地区存在知识产权服务贸易逆差,其中美国、日本、韩国、德国、荷兰、瑞士的逆差额都突破 10 亿美元。

2019 年,中国知识产权服务贸易顺差额前十位的国家是墨西哥、泰国、印度尼西亚、加拿大、阿塞拜疆、巴基斯坦、波兰、肯尼亚、菲律宾、阿根廷,十个国家顺差贸易额之和为 5.8 亿美元。同时,中国与全球有 39 个国家或地区存在知识产权服务贸易逆差,其中美国、日本、韩国、德国、荷兰、瑞士的逆差额都突破 10 亿美元。

表 3-30　2010 年、2015 年、2019 年中国知识
产权服务贸易顺差前十位国家　　　　（单位:百万美元）

2010 年		2015 年		2019 年	
国家	顺差额	国家	顺差额	国家	顺差额
泰国	8	泰国	17	墨西哥	138
印度尼西亚	5	墨西哥	10	泰国	120
阿塞拜疆	4	印度尼西亚	10	印度尼西亚	68
肯尼亚	2	阿塞拜疆	6	加拿大	48
巴基斯坦	2	肯尼亚	5	阿塞拜疆	39
巴拉圭	2	巴基斯坦	4	巴基斯坦	36
委内瑞拉	2	巴拉圭	3	波兰	34
阿尔巴尼亚	2	斯里兰卡	3	肯尼亚	32
莱索托	2	委内瑞拉	3	菲律宾	32
斯里兰卡	1	智利	2	阿根廷	31

资料来源:世界贸易组织。

3. 其他商业服务

2010—2019 年,中国对全球其他商业服务贸易顺差额从 88.4 亿美元增长到 234.8 亿美元,年均增长率为 22.0%。

如表 3-31 所示,2010 年,中国其他商业服务贸易顺差额前十位的国家是美国、日本、荷兰、瑞士、德国、沙特阿拉伯、新加坡、爱尔兰、法国、卢森堡,十个国家顺差贸易额之和为 80.0 亿美元,占中国其他商业服务贸易顺差总额的比重为 90.5%,其中美国其他商业服务贸易顺差额为 22.0 亿美元,占中国其他商业服务贸易顺差总额的比重为 24.8%。同时,中国与全球有 34 个国家或地区存在其他商业服务贸易逆差。

表 3-31　2010 年、2015 年、2019 年中国其他
商业服务贸易顺差前十位国家　　（单位:亿美元）

2010 年		2015 年		2019 年	
国家	顺差额	国家	顺差额	国家	顺差额
美国	22.0	美国	25.5	日本	21.1
日本	14.0	日本	15.1	美国	18.7
荷兰	9.5	荷兰	14.0	荷兰	17.6
瑞士	8.3	新加坡	12.6	瑞士	13.6
德国	8.1	瑞士	9.6	新加坡	12.5
沙特阿拉伯	4.8	沙特阿拉伯	7.5	沙特阿拉伯	9.5
新加坡	4.0	西班牙	5.4	法国	7.0
爱尔兰	3.4	卢森堡	5.2	西班牙	6.1
法国	3.2	意大利	4.9	意大利	5.7
卢森堡	2.7	法国	4.4	墨西哥	4.8

资料来源:世界贸易组织。

2015 年,中国其他商业服务贸易顺差额前十位的国家是美国、日本、荷兰、新加坡、瑞士、沙特阿拉伯、西班牙、卢森堡、意大利、法国,十个国家顺差贸易额之和为 104.2 亿美元,占中国其他商业服务贸易顺差总额的比重为 55.3%,其中美国其他商业服务贸易顺差额为 25.5 亿美元,占中国其他商业服务贸易顺差总额的比重为 13.5%。同时,中国与全球有 28 个国家或地

区存在其他商业服务贸易逆差。

2019年,中国其他商业服务贸易顺差额前十位的国家是日本、美国、荷兰、瑞士、新加坡、沙特阿拉伯、法国、西班牙、意大利、墨西哥,十个国家顺差贸易额之和为116.6亿美元,占中国其他商业服务贸易顺差总额的比重为49.7%,其中美国其他商业服务贸易顺差额为18.7亿美元,占中国其他商业服务贸易顺差总额的比重为8.0%。同时,中国与全球有29个国家或地区存在其他商业服务贸易逆差。

4.金融服务

2010—2019年,中国对全球金融服务贸易顺差额从-0.6亿美元增长到14.4亿美元。

如表3-32所示,2010年,中国金融服务贸易顺差额前十位的国家是美国、英国、巴西、荷兰、法国、意大利、卢森堡、印度、斯威士兰、德国,十个国家顺差贸易额之和为1.4亿美元,其中美国金融服务贸易顺差额为0.3亿美元。同时,中国与全球有13个国家或地区存在金融服务贸易逆差,其中新加坡逆差额最高,达到0.4亿美元。

表3-32　2010年、2015年、2019年中国金融
服务贸易顺差前十位国家　　　　　　（单位:亿美元）

2010年		2015年		2019年	
国家	顺差额	国家	顺差额	国家	顺差额
美国	0.3	巴西	0.2	俄罗斯	1.8
英国	0.2	英国	0.2	美国	1.0
巴西	0.2	法国	0.1	巴西	0.7
荷兰	0.1	印度	0.1	意大利	0.5
法国	0.1	俄罗斯	0.1	卢森堡	0.5
意大利	0.1	墨西哥	0.1	荷兰	0.5
卢森堡	0.1	斯威士兰	0.1	澳大利亚	0.3
印度	0.1	西班牙	0.1	日本	0.3
斯威士兰	0.1	哈萨克斯坦	0.1	西班牙	0.3
德国	0.1	意大利	0.1	加拿大	0.2

资料来源:世界贸易组织。

2015年,中国金融服务贸易顺差额前十位的国家是巴西、英国、法国、印度、斯威士兰、俄罗斯、墨西哥、西班牙、哈萨克斯坦、意大利,十个国家顺差贸易额之和为1.2亿美元。同时,中国与全球有29个国家或地区存在金融服务贸易逆差,其中新加坡逆差额最高,达到3.1亿美元。

2019年,中国金融服务贸易顺差额前十位的国家是俄罗斯、美国、巴西、意大利、卢森堡、荷兰、澳大利亚、日本、西班牙、加拿大,十个国家顺差贸易额之和为6.1亿美元。同时,中国与全球有8个国家或地区存在金融服务贸易逆差,其中新加坡逆差额最高,达到0.6亿美元。

5. 个人文娱服务

2010—2019年,中国对全球个人文娱服务贸易逆差额从-2.5亿美元减少到-28.8亿美元,年均缩减率为32.9%。

如表3-33所示,2010年,中国个人文娱服务贸易呈顺差的国家是沙特阿拉伯、阿鲁巴、委内瑞拉,三个国家顺差贸易额都为100万美元。同时,中国与全球有48个国家或地区存在个人文娱服务贸易逆差,其中美国、英国、韩国、澳大利亚逆差额最高,都超过1000万美元。

2015年,中国个人文娱服务贸易顺差额前十位的国家是意大利、沙特阿拉伯、阿鲁巴、马来西亚、阿拉伯联合酋长国、西班牙、委内瑞拉、苏里南、哈萨克斯坦、巴基斯坦,十个国家顺差贸易额之和为0.4亿美元。同时,中国与全球有52个国家或地区存在个人文娱服务贸易逆差,其中美国、英国、韩国、德国、瑞士、巴西、澳大利亚、加拿大、日本、瑞典、法国逆差额最高,都超过2000万美元。

2019年,中国个人文娱服务贸易顺差额前十位的国家是意大利、沙特阿拉伯、阿鲁巴、哈萨克斯坦、巴基斯坦、坦桑尼亚、委内瑞拉、苏里南、库拉索、肯尼亚,十个国家顺差贸易额之和为0.3亿美元。同时,中国与全球有68个国家或地区存在个人文娱服务贸易逆差,其中美国、韩国、英国、日本、澳大利亚、瑞士、加拿大、瑞典、法国、新加坡、荷兰、阿根廷、爱尔兰、德国逆差额最高,都超过2000万美元。

表 3-33　2010 年、2015 年、2019 年中国个人
文娱服务贸易顺差前十位国家　（单位：百万美元）

2010 年		2015 年		2019 年	
国家	顺差额	国家	顺差额	国家	顺差额
沙特阿拉伯	1	意大利	11	意大利	5
阿鲁巴	1	沙特阿拉伯	4	沙特阿拉伯	5
委内瑞拉	1	阿鲁巴	4	阿鲁巴	3
—	—	马来西亚	4	哈萨克斯坦	3
—	—	阿拉伯联合酋长国	4	巴基斯坦	3
—	—	西班牙	4	坦桑尼亚	3
—	—	委内瑞拉	3	委内瑞拉	2
—	—	苏里南	3	苏里南	2
—	—	哈萨克斯坦	2	库拉索	2
—	—	巴基斯坦	2	肯尼亚	2

资料来源：世界贸易组织。

6. 保险服务

2010—2019 年，中国对全球保险服务贸易逆差额从 -140.3 亿美元增长到 -59.9 亿美元。

如表 3-34 所示，2010 年，中国保险服务贸易顺差额前十位的国家是肯尼亚、墨西哥、哥伦比亚、巴拿马、巴巴多斯、纳米比亚、委内瑞拉、乌兹别克斯坦、巴基斯坦、科摩罗，十个国家顺差贸易额之和为 0.4 亿美元。同时，中国与全球有 85 个国家或地区存在保险服务贸易逆差，其中日本、瑞士、美国、韩国、爱尔兰、英国逆差额最高，都超过 5 亿美元。

2015 年，中国保险服务贸易顺差额前十位的国家是意大利、加拿大、澳大利亚、肯尼亚、墨西哥、新西兰、印度尼西亚、智利、阿拉伯联合酋长国、西班牙，十个国家顺差贸易额之和为 6.1 亿美元。同时，中国与全球有 45 个国家或地区存在保险服务贸易逆差，其中日本、瑞士、韩国、爱尔兰、德国、美国、巴西、南非逆差额最高，都超过 1 亿美元。

2019 年，中国保险服务贸易顺差额前十位的国家是加拿大、意大利、肯

尼亚、澳大利亚、墨西哥、英国、新西兰、智利、希腊、巴巴多斯,十个国家顺差贸易额之和为 5.5 亿美元。同时,中国与全球有 50 个国家或地区存在保险服务贸易逆差,其中日本、美国、瑞士、爱尔兰、韩国、法国、新加坡逆差额最高,都超过 1 亿美元。

表 3-34　2010 年、2015 年、2019 年中国保险
服务贸易顺差前十位国家　　　（单位:百万美元）

2010 年		2015 年		2019 年	
国家	顺差额	国家	顺差额	国家	顺差额
肯尼亚	17	意大利	122	加拿大	109
墨西哥	9	加拿大	120	意大利	91
哥伦比亚	4	澳大利亚	97	肯尼亚	69
巴拿马	4	肯尼亚	70	澳大利亚	63
巴巴多斯	3	墨西哥	61	墨西哥	61
纳米比亚	2	新西兰	31	英国	61
委内瑞拉	1	印度尼西亚	29	新西兰	32
乌兹别克斯坦	1	智利	28	智利	27
巴基斯坦	1	阿拉伯联合 酋长国	26	希腊	21
科摩罗	1	西班牙	26	巴巴多斯	19

资料来源:世界贸易组织。

第三节　中国数字贸易发展机遇与挑战

一、中国数字贸易发展机遇

(一) 世界各国高度重视第四次工业革命

第四次工业革命以人工智能、云计算和大数据为突破,开启了数字化发展的新时期,不仅导致全球传统产业面临转型升级的压力,还为发展中国家

与发达国家消除"数字鸿沟"创造了新机遇。2018 年,深化金砖五国信息化、智能化、数字化合作的"建设金砖国家新型工业革命伙伴关系"正式纳入《金砖国家领导人第十次会晤约翰内斯堡宣言》。2018 年,中国与埃及等非洲国家联合发布《"一带一路"数字经济国际合作倡议》。2019 年,美国国家科学技术委员会(NSTC)修订《国家人工智能研发战略计划》,制定了有效的人工智能合作模式,保障人工智能的长期投资,加速美国人工智能发展。2020 年,欧盟颁布《欧洲新工业战略》,重点研究和投资大数据、5G、人工智能,维护欧洲数字主权。

(二) 在线工作、消费习惯全球扩散

在第四次工业革命过程中,世界各国人们增加了对在线教育、跨境电商、视频会议等消费需求。一方面,随着互联网普及,社会消费对互联网的依赖性逐渐提升。如图 3-15 所示,2015—2018 年,全球 B2C 跨境电商交易额从 3040.0 亿美元提高到 6760.0 亿美元,年均增幅为 30.5%,并且参与的消费者保持 21.0% 的年均增长速度,从 3.1 亿人增长到 9.0 亿人。[①] 2020年 1—5 月,参与在线支付和网购的拉美消费者人数达 1.66 亿人次,比2019 年同期增加 1300 万人,在线消费占总消费的比重为 80%。[②] 另一方面,新一代信息通信技术深入改变了多数人的工作方式,推广线上办公模式,加速个人、企业、政府数字空间的成熟和完善。在新冠肺炎疫情蔓延期间,脸书、谷歌、苹果等高科技及社交媒体企业都要求员工进行居家办公,充分展现了数字经济出色的企业管理和动员能力。此外,2020 年 6 月,《关于开展跨境电子商务企业对企业出口监管试点的公告》的实施,将在北京市、天津市等 10 个城市开辟跨境电商 B2B 出口监管试点,促进"一带一路"跨境电商经营模式转变,简化"跨境电商出口海外仓"和"跨境电商 B2B 直接出口"的申报和查验。工作方式和消费习惯的改变将挖掘"一带一路"国际

---

① 资料来源:iiMedia Research、阿里研究院与埃森哲。
② 资料来源:维萨集团。

产能,驱动大量消费向线上转变,解决供需不平衡,引导传统企业开展数字化转型,进而实现"一带一路"数字化水平的飞跃。

（单位：亿美元）　　　　　　　　　　　　　　　　　　　　　　（单位：%）

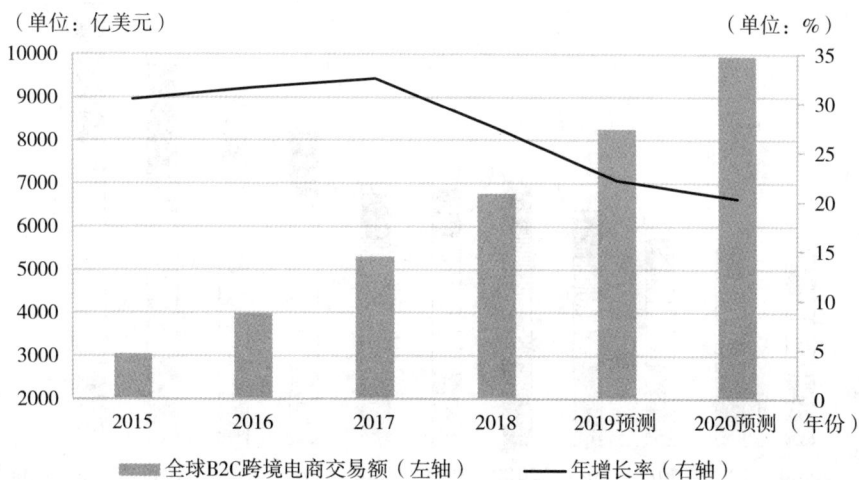

图 3-15　2015—2020 年全球 B2C 跨境电商交易额

资料来源：iiMedia Research。

（三）数字技术合作日趋紧密

目前,中国已成为具有全球影响力的数字经济大国,数字经济多年来规模稳居世界第二,中国多家高新技术企业在数字技术领域处于全球领先地位,技术优势为中国参与世界各国数字技术合作提供了可能和保障。2019年,华为与马来西亚 Maxis 签署 5G 合作协议,为其提供 5G、4G 网络服务和无线设备,加快马来西亚的数字化进程。2020 年,俄罗斯宣布与华为公司全面开展 5G 合作,而在此之前,华为已与俄罗斯联邦储蓄银行合作,着手推出数字服务的云平台。此外,自 2017 年数字丝绸之路提出以来,中国对"一带一路"沿线国家出口信息与通信技术产品呈高速增长状态,从 2017年的 1174. 16 亿美元增长到 2018 年的 1354. 27 亿美元,年均增长率为19. 29%,比 2013—2016 年的年均增长率高 14. 47 个百分点,出口额占中国信息与通信技术产品对全球出口的 19. 52%,其中通信设备出口额最多,远高于电脑及外围设备、消费性电子设备、电子元器件(见图 3-16)。

（单位：亿美元）

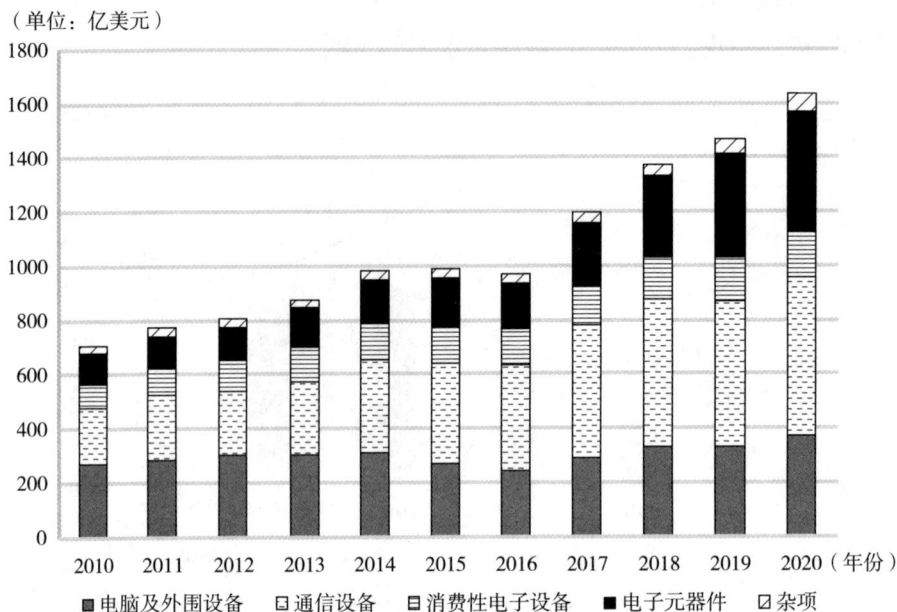

图 3-16　2010—2020 年中国对"一带一路"沿线
国家出口信息与通信技术产品贸易额

资料来源：联合国贸发会议。

（四）疫情防控常态化加强全球数字领域协同治理

在新冠肺炎疫情防控阶段，数字经济的比较优势在降低疫情传播、恢复生产、保障居民生活需求、维护社会安定等方面得以充分发挥。虽然疫情冲击了全球传统企业线下消费和生产，但越来越多的企业将服务和业务向互联网上转移，加快企业内部经营管理数字化转型，极大地改善企业生产效率低下的问题，在一定程度上起到了促生产、稳经济的作用。疫情防控常态化倒逼全球数字领域协同治理，加强数字"一带一路"的吸引力和法治化水平。新加坡、捷克、印度、以色列等国家纷纷参照中国疫情防控经验，创建跨区域的健康码信息共享互联的应用程序，高效精准追踪新冠疑似患者，改善疫情隔离效率，切实提高公众疫情保护力度。同时，2020 年作为中国—东盟数字经济合作年，中国与东盟利用《中国—东盟智慧城市合作倡议领导人声明》和《中国—东盟关于"一带一路"倡议同〈东盟互联互通总体规划〉对接合作的联合声明》,促进智慧城市、大数据、人工智能、网络安全等数字服务的合作研发,加快东南亚从传统经济向数字经济转型。全球疫情联防联控能够更好地激发国际社会数字经济发展动力,进一步加快数字"一带一路"建设进程,推动"一带一路"沿线国家和地区经济发展和传统结构转型。

二、中国数字贸易发展挑战

(一)美国等国家对中国的遏制打击

近年来,美国不断加大对中国高端科技产业在全球发展的限制,阻碍数字"一带一路"建设。2018 年 8 月到 2020 年 5 月,美国已 6 次将中国企业列入"实体清单",超过 300 家中国机构受到影响。[①] 一方面,美国全方位压制中国科技企业。美国国务卿蓬佩奥于 2020 年 8 月记者会上提出针对包括阿里巴巴、中国电信、中国移动、腾讯等 7 家中国科技公司的所谓"净化网络"(Clean Network)计划,以"保护公司敏感信息和公民隐私"为借口,阻止中国应用程序进入美国,并禁止中国公司访问美国云系统。同时,美国政府禁止腾讯公司与任何受美国司法保护的实体、个人开展涉及微信的交易。另一方面,美国实施"数字互联互通与网络安全伙伴关系"机制,支持美国盟国、伙伴及本土企业发展数字经济,利用"替代性选择"抑制数字"一带一路"的拓展。此外,美国还通过其国际网络对他国施加压力,如"五眼联盟"和"D10 联盟",增强对中国数字技术的封锁。因此,美国引起的国际形势动荡,冲击了数字"一带一路"建设。

(二)数据跨境传输和数字贸易的国际规则尚在博弈

目前,全球数字规则仍处于摸索初建阶段,尚未形成统一且广泛认可多

---

① 资料来源:美国商务部。

边规则。美国较早投身数字经济,对数字经济规则的制定和诠释领先于欧洲及亚洲,重点追求数据跨境自由流通、全球数字市场开放和数字核心技术公平转让,并紧握互联网传输协议、国际互联网根域名、无线网络传输技术等技术标准。欧盟则通过颁布《通用数据保护条例》,加强对数字经济良性发展生态环境的保护,强调数据存储和传输方面的自主权。由于跨境电商领先全球,中国数字经济规则聚焦于全球物流、跨境支付等服务的便利化和跨境货物贸易,注重消费者权利保护和国家安全,并且由于数字知识产权保护法律体系不完善,中国标准国际化难度高于欧美。中国与美欧数字规则核心的差异可能成为数字"一带一路"建设的重要挑战。

(三) 数据安全威胁不断升级

网络犯罪和网络恐怖主义逐步向世界蔓延,使发展中国家饱受数据安全保护不力的困扰,如网络诈骗、数据滥用、被他国监控数据、窃取商业机密、侵犯隐私等问题时有发生。随着全球化的持续深化,发展中国家之间的国际合作项目逐步扩展至民航、交通、环保、能源、水利等经济支柱产业,与国家的安全、政治、外交、民族、经济、文化联系日趋紧密,导致网络数据既涵盖国家机密,又涉及商业信息,从而对国家信息安全提出了更严格的标准。因此,实现数字贸易发展的关键是解决数据安全与跨境网络开放共享之间的矛盾。

(四) 发展中国家数字空间治理水平较低

数字空间治理水平对数字贸易发展具有显著的促进作用,但是广泛的发展中国家在数字空间治理方面稍显不足,具体表现为:(1)疫情的全球蔓延导致众多跨国公司生产渠道出现梗塞,部分国家由于全球化产业链面临疫情显露的脆弱性,对全球化的认知发生了根本性改变,加强国内生产制造能力,缩小多国家、多步骤的供应链,因而"逆全球化"浪潮的兴起给发展中国家数字治理带来了很大挑战。(2)部分发展中国家仍处于恐怖主义高发状态,政权更迭频繁,并且人口基数大、生育率高导致数字经济发展落后于人口增长,从而产生发展中国家数字空间发展不平衡的问题。(3)多数发展中国家尚未建立数字空间治理的专门机构,并且部分发展中国家互联网普及率处于较低水平,使数字产业发展成本较高,无法有效形成相互合作、彼此包容的国际数字领域协同治理格局。

| 第 四 章 |

新发展格局下中国数字
贸易发展的主要策略

第一节　中国数字贸易发展的一般性
框架和整体性策略

　　数字贸易发展一般性框架主要包括数字贸易政策规则制定、数据跨境流动、数字贸易产业发展、数字贸易发展保障等方面,新发展格局下,中国要顺应国际经贸发展规律与趋势,积极稳妥寻找中国在国际间分工分配关系中的定位,以数字贸易总体布局为统领,以数字贸易政策规则为指导,以数字贸易技术应用创新为驱动,着力推进数据价值化和数据跨境流动,着力强化数字贸易产业发展,着力完善数字贸易发展基础保障,统筹推进中国数字贸易高质量发展,深入参与国际数字分工与治理体系建设,系统推进数字贸易高质量发展,加快形成数字贸易国内国际双循环相互促进的新发展格局(见图4-1)。

一、统筹推进国内数字服务市场高质量发展

　　一是加速数据要素价值化进程。推进数据采集、标注、存储、传输、管理、应用等全生命周期价值管理,打通不同主体之间的数据壁垒,实现传感、控制、管理、运营等多源数据一体化集成。构建不同主体的数据采集、共享

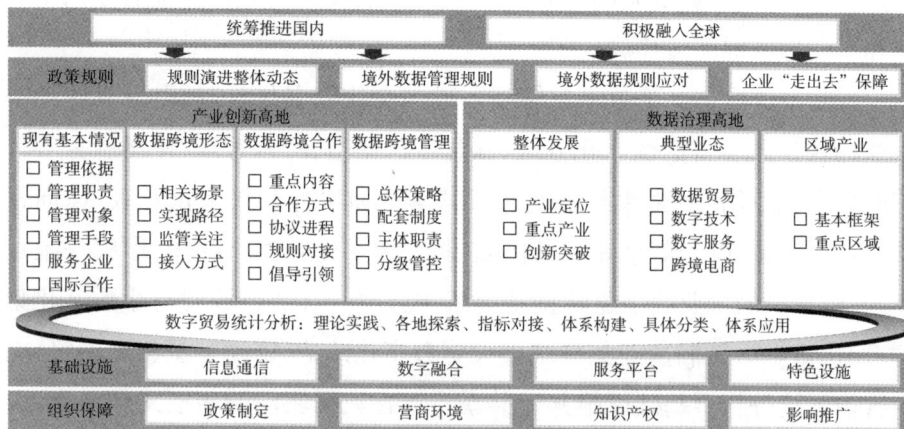

图 4-1　数字贸易发展一般性框架

机制,推动落实不同领域数据标注与管理应用。建设国家数据采集标注平台和数据资源平台,实现多源异构数据的融合和存储。建立数据质量管理机制,制定规范的数据质量评估监督、响应问责和流程改善方案,积极应用先进质量管理工具,形成数据质量管理闭环。加快完善数字经济市场体系,推动形成数据要素市场,研究制定数据流通交易规则,引导培育数据要素交易市场,依法合规开展数据交易,支持各类型企业参与数据要素交易平台建设。推动数据要素全面深度应用,深化数据驱动的全流程应用,提升基于数据分析的工业、服务业、农业的供给与消费,实现不同产业的生产管理全流程综合应用。组织开展数据标准研制工作,促进各类标准之间的衔接配套。

二是着力提升产业基础能力。突破关键核心技术,强化基础研究,提升原始创新能力,努力走在理论最前沿、占据创新制高点、取得产业新优势。坚持应用牵引、体系推进,加快突破信息领域关键核心技术,提升数字技术供给能力和工程化水平。补齐产业基础能力短板,聚焦集成电路、基础软件、重大装备等重点领域,加快补齐产业链条上基础零部件、关键基础材料、先进基础工艺、产业技术基础等短板。提升产业链现代化水平,支持产业链上下游企业加强产品协同和技术合作攻关,增强产业链韧性。推进先进制造业集群建设,支持建设共性技术平台和公共服务平台。预防和缓解产业对外转移,留住产业链关键环节与核心企业,推动沿海地区产能有序向中西部和东北地区梯度转移。

三是推进实体经济数字化转型。加强企业数字化改造,引导实体经济企业加快生产装备的数字化升级,深化生产制造、经营管理、市场服务等环节的数字化应用,加速业务数据集成共享。加快行业数字化升级,面向钢铁、石化、机械、电子信息等重点行业,制定数字化转型路线图,形成一批可复制、可推广的行业数字化转型系统解决方案。打造区域制造业数字化集群,加快重点区域制造业集群基础设施数字化改造,推动智慧物流网络、能源管控系统等新型基础设施共建共享。培育数据驱动的新模式新业态,引导企业依托工业互联网平台打通消费与生产、供应与制造、产品与服务间的数据流和业务流,加快创新资源在线汇聚和共享,培育个性化定制、按需制造、产业链协同制造等新模式,发展平台经济、共享经济、产业链金融等新业态。

四是优化数字营商环境。打破区域市场分割,实施公平透明的市场准入政策,公平对待区域内、区域外企业,清理有关部门和地方在市场准入方面对企业资质、资金、股比、人员、场所等设置的不合理限制条件。优化数字政务服务能力,推进公共服务事项"一网通办",实现政务服务就近办、网上办;推广电子证照、电子印章、电子档案应用,提升电子印章、电子签名在法人、自然人各类政务服务事项中的应用。加强和改进平台经济领域反垄断监管,严禁平台经济领域经营者滥用市场支配地位排除或限制竞争,维护消费者利益和社会公共利益,构建开放、公平、健康、有利竞争的数字市场秩序。强化知识产权创造保护,加快知识产权保护体系建设,加大侵权假冒行为惩戒力度,严格规范证据标准,强化案件执行措施,完善新业态新领域保护制度。

二、积极融入全球数字分工与治理体系

一是推动数字服务出口试点示范。推动国家数字服务出口基地建设,

支持基地发展信息技术服务、数字内容服务出口、离岸服务外包以及服务型制造,鼓励传统制造业数字化以及基地内企业开展战略合作。推进数字技术对产业链价值链的协同与整合,推动产业数字化转型,促进制造业服务业深度融合,推动生产性服务业通过服务外包等方式融入全球价值链。打造数字服务出口支撑平台,充分借鉴区域平台的创新性体制机制,构建物联网平台和公共服务平台。培育数字服务出口新主体,积极发展共享、平台、众包、供应链、跨境电商等新兴市场主体,加快培育以研发、设计、营销、品牌等服务环节为引领的综合服务提供商。完善统计界定范围,将运用大数据、人工智能、云计算、物联网等新一代信息技术进行发包的新业态新模式纳入服务外包业务统计。

二是构建适应开放需求的数字治理体系。健全数据流动风险管控措施,深入贯彻实施网络安全等级保护制度,重点保障关键信息基础设施和数据安全,健全网络安全保障体系,提升网络安全保障能力和水平。开展跨境数据分类分级,建立国际数据跨境交换规则与安全保护及风险控制机制。深入研究开放环境下原有数字经济监管治理逻辑或原则的适用性,是否损害中国消费者、企业或政府的利益,以及是否有重大风险隐患。探索构建对境外数字服务提供商的监管体系,确保相关法律法规能对境外企业形成切实约束。探索构建针对境外输入数字产品和服务的监管体系,通过数字技术提升监管治理效率,确保输入数字产品和服务符合中国法律法规。

三是支持数字服务领域扩大开放。在上海、海南等自贸区进行试点,有序开放增值电信业务(包括数据中心、云服务的业务),支持国外企业来华投资兴业,进一步推动外资项目和企业复工复产,各项服务政策都同等适用于内外资企业。在确保数据流动安全可控的前提下,积极推动试验区内少量试点企业与国外特定范围内实现数据流动合规,扩大数据领域开放,创新安全制度设计。加快推动公共数据开放,引导社会机构依法开放自有数据,支持在特定领域开展央地数据合规,推动政务数据与社会化数据平台对接。

第二节　加强数字贸易重点规则建设

伴随着数字贸易的发展,数字技术、数字经济、数字全球化等领域产生大量规则空白,与全球治理面临的新挑战、新问题相互叠加,制度供给短缺现象愈加突出;在新冠肺炎疫情蔓延、经济衰退、贸易摩擦频发等全球外部环境剧烈变动的情况下,新规则新方案的构建需求更为紧迫。主要国家和地区先后步入数字化转型阶段,各国纷纷出台数字政策,引领国家对内扶持产业发展,对外争取更大市场。全球数字贸易主要议题不断演进,外贸监管治理体系不断调整,双边、区域、诸边、多边贸易谈判中开始出现越来越多的数字贸易议题,全球数字治理规则体系加速构建。以数据跨境流动、平台治理与中介责任、数字税、人工智能治理等为代表的相关规则正在竞争中构筑。中国拥有良好的数字经济发展基础,但在全球数字治理中话语权较少,需要制定符合中国自身数字贸易发展的基本模式。

一、及时把握数字贸易规则演进动态

从整体看,由于各国政策主张、产业基础、安全要求、利益诉求等各不相同,数字贸易模式和规则也各有特征,不同模式和规则在数据交易、数据流动、数据安全、数字监管等方面表现出不同特点。其中,以美墨加为代表的数字贸易规则,强调自由流动共享,服务层强调扩大开放、应用层强调免除平台责任、技术层强调加强技术保护、设施层强调非本地化,以及网络层强调自由接入。在此基础上,代表不同监管模式的中美欧数字规则模板逐步形成,中国强调发展与监管的平衡主义、美国强调自由主义、欧盟强调保护主义。从机制和战略层面来看,发挥主要作用的机制从多边向双多边转移,世界贸易组织、亚太经济合作组织、经济合作与发展组织等国际组织等诸边协定推进缓慢,跨太平洋、大西洋、美墨加等区域协定达成高水平成果,双边和小范围多边协定数量提升,"毒丸条款"强绑定。此外,监管机制差异下的规则内容和管辖外溢趋势逐步凸显,以美国为代表的贸易规则落实手段,强调联合战略盟友,建立国内立法"长臂管辖"。

(一) 数据跨境流动成为数字化战略的新焦点

数据跨境流动成为关系各国政治、经济、社会的核心议题,各国基于本国立场针对性地开展数据跨境流动双边和多边国际合作。

各国探索多样的数据跨境流动多边和区域合作机制。近年来,美国、日本、新加坡等国向世界贸易组织多次提交了推动电子商务谈判的提案,提出了禁止限制数据跨境流动的主张,希望在多边贸易谈判中引入数据跨境自由流动条款;积极在区域性贸易协定中倡导数据跨境自由流动,2018 年 9 月 30 日,《美墨加贸易协定》取代了《北美自由贸易区协定》,在"数字贸易"章节中,要求确保数据跨境流动,尽量取消数据存储与加工的地点要求;构建弹性化的多边隐私与数据保护框架,2011 年美国主导在亚太经济合作组织论坛内设立《跨境隐私规则框架》(CBPR),该框架下通过认证的企业间数据跨境传输不受阻碍。

各国积极开展数据跨境流动的双边合作。一是各国家/地区间达成数据保护充分性认定。欧盟《通用数据保护条例》规定的数据保护"充分性认定"机制最具影响力,目前已有日本、新西兰等 13 个国家列入欧洲委员会确认的白名单。新加坡、印度、巴西等国家也在本国法律中,积极构建数据保护充分性认定的白名单机制。未来双边的数据保护充分性谈判将更为活跃。二是在双边经贸协定中加入数据自由流动相关条款。自 2000 年起,全球共有 99 项双边协议中包含了数据跨境流动或禁止数据本地化相关条款,美国、新加坡、澳大利亚、加拿大和欧盟是主要的制定者。比较具有影响力的是《美—欧隐私盾协议》,每年有数千家公司依赖该协议实现美欧之间的数据跨境传输。三是各国监管机构间达成数据跨境流动的双边意向文件。如 2020 年 3 月,澳大利亚信息专员办公室与新加坡个人数据保护委员会签订的关于跨境数据流动的谅解备忘录。

（二）数字平台治理手段不断丰富

欧盟积极运用反垄断手段,频频对跨国科技巨头开出天价罚单;欧委会拟将非欧盟国家的补贴纳入反垄断法考量,并相应扩大其执法权。此外,欧委会计划在1—2年内出台或更新相关的规范性文件,创新利用已有执法手段(例如临时禁令),推动数据依法依规共享。美国社会各界对大型科技企业势力的担忧日渐增长,2020年7月,美联邦众议院司法委员会反垄断小组举行听证会,就美国四大科技公司——亚马逊、谷歌、苹果和"脸书"正在面临的反垄断问题展开集中讨论。中国对数字经济企业采取包容审慎的监管方式,针对数字经济发展的新问题,也加强了规范和引导,2019年8月国务院办公厅印发《关于促进平台经济规范健康发展的指导意见》,着力营造公平竞争市场环境;2022年6月24日,第十三届全国人大常委会第三十五次会议通过了《全国人民代表大会常务委员会关于修改〈中华人民共和国反垄断法〉的决定》,自2022年8月1日起施行,该法涉及互联网行业相关市场如何界定、市场支配地位如何认定、反垄断法面临的新挑战等棘手问题。

（三）人工智能伦理问题备受关注

欧盟在2020年2月发布的《人工智能白皮书》中提出,面对人工智能引发的伦理担忧,关注人工智能带来的安全、隐私、尊严等方面的风险是欧盟人工智能战略和政策的侧重点。2020年7月,中国印发《国家新一代人工智能标准体系建设指南》,明确规范人工智能服务冲击传统道德伦理和法律秩序而产生的要求,重点研究领域为医疗、交通、应急救援等特殊行业的标准研制。联合国教科文组织2020年9月发布全球人工智能伦理建议书的最新进展,提出了关于人工智能的相称性、人类的监督和决定、环境管理、性别平等关键概念。

（四）数字税成为国际规则制定的新桥头堡

目前全球已有包括法国、意大利、英国、印度、捷克、土耳其、奥地利等在内的超过 30 个国家宣布将对大型互联网公司征收数字税,其中,意大利、英国等国家相继确认开征数字税。各国制定的数字税政策主要针对搜索引擎、社交媒体、在线视频、即时通讯、线上电商等数字服务领域。

二、加强境外数据管理规则体系研制

(一) 梳理境外数据管理的规则体系

数据管理与流动包括跨境数据流动、数据存储本地化限制、个人隐私保护、政府数据开放等,是谈判中最基础、最核心的问题。总体来看,当前各国、各地区形成了统一立法、分散立法、统分结合三种典型的数据管理规则体系。总体上各国均加强了对数据合规问题的管控,不同规则体系将给中国企业带来不同的合规挑战。明晰境外规则体系的特点才能把准方向,调整合规应对的框架和思路,针对性地设计企业合规策略。

1. 统一立法模式

统一立法模式即由法域内最高立法机构专门立法,制定具有适用于管辖区域内所有主体收集、处理和利用数据的统一规范,同时具有一系列配套的实施细则或指南。其中以欧盟和新加坡为代表。

(1)统一立法模式的代表

欧盟区分个人数据和非个人数据而分别适用《通用数据保护条例》和《非个人数据自由流动框架条例》。《通用数据保护条例》旨在统一全欧洲的数据隐私法律,保护并授予所有欧盟公民数据隐私权,重塑跨区域组织机构对待数据隐私的方式。与《通用数据保护条例》相配套的,还有《个人数据泄露通知指南》(Guidelines on Personal Data Breach Notification Under Regulation)提供了《通用数据保护条例》有关强制性数据泄露通知的详细解释,以及与通知义务相关的沟通要求和例外情形。《自动化个人决策与特征分析指南》(Guidelines on Automated Individual Decision-making and Profiling for the Purpose of Regulation)则阐述了欧盟《通用数据保护条例》第 22 条关于特征分析的规定,以解决来自特征分析和自动化决策所产生的风险。而欧盟内的部分国家,则根据《通用数据保护条例》的规定,在《通用数据保护条例》允许的情形下,制定了更为详细和严格的措施,如德国 2018 年《联邦数据保护法》(BDSG)等。而《非个人数据自由流动框架条例》规定,除公共安全目的的考量外,禁止任何成员国对欧盟境内任何地方的数据存储或其他处理行为实行领土限制或禁止,该条例旨在促进非个人数据的自由流动。

新加坡个人数据主要是由 2012 年《个人数据保护法案》(Personal Data Protection Act,PDPA)予以保护,该法案自 2014 年始生效。同时,《个人数据保护法案》还设置了附属条例,由各类规定予以补充,包括 2013 年个人数据保护(谢绝来电登记)条例、2013 年个人数据保护(犯罪构成)规定、2014 年个人数据保护条例、2014 年个人数据保护(执行)条例、2015 年个人数据保护(申诉)规定等等。此外,还由个人数据保护委员会(PDPC)发布的实用工具,包括个人数据保护委员会对《个人数据保护法案》规定的解释和对一般性问题及特定领域问题处理的指导意见,以及协助组织遵守《个人数据保护法案》的通用指南。如 2017 年 11 月 1 日,新加坡个人数据保护委员会发布《数据保护管理程序指南》(Guide to Development a Data Protection Management Programme),旨在通过实施数据保护管理程序(DPMP),帮助组织开发和促进自身的个人数据保护政策和实践。《数据保护影响评估指南》(Guide to Data Protection Impact Assessments),旨在通过指导建立数据保护影响评估(DPIA)过程,帮助组织更好地遵从《个人数据保护法》。

(2)统一立法模式背后的制度和文化因素

欧盟采用以《通用数据保护条例》为代表的统一立法模式,实际上是由其背后的政治和文化因素所导致的。在政治因素方面,统一数据治理规则是建设欧洲单一数字市场(digital single market)、提升欧盟竞争力、推动欧洲一体化的重要路径,只有统一了规则,才能够凝聚数据资源,壮大数字产业。在文化因素方面,在欧洲保护数据资源、防止个人信息外泄就是保护人权。相比美国和中国,欧洲的数字产业不够发达、创新滞后,也就拥有相对严苛的数据应用文化。

（3）统一立法模式对中国企业境外经营的影响

统一立法模式可为中国企业提供清晰、明确的数据合规指引，但也将给中国企业境外经营带来较重的合规负担。一方面，统一立法模式对企业的数据合规要求较为严苛，设置了高额的处罚，且执法机构裁量空间较大。另一方面，企业也难以把握和兼顾各地区、各行业的具体情况和特殊要求。

2. 分散立法模式

分散立法模式即在某一法域内，区分不同领域或事项分别制定单行法保护数据，不同区域也可根据本地情况独自立法，同时注重发展由行业组织制定的各类行为指引和自律准则。

（1）分散立法模式的代表

分散立法模式以美国为代表。美国在联邦层面并无专门的数据保护法案，相关规则散见于各领域和各地区法规中。

在特定领域立法方面，政府数据领域，美国制定了《开放政府数据法案》。对于政府数据中内涵的个人信息的保护，《信息自由法》规范了第三方对包含个人信息的政府信息和数据的获取行为。针对健康信息，《健康保险流通与责任法案》（Health Insurance Portability and Accountability Act，HIPAA）则对医院、医护人员、医生、医疗卫生所和上述机构的任何商业伙伴收集和使用受保护的健康信息进行管理。针对信用信息的管理，美国《公平信用保护法》（The Fair Credit Reporting Act）则对消费者信用信息的使用者，在信用报告的制作、传播、对违约记录的处理等事项进行了规范。针对通讯信息，美国《有线通讯隐私权法案》则禁止闭路电视经营者在未获得用户事先同意的情况下利用有线系统收集用户的个人信息。

在特别区域立法方面，各州也会根据各自需要而制定相应的隐私法案，如《加州隐私保护法案》（Consumer Privacy Bill of Rights）、《内华达州数据隐私法》和《马萨诸塞州个人信息保护法》等。《加利福尼亚州消费者隐私法案》在告知同意环节表现了更大的灵活性，同时强化了用户信息披露请求权和退出选择权，该法案于 2020 年生效。2010 年 3 月 1 日正式生效的《马萨诸塞州个人信息保护法》关于个人信息定义、计算机系统安全定期审查机制以及数据收集目的的最低限度原则值得关注。

而针对特殊群体的立法,美国《儿童在线隐私权保护法案》(Children's Online Privacy Protection Act,COPPA)禁止实施与收集、使用和(或)披露互联网上来自或关于儿童的个人信息的不公平或欺诈性行为或活动,父母有权控制关于其子女的何种信息可被收集。《消费者金融信息隐私法规》要求金融机构需要告知消费者其隐私政策和实践,包括向非关联第三方披露消费者非公开个人信息的情形。

此外,美国注重发展行业自律准则和认证机制。例如,《有效保护隐私权的自律规范》要求美国网站从业者必须制定保护网络上个人资料与隐私权的自律规约。"在线隐私联盟"则制定相关建议性的行业指引,指导网络和其他电子行业隐私保护。网络隐私认证组织 TRUSTe、BBBOnline、WebTrust 等则推出隐私认证服务。美国互联网协会推出的个人隐私选择平台(Platform for Privacy Preference Project),帮助网站指明对个人数据使用和公布的状况,让用户选择个人数据是否被公布,以及哪些数据能被公布,并能让软件代理商代表双方达成有关数据交换的协议。

(2)分散立法模式对中国企业境外经营的影响

分散立法模式可根据相关领域或事项的特点,为企业提供更有针对性的合规指引,但相关规则体系较为繁杂琐碎,企业不易整体性、体系性地进行把握。中国信息通信企业在分散立法模式国家开展经营时,需要厘清不同区域和领域的特殊规则,应对不同部门的监管要求。

3. 统分结合立法模式

统分结合立法模式是指某一法域内不仅具有由最高立法机构制定的综合性数据保护法律,各行业主管部门和公共团体也可以针对不同情况制定特别法或自律规范,也即折中统一立法和分散立法而形成的双重构造法模式。

(1)统分结合立法模式的代表

统分结合立法模式以日本为代表。一方面,日本出台了《个人信息保护法案》(Personal Information Protection Act)这一综合性法律。《个人信息保护法案》2003 年颁行,2017 年修订,并于 2017 年 5 月 30 日生效,是日本涉及数据治理最主要的法律。该法案的最新修订意在说服欧盟正式认可日本提供与欧盟国家"基本等同"的数据保护,其明确要求企业必须记录个人信息的来源和收集方式。法案主要针对数据控制者,即出于商业目的处理个人信息的实体,而非国家机构或地方公共实体。对于经营实体来说,该法案没有禁止使用个人信息,也没有使这些信息的使用变得特别繁琐。相反,该法案为个人提供了合理的保护,通过这种方式,平衡了隐私保护和数据产业发展的需求,对于产业发展来说是个有利的机遇。

在综合性法律的指引下,日本在地方和各领域也出台了数据治理的相关立法。《个人信息保护法案》在第二章"国家及地方公共团体的职责"中,就指出政府和地方公共团体可以根据特定领域或其所在地区的特点设计确保个人信息之正当处理所必要的措施并加以实施。为此,总务厅发布了《关于保护行政机关所持有者个人信息的法律》,通产省制定了《关于民间部门电子计算机处理和保护个人信息的规定》,邮政省出台了《电气通信行业的个人信息保护规定》,金融信息系统中心制定了《金融机构的个人信息保护方针》。

(2)统分结合立法模式对中国企业境外经营的影响

统分结合立法模式要求企业既要满足综合性法律的要求,又要关注各行业领域的特别规定和自律规范,这对中国信息通信企业在该地区经营策略的设计、实施、保障等提出了较高的要求。

（二）加强境外数据管理的合规要求研究

当前,境外各国相继加强对数据治理的全流程管控,在数据收集、数据存储、数据转移、数据流动、数据泄露通知、数据安全防护、监管与处罚等各个环节均作出了细致要求。中国企业在设计境外数据合规策略时,既要关注国际通行规则,又要关注经营地可能存在的特殊规定,如特别的数据本地存储要求、新型的数据主体权利、特殊数据类型收集使用的规则等。将普遍性与特殊性相结合,才能从容应对境外经营活动可能面临的各种风险挑战。

1. 数据收集：注重获取来源和手段的正当性、必要性

各国在数据收集的合规方面总体要求趋向一致，通常包括目的正当、告知同意、手段合法、最小够用和准确完整等，较为强调获取来源和手段的正当性、必要性。针对数据经纪活动，美国还专门出台了《数据经纪人问责制和透明度法案》(Data Broker Accountability and Transparency Act)。而企业还需关注特殊类型数据的收集，如儿童数据和雇员数据，部分国家可能存在特殊监管要求。

（1）一般性的数据收集合规要求

一是目的正当，即企业应基于具体、明确、合法的目的收集个人数据，且不得以与该目的相违背的方式处理；二是告知同意，要求企业明确告知用户数据收集的目的、方式、范围并经数据主体同意后方可收集；三是手段合法，要求企业禁止使用欺骗性或不当手段获取个人的个人信息；四是最小够用，企业应在理性人认为合适的特定目的所必要的限度内收集；五是准确完整，若数据使用会影响个人决定或向第三方披露，应准确完整并及时更新。

（2）特殊数据类型收集的合规要求

一是儿童信息的收集。欧盟《通用数据保护条例》要求，父母有权控制关于其子女的何种信息可被收集；巴西《数据保护法案》指出，应以符合儿童和青少年最佳利益的方式收集儿童信息。二是雇员信息的收集。法国指出，雇主应仅能为劳动合同的签署或其合法利益而收集数据；而新加坡提出，雇主可为评估雇员晋升、留任或终止劳动关系的适当性、合格性收集数据。

2. 数据存储：关注存储内容、目的、时限、方式的合规要点

企业在海外经营中所采集的数据，在数据存储方面除了要注重存储目的的正当性、留存时长的必要性和存储方式的合理性外，还需关注部分地区的数据本地留存要求和特殊数据类型的存储要求。

（1）一般性的数据存储合规要求

一是强调存储目的的正当性，企业存储用户数据的正当目的包括：存储用户数据必须为遵守法律或监管义务而存储、在经用户同意为实现处理目的而存储,或是存储仅自身独占使用且已匿名化处理的数据。二是强调存储时间的必要性,企业仅在实现目的所需合理必要的时间内保留,若是基于公共利益、科学研究目的可储存更长时间,同时企业需要定期审查是否有必要继续保留。三是强调存储方式的合理性。企业应当以利于用户行使访问权的形式和符合监管部门规定的格式保存存储,而且可识别自然人的数据应独立存储,应保证所有存储数据的完整、准确和最新。

(2)部分地区特殊的数据存储要求

一方面,部分地区提出了本地备份留存的要求。例如欧盟《电子证据跨境获取规则》规定,监管当局可强制要求企业保存特定数据以便执法调查;印度《个人数据保护法案》提出,企业将数据进行跨境转移时,应确保在境内存储至少一份个人数据的副本。另一方面,对于雇员数据留存问题,新加坡《个人数据保护法案》指出,雇主应在劳动关系存续期和终止后一年内保留雇员数据,以供雇员或前任雇员随时访问和查阅。

3. 数据转移:强调用户知情同意和选择退出的权利

广义的数据转移行为包括不转移控制权的双方共享、转移控制权的数据转让,以及向不特定公众进行的公开披露。企业在海外经营进行数据共享时,除了要遵守知情同意制度外,还需要关注部分国家对健康数据、位置数据、金融数据等特殊数据类型的监管要求,同时在境外开展投资收购活动时,还需注意当地对兼并收购时的数据转移合规要求。

(1)向第三方提供或兼并收购时数据转移的合规要求

企业向第三方提供数据时,须单独或公开告知数据主体,同时获得数据主体明示同意,或者具有在先的数据转移协议,否则不得向第三方提供用户个人数据。

企业在开展兼并收购等投资活动时,涉及用户数据转移的,必须单独或通过公开披露的方式向个人通知,同时收购方只能被收购方于兼并前被授权的范围内使用数据。

(2)特殊数据类型转移的合规要求

一是健康数据。例如,美国《健康保险流通和责任法》指出,医疗机构可将健康信息传递给保险公司,但未经患者同意,医疗机构不得让第三方使用或者向第三方共享患者健康信息。二是位置数据。例如美国《纽约位置数据隐私法案》是第一部规范位置数据共享的法律,规定移动应用和手机公司出售用户地理位置数据属于非法行为。三是金融数据。例如美国《格雷姆—里奇—比利雷法》要求,除非赋予用户"选择退出"的权利,否则金融机构不得将个人金融信息共享给第三方。

4.数据跨境流动:各国竞相加强对流向境外数据管控

随着中国ICT企业"走出去"的步伐加快,将有更多数据跨境流动。但当前各国围绕数据主权的战略博弈呈现泛化趋势,均对数据的跨境流动设置了不同的限制规则。为满足当地合规要求,中国企业可能需要在当地设置数据中心或服务器,这提高了企业处理境外数据的成本。

(1)原则上限制跨境的数据类型

当前,境外多国对个人信息和重要数据等类型的数据均限制出境。例如,印度《个人数据保护法案》规定,中央政府认定为"关键个人数据"的类型,仅能在位于印度的服务器或者数据中心中处理。美国《受控非秘信息清单》对"重要数据"进行了界定,并列举了禁止向外国传播的数据类型。

(2)数据跨境流动的限制条件

对于数据出境的限制,欧盟《通用数据保护条例》第44—48条提出,第三国或国际组织应在满足如下六种情形时进行数据跨境传输:①基于欧盟委员会的充分性决议(即欧盟委员会发布的白名单,中国不在其内);②提供了适当的保护措施;③有约束的公司规则;④基于国际条约的判决和裁决的承认与执行;⑤标准合同条款;⑥经批准的行为准则。美国《澄清域外合法使用数据法案》要求与满足条件的外国政府签订协议,允许该外国实体在美境内获取数据。如欧美"隐私盾"协议。巴西《数据保护法案》则提出需要评估第三国或国际组织的数据保护水平是否充分。

(3)跨境流动限制条件的豁免

日本《个人信息保护法案》规定了向第三国提供无须个人同意的情形:

一是日本本国法律法规要求提供;二是为防止死亡、伤害或财产损害所必须且难以获得个人同意的;三是为改善公共健康或儿童福利所必须且难以获得个人同意的。印度《个人数据保护法案》提出,中央政府可以根据国家必要性或者战略利益对外提供:①提供健康或者紧急事件服务的特定个体或者单位对数据传输有迫切需求的;②中央政府确认,将个人数据传输到指定国家、某国的指定部门或者指定的国际组织,对于数据受托人或者数据主体而言是必需的。

5.数据泄露通知:规定详细的泄露通知程序

数据泄露是网络安全最主要威胁之一,为及时制止数据泄露的损害扩大,境外国家相继在立法中确立了"数据泄露通知制度",对泄露通知的启动条件、主体、对象、时间、程序、内容和处罚等均作出了相关要求。

(1)通知的程序

一是启动机制,例如欧盟《通用数据保护条例》规定,当数据泄露可能会给数据主体的权利或自由带来巨大风险时,数据控制者必须毫不延误地通知数据主体,以便数据主体及时采取措施。二是通知主体,如美国《加州数据安全泄露通知法案》提出,通知义务的主体为所有有权处理数据的个人、企业、机构。三是通知对象,包括数据主体和监管机构。四是时间和程序,如欧盟《通用数据保护条例》要求,应当自发现起72小时内向监管机构报告,对个人权益造成高风险的,立即告知用户。五是通知的形式和内容,美国要求用平实的语言以书面或电子的方式通知,《通用数据保护条例》提出,通知的内容包括泄露事件的特征、保护专员信息、可能造成后果、已采取或可能采取的措施等。六是救济与处罚规定,如美国提出个人可就未实施通知造成损害的提起诉讼请求赔偿。

(2)通知的豁免

在某些情形下,企业可以无须进行通知,如欧盟《通用数据保护条例》规定:当数据控制者前期已采取技术性和组织性保护措施;事后已采取后续措施确保风险不变为现实;已通过以大众传媒等类似手段进行同样有效告知。

6. 数据安全防护:要求企业建立完备的合规体系

当中国企业在海外存在相关数据处理行为时,境外监管法律可能要求企业设置相应的数据保护合规专员,建立数据合规审计、安全影响评估等安全防护制度,企业需事前做好合规应对。

(1)内部合规专员设置要求

例如,欧盟《通用数据保护条例》第37条规定,数据控制者和数据处理者应设置中立的数据保护官(Data Protection Offcer,DPO),以开展数据保护相关事务。巴西《数据保护法案》指出,数据控制者应任命数据保护官,外国公司应由其在巴西的子公司、分公司、营业场所或代理人接受通知和传唤。印度《个人数据保护法案》第36条规定,即便企业不在印度注册,但存在数据处理行为时,也须任命常驻印度的数据保护官。

(2)建立数据合规审计制度

例如印度《个人数据保护法案》第35条指出,数据控制者应聘请独立数据审计方对其个人数据处理的政策和行为按年度进行审计。除主动审计外,监管部门认为也可以责令数据控制者进行数据审计,并指定第三方审计方。

(3)进行数据保护影响评估

例如,欧盟《通用数据保护条例》第35条提出,应建立数据保护影响评估制度(DPIA),对高风险的数据处理活动事先进行数据保护影响评估。评估结果如为高风险的应当向监管机构进行咨询并采取纠正措施。新加坡专门出台了《数据保护影响评估指南》,以指导企业建立数据保护影响评估制度,识别数据保护风险,确保安全风险在系统投入使用前得到充分解决。

7. 数据主体权利:突出新型数据权利

境外数据保护法规赋予了数据主体多项权力,并要求企业加以落实。对于传统的数据权利,如知情权、访问权、更正权、泄露通知权、申诉救济权等,国内外的合规要求差异较小。

(1)传统数据权利

传统的数据权利包括:①知情权,即数据主体有权知悉数据处理的目的、方式、范围；②更正权，即当个人数据不准确或不完整时，主体有权利要求更正；③拒绝权，即数据主体有权反对出于营销目的，或不再为处理目的而需要的数据处理行为；④访问权，赋予数据主体有请求访问自己个人数据的权利；⑤获通知权，要求数据控制者发生数据外泄时，必须在首次发现外泄后的 72 小时内通知数据主体；⑥申诉权，赋予数据主体在其权益遭受侵害时，有权就处理人的作为和不作为提起投诉或诉讼。

（2）新兴数据权利

一是被遗忘权。如《通用数据保护条例》和《荷兰数据保护法》规定，数据主体可基于以下情形要求企业在一个月内删除其个人数据：①已不满足数据处理的最初目的；②已撤回了同意声明；③已明确反对处理；④数据处理不合法；⑤为遵守法定义务必须删除。二是可携带权。如《通用数据保护条例》提出，数据主体有权要求企业以结构化的、通用的、机器可读的形式通过电子化的方式传输给其他控制者。

8. 监管与处罚：设置专门执法机构和严厉处罚

中国 ICT 企业在境外开展经营活动中，需要知悉业务布局地的数据保护监管部门，便于及时跟踪其出台的数据监管政策和执法实践，更好地适应监管要求。同时，明晰当地针对数据违规行为设置的处罚方式和处罚限额，以预判和控制企业违规成本。

（1）境外有关数据监管机构

境外地区数据保护的主要监管执法机构是：美国的联邦贸易委员会、日本的个人信息保护委员会、印度数据保护局、新加坡个人数据保护委员会、中国香港地区的个人资料私隐专员公署。

（2）境外数据违规处罚规则

各国对于数据违规行为设置了高额的处罚规定。例如，欧盟《通用数据保护条例》规定，严重违法行为，最高可处 2000 万欧元或上财年全球营业总收入的 4%；巴西《数据保护法案》指出，违反规定的，处上财年巴西境内收入的最高 2% 不含税的罚款，单次罚款最高可达 5000 万雷亚尔；日本《个人信息保护法》的做法是，先签发"行政指引"（警告），仍未遵守的将处罚，泄露数据可处两年以下徒刑或 100 万日元罚金,擅自向第三方提供的可处一年监禁或 50 万日元罚款;新加坡《个人数据保护法案》赋予监管机构的行政执法手段包括停止违法收集、使用或披露,销毁违法收集的数据,提交争议请求调查结果,支付金额不超过 100 万新币的罚金。

9. 监管机构"长臂管辖":各国逐步扩张本国数据管控势力范围

"长臂管辖"是属人管辖的一种延展,目前各国的数据法案均为自身设定了一定的"域外效力",即赋予了本国数据监管机构超出自身领土及主权范围的管辖权。典型代表如欧盟的《通用数据保护条例》,美国的《澄清合法使用境外数据法》,巴西、日本和印度的《个人数据保护法案》等。

(1)"长臂管辖"的表现

"长臂管辖"即一国监管机构对在其法域外地区也享有执法管辖的权限,在数据领域,各国普遍为数据执法活动设置了"长臂管辖"原则。例如,欧盟《通用数据保护条例》第 3 条规定,受该条例约束的企业包括:①在欧盟设立的企业;②未在欧盟设立的,但为欧盟提供产品或服务的企业,比如为欧盟游客提供旅游、电信、金融、电子商务服务的中国企业;③未在欧盟设立也不直接向欧盟提供产品或服务,但涉及监控欧盟公民行为的企业,比如收集网站浏览数据以分析用户习惯等信息的公司;④未在欧盟但在欧盟成员国法律适用的地方设立的企业;⑤《通用数据保护条例》影响范围内的其他企业。

(2)"长臂管辖"规定对中国的影响

经营地"长臂管辖"的规定可能产生以下三方面影响:一是导致即使未在该国或该地区注册的中国企业,也有可能受制于该国或该地数据法案的管辖;二是可能产生执法适用的冲突,对中国执法主权造成威胁,中国也无协助和配合他国监管机构调查、执法的义务;三是扩大了中国企业在经营活动中需要进行海外数据合规应对的国家或地区的范围。

三、新格局下企业境外经营数据管理应对

对企业来说,需要充分了解境外数据管理法规、文化,改造产品或服务

以满足当地数据合规要求,从内外部、事前事中事后加强数据合规,做好安全防护和事故后妥善应对。

(一) 境外经营前充分了解是否会触发当地网络完全审查

在境外经营前,需了解所涉领域是否符合当地法律规定的可以由外国投资的领域,评估是否满足当地国家安全审查要求。在美国,是否涉及人工智能、数据分析和网络安全。在欧盟,是否涉及关键基础设施,包括能源、运输、水资源、卫生、通信、媒体、数据处理或存储等,以及访问敏感信息,包括个人数据或控制此类信息的能力。

评估企业收集个人信息的情况,如收集信息的类型、数量等。如在美国:(1)是否收集美国公民遗传数据;(2)是否业务目标是持有、收集超过100万人可识别数据的;(3)是否针对美国行政、军事、情报等部门,或其承包商提供产品或服务时可能持有、收集可识别数据。同时,起草协议时,在先决条件章节中应当设定一系列应对条款和机制,如果交易被欧盟国家当局拒绝,或欧盟发布否定意见,中国企业可以在没有损害、损失且无须赔偿的情况下退出,将风险降至最低。

(二) 开展境外投资时充分进行数据合规尽职调查

企业在境外投资前应做好充分的数据合规调查,一方面,了解投资对象的数据合规情况,按照产品或服务线逐项对照当地法律法规、自律规范,并充分考虑当地的隐私文化及立法价值取向;另一方面,从刑事、民事、行政、行业协会全方位了解投资对象的违规历史及整改情况。投资后与监管部门就投资对象的违规历史保持沟通,做好解释,以促成和解。

在具体的注意事项上,一是注重调查方式的实践性。对投资对象的产品进行现场演示,包括前台和后台程序,了解投资对象的数据管理情况;调查人员可现场体验,阅读隐私政策,判断是否违规。二是明确需要保护的关键数据信息。根据当地数据保护规范,明确需要保护的关键数据信息,确定是否符合监管标准。三是针对关键风险节点分析合规差距。对经营中的数据流进行盘点，找到关键风险节点分析合规差距。四是关注网络安全认证及历史监管问题。核查网络安全认证情况，如欧盟《通用数据保护条例》项下的数据保护认证；关注投资对象历史数据违规问题、受到监管部门指控或者用户投诉的情况。

（三）改造产品或服务以满足当地数据合规要求

企业应从法律、管理、技术角度全面评估，使企业数据符合标准。如《通用数据保护条例》要求产品、服务或应用从设计到运营，都要考虑隐私保护，在节约成本的基础上降低合规风险，对数据实行生命周期管理，尽可能实现全流程透明监管。

及时调整隐私政策，避免出现霸王条款。在隐私政策内容方面，应当全面且通俗易懂，不少于以下事项：个人敏感信息说明，可携权、删除权等用户权利，数据保留存储时限，独立的 cookies，详细的第三方说明，未成年人保护，数据跨境传输，数据合规负责人。在隐私政策形式方面，可考虑多样呈现方式，如采用示例、图片和视频等的方式，例如，领英的隐私政策，用户可观看时长一分半的《隐私政策》视频；脸书（Facebook）、推特（Twitter）、油管（YouTube）等使用颜色区分隐私政策的章节标题，提供注解和跳转链接；谷歌和易贝（eBay）采用形象化的配图加以区分。在隐私政策更新方面，隐私政策变更后应采用邮件、公告等及时通知用户，在醒目位置提供修订摘要，保留新旧版本供用户对比等，如谷歌对所有隐私政策文本都进行了归档，用户可查看过往所有版本。

设立覆盖全生命周期的数据合规岗位。一是设置集团层面的数据保护官，负责总体监督、外部合作、提供数据相关处理建议。数据保护负责人必须具备特定专业素养，尤其是在数据保护法律和实践方面，并对所在市场部门及组织机构有充分了解。二是在数据生命周期全流程设置合规岗位，负责具体合规事宜。在设置环节方面，在数据采集、传输、存储、处理、交换、销毁等环节设置全面的合规人员；在岗位安排方面，包括数据管理岗、开发岗、信息安全岗、合规岗、人力资源岗、运维岗、审计岗、其他数据安全岗位等；在流程分工方面,制定各岗位具体的工作职责,流程上相互配合,与数据保护官分工协作等相关制度。

从全流程规范人员管理,防止数据泄露。鉴于公司内部人员存在数据泄露的风险,需要从内部数据安全管理制度着手,对照当地数据合规要求对相关人员进行排查。一是制定数据安全管理制度。如数据备份制度、数据泄露通报制度等,定期评审制度的合理性和适用性,根据评审形成的意见对安全管理制度进行针对性的修订。二是签订保密协议和背景审查。保密协议要涵盖个人信息和重要数据,确保责任到人。同时,对关键信息基础设施的核心人员和接触个人敏感信息的人员进行背景审查。三是开展数据安全培训与考核。进行数据安全意识教育、岗位技能和安全技术培训。同时,定期对相关人员进行数据安全知识和技能方面的考核,关键岗趋严执行。四是妥善做好离岗交接。审查离职交接记录,包括是否已及时终止离职人员的所有访问权限。同时,对于采用生理特征进行访问控制的,及时删除生理特征录入的相关信息。

与产业链上下游建立数据安全协同管理机制。企业须妥善处理与第三方的数据处理关系,建立信任机制,规定第三方可以访问的数据类型,评估企业能够承担的(由第三方引发的)网络安全风险,并在数据生命周期内对第三方进行持续监管。在与第三方签订的合同中明确数据安全条款,要求第三方将安全融入其业务体系中;定期检查第三方落实条款情况;结束合作时,也要妥善处理第三方的权限及其掌握的数据。

(四) 妥善应对数据管理违规事件

在发生数据违规事件后,企业要避免更为严厉的处罚,降低损失并将影响控制在尽可能小的范围内,需要:第一,关注舆情,恰当回应公众关切;第二,采取有效措施避免违规情况扩大;第三,主动向监管部门报告并通知用户。具体而言,一旦发生了数据安全事件,企业需要在舆论尚未发酵前,快速作出反应,进行情况说明,掌握舆论主动权,并采取有效措施防止事态扩大。在通知用户或进行社会公告时,要注意态度、恰当措辞,体现企业的诚信和对错误的深刻反省。对监管部门,要主动报告,在数据泄露事件发生后及时向监管部门报告。

（五）与中国监管部门建立沟通渠道

中国企业遭遇境外审查,包括网络安全审查和具体数据合规审查,一方面可能是因为企业对境外数据收集、处理规则掌握不够;另一方面由于复杂的政治、法律关系,境外监管部门可能质疑中国企业数据报送义务、数据跨境传输制度,单凭企业一己之力恐难以应对,需要及时向中国监管部门反馈。

在反馈渠道方面,及时向行业主管部门或涉外部门反馈。应与主管部门或涉外部门建立沟通渠道,明确沟通人员,一旦发生问题,及时向行业主管部门或涉外部门反馈详细信息,以便相关部门能第一时间掌握第一手信息,组织第三方展开研究,组织行业协会等提供法律或政策帮助。

在反馈内容方面,包含日常政策性反馈与遭遇审查后反馈。如希望监管部门集中指导的投资地的法律法规及落地方案,具体针对某一条款,如何解读、判定标准、成熟的方案和措施;遭遇的网络安全调查,具体违反的条款、受到的处罚等。

（六）以美国为例增强数据合规应对能力

合规是企业"走出去"行稳致远的前提,为更好服务企业开展境外经营,国务院"走出去"工作部际联席会议制定了《企业境外经营合规管理指引》,其中还特别强调通信等行业的数据和隐私保护政策的合规要求。结合前述建议,以美国为例,企业在境外日常经营和直接投资两种情境下,应注意以下合规要点。

1. 海外经营前的数据合规风险预防

（1）境外日常经营

在境外开展日常经营中,比如中国 A 企业将在美国推广其开发的一款移动应用产品。此时 A 企业将自身开发的移动应用产品向美国市场投放,属于直接在美境内提供产品或服务的情形。A 企业应从业务经营地、所属行业领域、主要用户群体三方面,对照美国当地数据管理规范、行业准则、商业惯例、道德规范,进行产品改造以做好数据合规风险预防。一是地域维度把握美国当地法规。美国联邦层面法规包括《隐私权法》《电子通讯隐私法》《数据泄露事件通报法案》等;各州法规例如《加利福尼亚州消费者隐私法案》《马萨诸塞州个人信息保护法案》《内华达州数据隐私法》等。二是结合行业维度进行产品合规改造。例如,社交类产品需要关注《社交媒体隐私保护和消费者权利法案》;金融类服务需要关注《消费者金融信息隐私法规》《格雷姆—里奇—比利雷法》;涉及医疗健康服务的需要关注《健康保险流通和责任法》;提供教育服务的需要关注《家庭教育权和隐私权法》;涉及地理位置数据的有《纽约位置数据隐私法案》。三是从用户维度做好产品合规防范。例如,当产品的消费群体涉及儿童时,需要关注《儿童在线隐私权保护法案》;当涉及政府人员时,需要关注《外国投资风险评估现代化法案》。

（2）境外直接投资

企业在美开展境外直接投资时,例如 B 企业收购美国 C 企业股份的行为,属于对外直接投资行为。B 企业在收购前,需针对投资对象是否存在数据违规记录、是否存在数据安全隐患、是否需要进行投资安全审查等方面做好充分调查和可行性分析。一是关注被投资企业是否存在数据违规记录。投资对象在先的数据违规行为可能会引发监管机构的跟踪调查,进而将责任转嫁。二是关注被投资企业是否存在数据安全隐患。投资对象若存在未被发现的数据安全漏洞,事后爆发将面临高额处罚。三是关注是否需要投资安全审查。美国 2018 年新修订《外国投资风险评估现代化法案》将外国投资委员会（CFIUS）的管辖扩大至敏感个人数据,投资对象存在以下情形将需要审查:投资对象收集或拥有遗传数据,或 100 万人以上的个人数据;投资对象子公司收集、持有数据的;包括股份外非控制性投资,如获非公开技术权限、董事席位、旁听权、提名权。

2. 海外经营过程中的数据合规管理

无论是开展对外贸易、境外投资、对外承包工程,还是境外日常经营,中国企业在美国的经营活动均需要做好全流程的数据合规管理。一是购置网络安全保险。近年全球网络安全风险骤增,而中国企业每年针对网络安全投入不足 3%,若遭海外数据合规危机恐难应对,事前购置相应的网络安全保险十分必要,可用于覆盖受损数据还原、受影响用户通知和索赔、调查取证、系统修复等费用。二是设立数据合规部门。合规部门的设立在内部合规落实和与外部监管机构沟通方面具有积极作用,《企业境外经营合规管理指引》第 11 条规定,企业可根据业务性质、地域范围、监管要求等设置相应的合规管理机构。三是开展内部培训和外部咨询。企业应结合经营当地数据监管法规,随企业内外部环境变化定期开展合规培训,对高风险、关键岗位员工进行专题培训。同时,善用当地律师事务所、专业咨询机构出具的合规咨询意见,为企业经营决策背书。四是强调第三方合规管控。企业需注意管控供应商、代理商、分销商、咨询顾问和承包商等第三方的数据合规风险。《马萨诸塞州个人信息保护法》即明确了企业的第三方合规管理义务。脸书即因剑桥分析的违规行为遭受处罚。

3. 遭遇数据合规危机时的风险应对

企业若在美国经营过程中遭受境外行政或司法方面的数据合规质疑,应努力澄清、主动配合、及时止损和积极维权,树立积极正面的合规形象,保证境外经营活动的稳定和可持续。一是努力澄清。当存在外部对企业的质疑时,企业数据合规部门应及时响应,开展内部调查,核实事件发展情况,对外界的不当解读进行有效澄清,避免错误舆论发酵。二是主动配合。积极配合美国涉及数据保护的各监管部门开展合规监督,包括联邦贸易委员会、金融消费者保护局、联邦通信委员会和各州执法机构,投资活动还需配合外国投资委员会开展调查。三是及时止损。若存在泄露等数据安全问题,企业须及时采取内外部联动的止损措施,按照当地法规要求履行通知义务,启动网络安全保险理赔程序,防止损失扩大。四是积极维权。若企业在经营中遭受竞争对手诋毁或监管机构歧视性对待,企业应积极利用各类申诉机制和当地司法救济机制维权,同时也可寻求中美两国间的贸易争端解决机制进行救济。

第三节　加快推动数据跨境安全有序流动

一、明晰数据跨境流动的表现形态

（一）数据跨境流动的相关场景

按流向进行区分，数据跨境流动场景可分为流入和流出两类，包含以数据为载体的产品和服务的流动、服务过程衍生的数据的流动，以及司法协助、国际合作过程中可能产生的数据流动需求。随着新的产品和服务形式的产生，数据跨境流动可能存在新的形式和需求场景，如以数据远程使用替代数据直接流动的"可用不可见"等。

1. 数据流入

数据流入主要包含三个场景：一是中国企业向境外提供产品或服务时的数据回流需求。二是境外企业向中国输出以数据为内容的产品和服务，如万得。三是中国政府基于司法协助而请求调取境外数据，如打击跨国金融犯罪。

2. 数据流出

数据流出主要包含三个场景：一是境外企业将在中国经营时收集、产生的数据传回本国，如跨国企业。二是企业向境外提供基于中国数据信息产生的产品和服务，如彭博、路透。三是中国政府为履行国际义务或配合他国司法协助请求，提供境内数据，如疫情防控数据。

随着贸易形式和内容的变化、数字技术和商业模式的创新应用，新的数据跨境流动场景和表现形式也会不断变化。如远程运维等以数据远程使用替代数据直接流动的"可用不可见"等机制。法国对数据库的远程访问也视为跨境流动，其在《为在健康部门建立数据库而实施的与处理个人数据有关的标准》中明确"从欧洲以外的地区对数据的任何远程访问都被视为跨境传输"。

（二）既有数据跨境流动的实现途径

当前,国际上主流的企业数据跨境流动具有三种实现形式:

一是国家签订的国际协定为企业提供一定范围内的数据跨境自由流动环境。(1)区域性自由流动。如欧盟《通用数据保护条例》《美墨加贸易协定》《全面与进步跨太平洋伙伴关系协定》等。(2)双边充分性认定。双方将对方的数据保护系统视为同等有效,如欧日、前欧美隐私盾。(3)数据保护能力白名单。如欧盟、新加坡、巴西等国法律。

二是经过第三方国际认证机构的数据保护能力证明后跨境流动。如亚太经合组织主导的跨境隐私规则体系,新加坡获得认证后,在新加坡经营业务的企业即可以与跨境隐私规则体系成员方的认证企业自由传输数据。

三是企业通过构建有约束力的数据保护内部合规体系或签订标准合同条款后跨境提供。(1)有约束力的公司规则,如跨国企业具有欧盟认可的有约束力的公司规则,数据转移无须另行报备和批准;(2)标准合同条款,如合约双方签订符合要求的合同条款后流动。

（三）跨境监管关注的数据范围

各国就数据跨境流动关注的重点主要集中在个人信息和重要数据,从数据的产生主体来看,中国还关注除关键信息基础设施外,由所有网络运营者产生的重要数据,美国还关注涉及特定数据的外国投资,欧盟积极推动非个人数据流动。中国对部分行业的数据也开展数据出境管理实践,如保险数据、人口健康数据、征信数据等。随着新兴行业的不断拓展,数据跨境管理关注范围将随之扩展。

具体来说,《中华人民共和国网络安全法》对关键信息基础设施产生的个人信息和重要数据提出了出境安全评估要求;《中华人民共和国数据安全法》将范围扩展至所有网络运营者产生的重要数据。同时对金融、征信、交通、地理等领域的数据有特殊要求。欧盟通过《通用数据保护条例》和《非个人数据在欧盟境内自由流动框架条例》,将跨境数据的管理范围界定为个人数据和非个人数据,可在欧盟范围内的自由流动。美国将关键基础设施、隐私等 20 类数据视为美国政府识别的"重要数据",同时要求对超过 100 万人以上用户的数据的投资进行安全审查。

(四) 跨境数据的监管介入方式

各个国家与区域积极介入数据跨境监管:俄罗斯等"防守型"国家通过数据本地化解决数据治理与本地执法问题。欧美等"进攻型"国家和地区,一方面通过"长臂管辖"扩张其跨境数据执法,另一方面又严格审查外国投资,对本国重要数据进行出口管制。从全球趋势来看,围绕数据主权与"长臂管辖"权博弈呈现"加剧化态势",主要有以下几种监管介入方式:一是数据本地化。俄罗斯要求收集和处理俄罗斯公民个人数据的所有运营者使用位于俄罗斯境内的数据中心,印度、越南也主要实施数据本地化战略。二是境外调取。欧盟通过《电子证据跨境调取提案》,当局可直接向为欧盟境内服务提供商要求提交电子证据;美国通过《美国澄清境外合法使用数据法案》实施"长臂管辖"。三是出口管制。受管制的技术数据传输到位于美国境外的服务器保存或处理,需要取得商务部产业与安全局出口许可。四是外国投资审查。美国通过《外国投资风险审查现代化法》将涉及保存或收集美国公民敏感个人数据的公司进行非控制性、非被动性投资都纳入其审查范围。五是境外上市审查。中国《网络安全审查办法》,要求超过 100 万用户的信息运营者赴境外上市,必须经网络安全审查。

二、中国数据跨境流动的管理现状

推动数据安全有序跨境流动对于维护国家安全和促进数字贸易健康持续发展均至关重要,可以结合管理依据、职责、对象、手段等管理要素,挖掘当前数据跨境流动管理存在的障碍和挑战,分析服务企业跨境经营需求的完善空间和拓展国际合作的方向和挑战。

（一）管理依据

1.国家层面

针对数据跨境流动管理问题,中国正朝着"1+3+N"的法律规范格局方向发展。"1"是指《中华人民共和国国家安全法》,数据跨境合规最重要的目的是保护国家的利益和安全,《中华人民共和国国家安全法》是数据跨境法律规范体系的基石。"3"是指《中华人民共和国网络安全法》《中华人民共和国数据安全法》和《中华人民共和国个人信息保护法》。"N"是指《国家网络安全检查操作指南》《关键信息基础设施安全保护条例》《网络数据安全管理条例》《数据出境安全评估办法》以及《数据出境安全评估申报指南》等规范以及相关的国家标准,它们是数据跨境规范的详细补充。

具体来说,《中华人民共和国国家安全法》第25条规定:国家建设网络与信息安全保障体系,提升网络与信息安全保护能力,加强网络和信息技术的创新研究和开发应用,实现网络和信息核心技术、关键基础设施和重要领域信息系统及数据的安全可控。可以看出,《中华人民共和国国家安全法》未规定数据跨境流动直接相关内容,仅提出关键信息基础设施和重要领域数据安全可控的要求。《中华人民共和国网络安全法》第37条规定:关键信息基础设施运营者在境内运营收集产生的个人信息或重要数据应当在境内存储,确需向境外提供的,应当进行安全评估。第66条规定:违反规定在境外储存数据或者向境外提供数据的,责令整改,并处以警告、没收违法所得、罚款、停业整顿、关闭网站、吊销许可证或营业执照。可以看出,《中华人民共和国网络安全法》仅对关键信息基础设施产生的数据出境提出了安全评估要求及处罚措施,具体如何评估无从得知。同时,非关键信息基础设施产生的数据是否要进行评估也未作说明。《中华人民共和国数据安全法》第31条规定:关键信息基础设施的运营者在境内运营中收集和产生的重要数据的出境安全管理,仍适用《中华人民共和国网络安全法》的要求;其他数据授权由中共中央网络安全和信息化委员会办公室联合有关部门再具体制定。可以看出,《中华人民共和国数据安全法》要求各部门制定"重要数据"目录,在出境上同《中华人民共和国网络安全法》做好衔接,并授权有关部门完善制度。

2021年8月发布的《中华人民共和国个人信息保护法》,明确了法律的域外适用效力,对于关键信息基础设施(CII)个人信息、达到一定数据的个人信息、普通个人信息的出境问题进行了分类规制,还规定了境外主体列入限制或者禁止个人信息提供清单制度。具体来说,一是管辖范围延伸至境外处理行为。对于在中国境外处理中国境内自然人个人信息的活动,如果该等活动是"以向境内自然人提供产品或者服务为目的"或"为分析、评估境内自然人的行为",则会受到该法相关规定的约束。二是对于关键信息基础设施境内存储和出境安全评估制度。关键信息基础设施和处理个人信息达到国家网信部门规定数量的个人信息处理者,应当将在境内收集和产生的个人信息储存在境内。如果确需向境外提供的,则应当通过国家网信部门组织的安全评估。三是其他个人信息出境则满足三个条件中的任何一个即可,具体为:通过国家网信部门组织的安全评估;按照国家网信部门的规定经专业机构进行个人信息保护认证;按照国家网信部门制定的标准合同与境外接收方订立合同。四是违规境外主体列入限制或者禁止个人信息提供清单。境外的组织、个人从事侵害中国公民的个人信息权益,或危害中国国家安全、公共利益的个人信息处理活动的,国家网信部门可以将其列入限制或者禁止个人信息提供清单,予以公告,并采取限制或者禁止向其提供个人信息等措施。

2. 地方层面

各地积极推进数据跨境流动试点,出台了相关试点的政策举措,但仍缺乏系统性和易推进的专项具体执行试点方案,试点成效未显现,政策性的引导也难以为具体监管部门提供直接的管理依据。

(1)上海市全面深化服务贸易创新发展试点实施方案中,提出开展汽车产业、工业互联网、医疗研究(涉及人类遗传资源的除外)等领域数据跨境流动安全评估试点。推动建立数据保护能力认证、数据流通备份审查、跨境数据流动和交易风险评估等数据安全管理机制。允许符合条件的外资金融机构因集团化管理而涉及其在境内控股金融机构向境外报送有关数据，特别是涉及内部管理和风险控制类数据。

（2）北京市关于打造数字贸易试验区实施方案中，提出聚焦人工智能、生物医药、工业互联网、跨境电商等关键领域，在试验区内探索开展跨境数据流动试点，实现在不同领域、各有侧重的试点试行。分阶段推动跨境数据流动的有序开放，积极推动试验区内少量试点企业与国外特定范围内实现数据流动合规。开展跨境数据分类分级，建立国际数据跨境流动安全保护及风险控制等机制。

（3）广东省数据要素市场化配置改革行动方案中，提出推动粤港澳大湾区数据有序流通，探索建立"数据海关"，开展跨境数据流通的审查、评估、监管等工作。支持医疗等科研合作项目数据资源有序跨境流通，为粤港澳联合设立的高校、科研机构向国家争取建立专用科研网络，逐步实现科学研究数据跨境互联。

3. 行业层面

（1）健康产业

在医疗健康领域，《人口健康信息管理办法（试行）》《国家健康医疗大数据标准、安全和服务管理办法（试行）》《中华人民共和国人类遗传资源管理条例》等法律规定人口健康信息、健康医疗大数据和人类遗传资源信息的出境要求（见表4-1）。

表4-1　医疗数据应用场景与跨境传输情形

医疗数据应用的典型场景描绘	跨境传输情形
医生在提供健康医疗服务过程中调阅相应患者数据的场景	跨境远程会诊、跨境转诊
患者通过在线方式查询本人健康医疗数据的场景	数据存储服务器变更至境外
学术性医学中心、研究机构等进行临床研究的场景	跨境学术研讨与临床研究
第三方政府部门或企业等、出于非营利性目的申请对健康医疗数据进行二次利用，也就是和收集时目的并不相同的利用的场景	全球公共卫生事件解决机制下的跨境医疗合作

续表

医疗数据应用的典型场景描绘	跨境传输情形
通过健康触感器采集与被采集者健康状况相关的数据，应用于医疗服务和健康生活的场景	健康触感器采集数据存储服务器位于境外
通过网络为个人提供在线健康医疗服务或数据服务的移动应用程序的场景	移动应用程序数据存储服务器位于境外
商业保险公司经购买商业保险的主体授权、与医疗机构建立连接的场景	境外商业保险公司调取境内投保人的医疗数据
医疗器械厂商对器械进行远程维护、读取数据、维护日志和报告的场景	跨境远程维护、读取数据

资料来源：中伦律师事务所。

在出境条件方面：人口健康信息必须严格遵循本地化处理要求；健康医疗大数据以本地存储为原则，业务需要安全评估出境为例外；人类遗传资源信息满足特定条件，并取得人类遗传资源材料出境证明后可出境（见表4-2）。

表4-2　医疗数据出境条件

医疗数据类型	出境条件
人口健康信息	人口健康信息则必须严格遵循本地化处理要求。《人口健康信息管理办法（试行）》对于人口健康信息的本地存储义务并未规定任何的例外情景，其明确要求"不得将人口健康信息存储于境外服务器，不得托管、租赁在境外的服务器"
健康医疗大数据	原则上应当存储于境内服务器，因业务需要确需向境外提供的，应按照相关法律法规及有关要求进行安全评估审核
人类遗传资源	在特定条件下可以跨境传输。根据《中华人民共和国人类遗传资源管理条例》，利用中国人类遗传资源开展国际合作科学研究，或者因其他特殊情况确需将中国人类遗传资源材料运送、邮寄、携带出境的，应符合特定条件，并取得人类遗传资源材料出境证明

（2）金融行业

金融数据是指金融业机构通过提供金融产品和服务或者其他渠道获取、加工和保存的个人信息，包括账户信息、鉴别信息、金融交易信息、个人身份信息、财产信息、借贷信息及其他反映特定个人某些情况的信息。金融数据的跨境问题与一国金融业开放息息相关,也是营商环境中较为关注的问题。上海国际金融中心已于 2020 年基本建成,而吸引外资金融机构进入中国以及上海建设国际金融中心的一个重要评估点就是数据跨境监管问题。

金融数据跨境场景主要有四类:一是跨国金融集团开展跨境业务过程中对特定客户的展业需求;二是跨国金融集团基于客户全球风险统一管理的需求;三是跨国金融机构总部所在国监管机关或银行出于当地反洗钱监管或合规管理的目的要求提供金融数据;四是跨国金融机构对数据的跨境处理需求。对金融数据跨境活动的规制主要聚焦在两方面,一方面,通过各种措施限制银行金融数据的广泛流动,以降低金融隐私被侵犯的可能性;另一方面,充分发挥金融数据经济价值的目的,在实现安全的前提下力求最大限度的跨境自由流动。

金融数据采取防御性的监管政策,以保护信息安全为出发点。相关法律法规标准等对金融机构提出较高要求,要求不得非法向他人提供(包括向境外提供)金融消费者信息,例外情况须进行安全评估。《关于银行业金融机构做好个人金融信息保护工作的通知》规定:在中国境内收集的个人金融信息的储存、处理和分析应当在中国境内进行。除法律法规及中国人民银行另有规定外,银行业金融机构不得向境外提供境内个人金融信息。《个人金融信息保护技术规范》规定:在中国境内产生的数据,应在境内存储、处理和分析。因业务需要,确需向境外机构提供的,应依据国家、行业有关部门制定的办法与标准开展个人金融信息出境安全评估。《中国人民银行金融消费者权益保护实施办法》规定:银行、支付机构应妥善保管和存储所收集的消费者金融信息,防止信息遗失、毁损、泄露或者被篡改。银行、支付机构及其工作人员应当对消费者金融信息严格保密,不得泄露或者非法向他人提供。

目前,中国多种数据跨境相关的法律细则还在研究制定过程中,也并没有对跨境流动作出明确的法律规定,数据出境和入境安全评估还未真正落地实施,数据出境管理的具体模式、审查机构和配套保障机制等关键问题尚未解决。《中华人民共和国证券法》规定:未经国务院证券监督管理机构和国务院有关主管部门同意,任何单位和个人不得擅自向境外提供与证券业务活动有关的文件和资料。该法案重申了中国的监管主权,对证券业务数据提出了保护措施要求。《证券基金经营机构信息技术管理办法》规定:除法律法规和中国证监会另有规定外,证券基金经营机构不得允许或者配合其他机构、个人截取、留存客户信息,不得以任何方式向其他机构、个人提供客户信息。该条明确了跨境流动应当遵循的法律法规及中国证监会的有关规定,在具体实施之前征求中国证监会意见。

(二) 管理职责

根据《中华人民共和国数据安全法》,数据跨境流动的监管体系为:中央国家安全领导机构+国家网信部门+各行业主管部门,监管将按照行业予以划分。如重要数据目录由各行业分别编制,但具体到跨境数据管理问题上,未能明确网信部门和行业主管部门管理边界,而《中华人民共和国个人信息保护法》则将管理权限划归国家网信部门。基于此,各行业主管部门、地方网信部门和行业管理部门应扮演何种角色也未能明晰。

中央国家安全领导机构作为研究制定、指导实施国家数据安全战略和有关重大方针政策,统筹协调国家数据安全的重大事项和重要工作,建立国家数据安全工作协调机制的关键机关。国家网信部门依照本法和有关法律、行政法规的规定,负责统筹协调网络数据安全和相关监管工作。国家行业主管部门各行业主管部门承担本行业、本领域数据安全监管职责。

(三) 管理对象

1.数据范围

《中华人民共和国数据安全法》对数据进行了定义,该范围大于《中华人民共和国网络安全法》定义的数据;无论是《中华人民共和国网络安全法》还是《中华人民共和国数据安全法》,均未界定重要数据的概念,造成实际认定的模糊;《中华人民共和国数据安全法》首次提出了国家核心数据的概念,但由于其适用范围排除了涉及国家秘密的数据处理活动,此处国家核心数据并非指涉及国家秘密的数据。

具体来说,数据是指电子数据与非电子形式记录的数据。《中华人民共和国网络安全法》中,有"网络数据"的定义,指各种电子数据。重要数据,首次在《中华人民共和国网络安全法》中提出,并对重要数据的跨境传输、特别保护提出了具体要求,但是没有予以具体的界定,实际认定中也存在模糊情形。国家核心数据是指关系国家安全、国民经济命脉、重要民生、重大公共利益等数据,区别于国家秘密,是个重要等级或风险等级的概念。由此产生三个问题:一是同等级法律中对于非电子数据是否适用跨境规则存在冲突;二是重要数据作为数据跨境流动的核心,概念不清;三是国家核心数据和涉及国家秘密的数据如何区分不清楚。

2. 关键信息基础设施

"关键信息基础设施"是《中华人民共和国网络安全法》颁布以来讨论最多、不确定性最大的制度之一。《中华人民共和国网络安全法》和《中华人民共和国网络空间安全战略》为关键信息基础设施提供了开放性的、宽泛的定义。《国家网络空间安全战略》采用先界定性质、后进行不穷尽列举的方式,并明确了在列举的行业领域,评定为关键信息基础设施的基础设施也需要是符合条件的基础信息网络、重要信息系统或者重要互联网应用系统。《国家网络安全检查操作指南》对关键信息基础设施进行了相对详细的界定和列举,但是鉴于其成文时间早于《中华人民共和国网络安全法》的颁布时间,所以也可能不会被镜像复制到关键信息基础设施制度最终的实施细则当中。《中华人民共和国数据安全法》首先明确了关键信息基础设施的运营者在中华人民共和国境内运营中收集和产生的重要数据的出境安全管理,仍适用《中华人民共和国网络安全法》的要求。《中华人民共和国数据安全法》规定,其他数据处理者(即非关键信息基础设施的运营者)在中华人民共和国境内运营中收集和产生的重要数据的出境安全管理办法,由国家网信部门会同国务院有关部门制定。

（四）管理手段

根据相关法律法规,对于数据跨境,主要有五种管理手段:

第一,域外适用效力。双边和多边的数据交互流动持续上升,同时,数字经济的快速发展加速了数据的全球流通和融合,数据被恶意买卖、泄露等事件频发,跨国黑色产业链日益成熟,《中华人民共和国网络安全法》《中华人民共和国数据安全法》《中华人民共和国个人信息保护法》确立了数据监管法律域外适用的效力。既能为针对中国的数据犯罪活动提供执法依据,同时还能够维护国家数据主权。《中华人民共和国网络安全法》第75条规定:境外的机构、组织、个人从事攻击、侵入、干扰、破坏等危害中华人民共和国的关键信息基础设施的活动,造成严重后果的,依法追究法律责任。《中华人民共和国数据安全法》第2条规定:在中华人民共和国境外开展数据处理活动,损害中华人民共和国国家安全、公共利益或者公民、组织合法权益的,依法追究法律责任。《个人信息保护法》第3条规定:在中华人民共和国境外处理中华人民共和国境内自然人个人信息的活动,有下列情形之一的,也适用本法:(1)以向境内自然人提供产品或者服务为目的;(2)分析、评估境内自然人的行为;(3)其他情形。

第二,数据安全审查制度。《中华人民共和国国家安全法》最先确立了国家安全审查与监管制度。《网络安全审查办法》在立法依据中,新增加了《中华人民共和国数据安全法》,这意味着数据安全审查制度将纳入新修订的《网络安全审查办法》。数据安全审查制度与网络安全审查是依法确立的国家安全审查制度中两项重要的安全审查制度,但其审查对象不同。具体来说,《中华人民共和国数据安全法》第24条规定:国家建立数据安全审查制度,对影响或者可能影响国家安全的数据处理活动进行国家安全审查。其主要针对影响或者可能影响国家安全的数据处理活动,数据处理活动包括:数据的收集、存储、使用、加工、传输、提供、公开等。《中华人民共和国网络安全法》第35条规定:关键信息基础设施的运营者采购网络产品和服务,可能影响国家安全的,应当通过国家网信部门会同国务院有关部门组织的国家安全审查。其主要是针对关键信息基础设施运营者采购网络产品和服务,影响或可能影响国家安全的情形。

第三,数据出口管制制度。《中华人民共和国数据安全法》确立的数据出口管制制度与《中华人民共和国出口管制法》相衔接,将《中华人民共和国出口管制法》中的管制物项从"货物、技术、服务"扩大到"数据",类似美国对科技数据的出境限制。《中华人民共和国数据安全法》第25条规定:国家对与维护国家安全和利益、履行国际义务相关的属于管制物项的数据依法实施出口管制。将数据作为出口管制对象,可为后续重要数据以及个人非敏感数据、政府和公共部门的一般数据、行业非限制性技术数据的数据出口管制规则提供依据。

第四,对等反制措施。对等反制措施则为中国在数据跨境流动中依法、合法采取反制措施赋权,增大中国在数据跨境流动过程中域外保护管辖权,保障了中国企业在数字领域的公平竞争。《中华人民共和国数据安全法》第26条规定:任何国家或者地区在与数据和数据开发利用技术等有关的投资、贸易等方面对中华人民共和国采取歧视性的禁止、限制或者其他类似措施的,中华人民共和国可以根据实际情况对该国家或者地区对等采取措施。将国际法中对等原则在数据跨境流动领域确立使用,为中国企业在国际公平竞争中增加了保护措施。

第五,数据跨境调取审批制度。《中华人民共和国数据安全法》第36条规定:中华人民共和国主管机关根据有关法律和中华人民共和国缔结或者参加的国际条约、协定,或者按照平等互惠原则,处理外国司法或者执法机构关于提供数据的请求。非经中华人民共和国主管机关批准,境内的组织、个人不得向外国司法或者执法机构提供存储于中华人民共和国境内的数据。旨在应对包括《美国澄清境外合法使用数据法案》(CLOUD法案)下的数据跨境调取措施。该法案通过适用"控制者原则",扩大了美国执法机关调取海外数据的权力,同时其他国家要调取存储在美国的数据,则必须通过美国"适格外国政府"的审查,需满足美国所设定的人权、法治和数据自由流动标准。

总体来说,管理手段力度不足。一是关于安全评估,目前相应的规范性文件和标准尚未正式出台,安全评估的法律规范指导性不足。《中华人民共和国网络安全法》对数据出境安全评估仅进行了原则性规定,但落地需要的规章及规范性文件仍未出台;《中华人民共和国个人信息保护法》要求由国家网信部门组织评估,也未能落地。二是在新制度上,地方政府正在进行积极探索,通过政策文件提出要建立相应制度的要求,但目前无具体实现方式。上海市拟建立数据保护能力认证、数据流通备份审查、跨境数据流动和交易风险评估等数据安全管理机制,目前无具体操作的文件。北京市拟推动数字证书和电子签名的国际跨境互认,搭建"外网"环境;开展跨境数据分类分级,建立国际数据跨境流动安全保护及风险控制等机制,目前也仅处于探索阶段。三是对要出境的数据进行脱敏的技术支撑手段要求较高,规模较小的企业恐难以负担。

（五）服务企业

在企业"引进来"方面,数据出境审查给跨国企业带来了不确定性风险。在企业"走出去"方面,未能与企业建立有效沟通渠道,未确立对企业的培训机制,对企业指导性不足。在跨境调取数据应对方面,数据安全法从法律层面上阻断外国司法或者执法机构直接要求企业提供存储于中国境内数据的调查活动,但还应预防企业在双重监管压力下的选择性合规。

具体来说,对于企业引进来,境外企业在中国境内产生的数据将适用于《中华人民共和国数据安全法》《中华人民共和国个人信息保护法》等法律;跨国企业在境内产生的数据要流动至境外,需要进行安全评估,是否启动安全评估,则需要判断该数据涉及个人信息的数量及数据本身的大小等因素,给企业的跨境业务带来不确定性风险。对于企业"走出去",中国企业在"走出去"的过程中遇到诸多数据合规障碍,需及时掌握全球范围内数据合规严峻形势、美欧等国家和地区的数据保护监管情况;目前的数据跨境相关政策法规未建立相应的培训机制和政企连接沟通机制,不利于企业"走出去",企业缺少合规咨询渠道。对于跨境调取应对,近年来,外国司法或执法机构调查中国境内实体的频率以及由此引发的制裁、处罚案件越发增多，美国《云法案》更是确立了美国执法部门依据合法的搜查令来直接访问境外的数据。为应对非法的数据跨境调取活动，《中华人民共和国数据安全法》第 36 条要求未经有关机关同意，境内组织和个人不得向外国司法或执法机构提供存储于境内的数据。

（六）国际合作

中国跨境数据管理制度强调出境是例外，境内存储是原则，总体呈现"宽进严出"的监管态势。而众多国际规则均提出"禁止以本地化为原则，基于合法目的限制是例外"，导致中国在与部分国家或地区达成合作时存在挑战。同时，部分国家一方面对我实施"长臂管辖"，另一方面又严格限制我企业在境外涉及数据的经营和投资活动。

主要表现为两个方面：一方面，数据跨境制度基调与现行国际规则难兼容。中国主要基于"属地原则"。"数据本地化"政策不仅难以支持世界贸易组织声明中"谋求禁止数据本地化"的主张和立场，也导致目前中国难以参与发达国家主导的双边或多边合作框架。另一方面，数据跨境流动的国际形势相对紧张。部分境外国家和地区未将中国认定为能够对数据提供充分保护的国家，进而对流向中国的数据进行限制。部分国家在数据领域实行数据强权和"长臂管辖"，对中国数据安全主权造成威胁。以欧、美为主导的数据流动圈的不断扩张，对中国数字经济全球化发展形成壁垒，影响中国企业"走出去"步伐。

企业赴境外上市需满足的数据合规要求是一个典型的案例。2020年 12 月，《外国公司问责法案》规定在美上市公司需提供审计报告底稿，审计报告包含原始票据、网络活动、数据库活动、用户活动等。2021 年 6月 11 日，BOSS 直聘在美国纳斯达克上市。2021 年 6 月 22 日，"运满满""货车帮"隶属的满帮集团在美国纽交所上市。2021 年 6 月 30 日，"滴滴出行"在美国纽交所上市。2021 年 7 月 2 日，网络安全审查办公室对"滴滴出行"实施网络安全审查。2021 年 7 月 4 日，"滴滴出行"APP 因严重违法违规收集使用个人信息,被通知下架。2021 年 7 月 5 日,网络安全审查办公室对"运满满""货车帮""BOSS 直聘"实施网络安全审查。2021年 7 月 6 日,《关于依法从严打击证券违法活动的意见》出台,要求压实境外上市公司信息安全主体责任,加强跨境信息提供机制与流程的规范管理。同日,Keep、喜马拉雅、零氪科技均已取消赴美 IPO 计划。2021 年 7月 9 日,小桔科技旗下滴滴相关 25 款 APP 全部下架。2022 年,《网络安全审查办法》规定,超过 100 万用户信息运营者赴境外上市,必须经网络安全审查。

数据跨境监管主要考量以下几个方面的因素:一是法律法规。中央层面包括《中华人民共和国网络安全法》《中华人民共和国数据安全法》《中华人民共和国个人信息保护法》;地方层面考量北京市、浙江省、湖南省等自贸区的规定。二是商业需求。综合考量全球贸易发展和数字贸易浪潮。三是国际合作。要考虑地缘政治背景、全球和区域关系。四是技术手段。考虑政府外部审查技术和"可用不可见"模式。

数据跨境监管从中央到地方、多部门、跨行业,是一项综合性议题,总体思路和技术手段仍然有待统筹规划,厘清政府责任和企业的边界。现有政策存在诸多模糊性,打擦边球空间大,造成诸多不确定。上述四个要素互相叠加、相互渗透,影响了数据跨境流动管理。

三、完善数据跨境流动管理

立足新形势、新阶段和新的国内国际发展环境,推进数据跨境管理的有效策略可以在网络强国战略思想指导下,从总体策略、配套制度、监管主体、分类分级四个方面展开。

(一) 数据跨境流动管理的总体策略

完善中国数据跨境管理工作,明确中国推进数据跨境流动的基本立场、原则和发展策略,遵循法律基础指引、试点经验总结、配套具体规则落地的思路,对应存在的具体问题和挑战,思考切实可行的完善策略和路径。

2014年2月27日,习近平总书记在中央网络安全和信息化领导小组第一次会议上指出,没有网络安全就没有国家安全,没有信息化就没有现代化。① 推进网络强国建设,需要统筹国内、国际两个大局,构筑网络空间命运共同体。中国数据跨境流动管理的基本策略要由被动防御转向主动发声、积极管控,不断扩大数据跨境的国际互信流动圈,采取灵活弹性的管理策略,推行分类分级规制。在管理立场方面,要根据国际形势积极研判,秉持发展和安全并重原则,以国家安全为底线,切实保障人民人格和财产权益,同时加强数据治理国际合作,尊重他国主权和对数据的安全管理权,营造开放、公正、非歧视性的营商环境。在具体推进过程中,可以遵循"法律基础—试点经验—具体规则"的思路,通过进一步完善法律顶层制度要求,提供监管基本依据,加快推进各地试点形成可推广经验,支撑制定具体配套规则。通过自上而下的贯彻和自下而上的反馈相结合推动中国数据跨境管理政策不断走向成熟。

(二)配套制度的切实完善

1. 数据出境合规途径供给

《中华人民共和国网络安全法》《中华人民共和国数据安全法》《中华人民共和国个人信息保护法》明确了企业进行数据出境的合规途径,包括数据出境安全评估、数据保护能力认证、数据跨境传输标准合同条款、数据风险自评估、跨国机构有约束组织规则、充分性认定等。

不同途径的规制出发点、适用对象、成熟度和存在的制约不同,需要分别把握并进行针对性完善,为企业提供安全、便捷、合理、有序的数据出境合规渠道。具体如表4-3所示。

---

① 《习近平谈治国理政》第一卷,外文出版社2018年版,第198页。

表 4-3　数据合规出境要求

途径	数据出境安全评估	数据保护能力认证	数据跨境传输标准合同条款	数据出境风险自评估	跨国机构有约束组织规则	充分性认定等
制度现状	法律明确,配套征求意见	法律明确,尚缺配套	法律明确,尚缺配套	法律未明确,但授权立法	法律未明确,但授权立法	法律未明确,但需拓展国际合作
制度性质	行政审批	第三方认证	依官方标准自主约束	自我评估	自我内部约束	国家信用背书
适用对象	重要数据、关键信息基础设施个人信息、规定数量个人信息	其他数据	其他数据	其他数据	企业内部流动数据	个人数据
配套支撑	重要数据目录、安全评估内容和流程	认证机构资质要求和认证标准	合同范本和适用方式	自评估内容、效力及使用方式	规则约束力认定及规则备案方式	国家对外达成双边、多边协定
存在障碍	触发门槛低,个人信息数量难把握,与国家安全审查制度衔接和区隔	是否需要以及如何与跨境隐私规则体系隐私认证机制对接	条款的标准化、格式化要求与缔约各方差异化需求的冲突	不能单独使用,需要与其他搭配,厘清和个人信息保护影响评估的关系	限跨国公司内部使用,但外部监督不足	易受国际经贸关系影响,部分国家实施歧视性限制、阻碍

　　不同数据出境途径的流程机制不同,数据出境安全评估制度探索时间较长,相关流程要求逐渐浮出水面,待各部门协同落实,其他途径的实施方式仍待进一步探索。具体来看,各项制度可以从以下方面构建相应的制度流程。

　　(1)数据出境安全评估。应由处理者事先开展风险自评估,拟定数据充分保护合同;处理者向省级网信部门申报,等待反馈受理结果;国家网信部门组织相关部门对通过受理的申报进行评估;涉及重要数据的征求行业主管部门意见;国家网信部门向申报主体书面反馈评估结果,评估结果应包括通过申报、未通过申报、有条件通过申报等。

（2）数据保护能力认证。数据保护能力认证是指由获得国家网信部门认可的认证机构为出境企业出具的数据保护能力证明。第三方认证机构应通过中共中央网络安全和信息化委员会办公室等部门资质认定,认证机构向社会发布本机构的认证标准,再由数据出境认证需求主体向认证机构提出认证申请,获得认证的出境主体应在出境前 10 个工作日向网信部门、行业管理部门报送认证报告。

（3）数据跨境传输标准合同条款。即指数据出境主体按照国家发布的数据跨境传输合同样本,与境外数据接受者签订合同,明确各方的数据保护义务和责任。应由国家网信部门组织编制和发布标准合同模板,后数据处理者与接收方根据标准合同拟定双方合约,并在出境前 10 日向网信部门、行业管理部门报送合同副本、风险自评估报告、各方合规承诺等材料。

（4）数据出境风险自评估。即企业内部自主展开评估,或委托律所、认证机构、数据审计机构等协助进行评估,每年编制出境安全报告,留存出境审批记录和日志记录。数据出境风险自评估无法作为出境合规的充分条件,但可以将自评估作为事先建立完善的数据管理机制证明之一,作为出境申报材料递交管理部门跨国机构。

（5）跨国机构有约束组织规则。即具有跨国分支机构的境内组织,拟定适用于内部机构之间有约束力的跨境传输规则。需要跨国企业每年将有约束力的跨境传输规则报经国家网信部门和行业主管部门同意。按有约束力的组织规制进行内部传输,不可向外部第三方传输。

（6）充分性认定。通过国家信任的背书为企业跨境传输提供良好条件,通常可由商务部等部门牵头与相关国家、地区、国际组织达成数据跨境流动国际合作机制,例如在《区域全面经济伙伴关系协定》和待签的《全面与进步跨太平洋伙伴关系协定》《数字经济伙伴关系协定》等相关国际协定框架下,明确中国引入跨境相关条款的适用路径和例外,之后企业遵循相关要求在特定区域内开展数据跨境活动。

2. 出境数据监管路径选择

既有国际协定大多允许缔约国为实现合法公共政策目的的需要对数据

流动进行限制,但要求所采取的介入措施是必要的,且不能是任意的、歧视性的。通常,各国采取的监管介入方式包括安全审查、出口管制、本地化要求、本地备份要求、数据跨境调取、贸易对等反制等。不同介入方式的实施目的、针对行为、使用情形不同,也存在不同实施障碍。具体如表4-4所示。

表4-4 各个国家(地区)出境数据监管介入方式

介入方式	安全审查	出口管制	本地化要求	本地备份	跨境调取	对等反制
介入阶段	全阶段	事前	事中	事后	事后	事后
介入部门	国安/数据/涉外	涉外	数据	数据	司法/执法	涉外
介入形式	国家安全审查/投资风险评估	受管制数据出口许可	存储于境内数据中心	出境前存储至少一份个人数据副本	可要求企业提供位于海外的数据	对他方的歧视性禁止、限制措施反制
代表国家(地区)	中国、美国	中国、美国	俄罗斯、越南	印度	美国、欧盟	中国
实施目的	及时把控风险	限制特定数据出境	限制特定数据出境	便利直接调取,解决跨境执法难题	获取案件审理所需数据证据	保证与数据有关的投资、贸易平等
存在挑战	程序繁琐、趋于严格	需要明确管制数据目录	企业建设成本高,中小企业难负担	企业数据存储成本高,担心政府数据监控	管辖冲突、法律冲突	容易发生贸易摩擦

中国应针对危害数据安全的不同情形,采取单独或结合使用的方式,灵活应对跨境数据监管需求和挑战,并积极跟踪研判各国可能采取的新的更多的介入手段,既维护数据安全又保证贸易的公平、合理进行。

3.推进下位法与新法衔接

在《中华人民共和国数据安全法》《中华人民共和国个人信息保护法》出台前,相关行业主管部门立足本行业制定了诸多本行业的数据跨境管理要求,需根据新法框架和精神,立足行业管理实际,促进相互间衔接,并起到有效细化落实作用。

例如,《中华人民共和国人类遗传资源管理条例》第 27 条规定:确需将中国人类遗传资源材料运送、邮寄、携带出境的,应符合特定条件,并取得人类遗传资源材料出境证明。《信用评级业管理暂行办法》第 30 条规定:向境外组织或者个人提供信息,应当遵守法律法规以及信用评级行业主管部门和业务管理部门的有关规定。《中华人民共和国生物安全法》第 57 条要求:将中国人类遗传资源信息向境外组织、个人及其设立或者实际控制的机构提供或者开放使用的,应当向国务院科学技术主管部门事先报告并提交信息备份。《国家健康医疗大数据标准、安全和服务管理办法(试行)》第 30 条规定:健康医疗大数据应当存储在境内安全可信的服务器上,因业务需要确需向境外提供的,应当按照相关法律法规及有关要求进行安全评估审核。

为有效促进下位法与数据管理基础法律的衔接,可以从以下三方面推进:一是严格在上位法框架内推进行业管理,不应给企业增加新的合规负担,如在《中华人民共和国网络安全法》《中华人民共和国个人信息保护法》等上位法授权下推进安全评估等制度;二是不能简单照搬上位法,切实有效地结合本行业特点和需要细化管理规定,避免上下位法之间进行反复无效指引;三是为避免可能存在的规则冲突,可以在下位法中明确"法律、行政法规另有规定的,依照其规定"。

(三) 监管主体间职责明晰

1. 中央各部门协同推进

在中央层面,由中央国家安全领导机构统一领导,国家网信部门统筹协调推进管理工作,各行业主管部门发挥行业监管的专业优势进行管理,公安、国安部门针对相关违法犯罪活动进行打击。

具体而言,中央国家安全领导机构作为决策领导机构,负责国家数据安全工作的决策和议事协调,研究制定、指导实施国家数据安全战略和有关重大方针政策等工作。国家网信部门则作为统筹协调部门,为数据跨境管理提供统一规则、统一标准和统一窗口,包括会同有关部门制定数据出境安全评估办法,审核数据保护认证机构资质及对认证机构进行管理,组织制定数据跨境标准合同条款,对外统一接收出境安全评估申报,组织相关部门共同进行安全评估等工作。各行业主管部门发挥对接企业便利、行业监管专业能力优势进行行业监管,例如,协同制定安全评估办法等规则和标准,参与行业企业的出境安全评估,制定行业重要数据目录,对涉及重要数据的出境申请进行审核,非经安全评估出境的,要求行业企业出境前报备合同副本、风险自评估报告、第三方认证报告等。公安、国安机关等部门则立足职责开展涉嫌数据犯罪、涉及国家安全相关问题的执法调查工作。

2.地方部门推进落实

在央地层面,中央通过指导地方相关部门落实出境申报、政策咨询、合规指导等管理工作,自上而下落实上位法要求,地方试点区域通过探索尚未成型的出境管理制度,自下而上报送标准合同条款、第三方认证等制度的试点经验,形成自上而下和自下而上协同推进的局面。

比照中央各部门间的协同机制,地方层面可由地方网信部门组织,地方工信、金融、交通、教育、医疗等部门协同,地方公安、国安、市场监督等部门联动展开。具体而言,地方层面主要负责推进以下工作:接收企业提交的出境安全评估申报,指导企业落实数据出境安全管理要求,面向企业提供数据出境政策咨询,为海外经营企业提供海外数据合规援助,接收违法向境外提供数据的投诉、举报,等等。

而国内自贸区、数字贸易试验区等试点区域,可在既有制度框架内适当突破。一是试点制度,遴选试点企业实施标准合同条款、跨国企业有约束力组织规则等制度;二是培育机构,培育特定个人信息保护认证专业机构,对接国际认证标准试点认证机制,为跨境数据传输第三方认证提供市场环境;三是新技术应用,积极探索区块链、零知识证明等新技术在数据跨境追踪监管方面的应用方式;四是新模式探索,允许部分符合条件的企业利用多方安全计算等技术尝试探索"可用不可见"等数据跨境安全流动方式;五是新领域突破,允许各自贸区结合本地区产业发展需求,在安全前提下在金融、医疗、科研等领域进行制度适当性突破。

首先,在试点区域选择方面,如北京数字贸易试验区、上海临港片区等,以及粤港澳粤港澳大湾区、重庆云特区等监管区域均可成为数据跨境流动管理的试点区域。其次,在试点内容方面,应鼓励有条件区域积极探索形成数据跨境流动的系统性试点方案,一是结合本地特色和特定领域展开创新性探索,可结合产业需要编制本区域"重要数据目录";二是承接安全评估等制度的地方试点任务,筛选区域内试点企业,率先推进出境安全评估、保护能力认证、标准合同条款等制度的落地实施,为国家制度的正式出台提供试点经验;三是与境外特定区域推进国际合作试点,在特定区域与境外试点双向数据跨境流动国际合作,如粤港澳大湾区、中新合作城等;四是在市场开放方面适当创新突破,在海南省、上海市、北京市等地优先推进云计算等相关增值业务对外开放试点工作,同时允许在国际数据中心业务等方面进行适当创新探索。

此外,试点地方可以积极探索数据跨境管理相关的技术监管方案。一方面,完善政府外部安全审查技术,探索使用"零知识证明技术""类支付标记化技术",帮助监管部门在不探知真实跨境数据具体内容情况下对数据审查验证。零知识证明技术即企业能够在不向政府提供具体数据的情况下,使政府部门相信企业的某个数据跨境传输行为是合规、安全的;支付标记化技术即使用低敏感性的支付标记代替敏感的真实数据,作用在于减轻被监管企业的合规压力,消除外国政府对中国"走后门"的质疑。另一方面,有效进行跨境数据流监测与阻断,根据数据流动的特征采取流量路由等必要措施对数据的走向、总量进行必要控制,在威胁国家安全等情况下阻断数据的传播,对被监测企业的境外日常访问流量进行解析、归类、入库,分析数据使用情况;预设的非合规行为一旦命中即生成实时警告,并进行风险溯源。

(四)出境数据分类分级管控

1.跨境数据分类分级管控的必要性和实践

不同类型数据的跨境流动具有不同意义,《中华人民共和国网络安全法》《中华人民共和国数据安全法》《中华人民共和国个人信息保护法》等法律一方面制定了数据跨境管理的一般性、普遍性规定，另一方面也提出了分类分级保护的管理要求。不同领域的数据内含着不同的利益结构，需要结合相应的数据特点和风险等级，制定针对性的管理方案。

美国也积极开展数据分类分级实践，针对受控非秘信息（CUI）进行分类管控，共分为 20 个类别、125 个子类，包括：关键基础设施、国防、出口管制、金融、移民、情报、国际协议、执法、法律、自然和文化资源、北约、核、专利、隐私、采购和收购、专有商业信息、临时信息、统计、税收和交通等。同时，将受控非秘信息的传播范围根据敏感级别分为七类：禁止向外国传播、联邦雇员专用、联邦雇员和承包商专用、不向承包商开放、受管制的开放列表、只允许开放给某些国民。禁止外国传播（No Foreign Dissemination），即规定不得以任何形式将此类信息传播给外国政府、外国国民、国际组织或非美国公民。

2. 当前中国数据分类分级管理的总体雏形

基于《中华人民共和国网络安全法》《中华人民共和国数据安全法》《中华人民共和国个人信息保护法》规定的监管框架，大体可将受管控数据分为关键信息基础设施和非关键信息基础设施数据，结合不同类型数据的利益结构和敏感程度，根据不同行业领域的数据特点和管控要求，可以判断数据的风险等级。

需要针对不同类别和不同风险等级的数据进行分别管控，保障数据安全。第一，根据《中华人民共和国数据安全法》，各领域内的国家核心数据实施更加严格的管理制度，风险等级更高。第二，涉及关键信息基础设施产生的个人信息和重要数据，原则上应境内存储使用，确需出境的应按照相关要求进行安全评估。第三，对于非关键信息基础设施产生的重要数据、累计传输 1 万人以上敏感个人信息或 10 万人以上个人信息，或者出境的主体控制超过 100 万人的个人信息的，在出境前也需要进行出境安全评估申报。第四，未达到特定数量的普通个人信息、企业非公开的商业数据等，可以在具备安全评估、保护能力认证、标准合同条款等条件之一的前提下，向境外提供。第五,对于具有公开性的一般商业数据、政府开放数据、企业公开披露的数据等,法律未作出明确的管控要求,企业可在开展风险自评估的前提下有序出境。

3. 推进分类分级管控需突破的关键点

可以发现,落实出境数据分类分级管控要求存在三大关键,一是关键信息基础设施认定,二是核心数据、重要数据认定,三是各行业领域重要数据目录的制定。

（1）关键信息基础设施认定

在关键信息基础设施认定方面,新发布的《关键信息基础设施安全保护条例》对关键信息基础设施的界定进行了明确,提出了制定关键信息基础设施认定规则需考量的三大因素,包括"网络设施、信息系统等对于本行业、本领域关键核心业务的重要程度;网络设施、信息系统等一旦遭到破坏、丧失功能或者数据泄露可能带来的危害程度;对其他行业和领域的关联性影响"。

在《关键信息基础设施安全保护条例》发布前,中共中央网络安全和信息化委员会办公室等部门也积极对各行业领域的关键信息基础设施认定方法进行探索,形成了一定经验,但在实际认定过程中遇到了一定障碍。例如,中共中央网络安全和信息化委员会办公室曾在 2017 年下发了《关键信息基础设施确定指南（试行）》,将关键信息基础设施范围确定为特定行业领域,且危害严重的信息系统、工控设施。明确了三个认定步骤:第一,确定关键业务,含金融、电信等 11 个领域的若干业务;第二,梳理支撑关键业务的所有系统;第三,判断业务对系统的依赖及破坏产生的危害。进而分成网站、平台、生产业务三类,并给出相应参考标准,如平台类包括:①1000 万用户或 100 万日活用户;②日交易额超 1000 万元;③发生事故将造成 1000 万元以上损失/影响超 1000 万人工作生活/泄露超 100 万人信息等;④其他。但由于该指南列举的关键业务相对粗糙,导致实际认定过程中仍存在较大障碍。

为此,各行业主管部门应根据《关键信息基础设施安全保护条例》要求,结合本行业、本领域实际,从关键业务切入,结合调查法、阈值判定法、象限判定法等多种方法,调整制定新判断方法,加快制定出台相应的关键信息基础设施认定规则。各地方管理部门有效组织认定工作,在这过程中,关注关键业务细化、业务混合经营和对照等保信息等要点。一方面,中共中央网络安全和信息化委员会办公室指南中关键业务列举还较简单、粗放,未全部涵盖,也未说明标准;另一方面,需要考虑业务混合问题,考虑跨行业、跨业务领域的关键信息基础设施,动态调整认定的对象、范围。此外,为防止疏漏,可以同等保备案信息进行对比筛查,对等保三级以上系统进行扫描,但等保系统未直接区分行业属性。

(2)核心数据、重要数据认定

为有效落实《中华人民共和国数据安全法》关于核心数据、重要数据的出境管控要求,需要加快推进相应数据的识别规则,编制重要数据目录,并允许部分试点区域探索灵活开放的重要数据目录,为特色产业提供便利的数据跨境环境。

国家核心数据的概念首次在《中华人民共和国数据安全法》中提出,《中华人民共和国数据安全法》规定:"关系国家安全、国民经济命脉、重要民生、重大公共利益等数据属于国家核心数据。"可以看出,国家核心数据是涉及国家、社会的整体的、重要利益的内容,区别于国家秘密,是个重要等级或风险等级的概念。

而重要数据则是由《中华人民共和国网络安全法》首次提出,《中华人民共和国数据安全法》再次明确,但上述两项法律均未明确给出重要数据的定义,相关下位规范则是尝试从受损产生的危害性判断,即"一旦遭到篡改、破坏、泄露或者非法获取、非法利用,可能危害国家安全、公共利益或者个人、组织合法权益的数据。"工业和信息化部发布的《基础电信企业重要数据识别指南》将重要数据界定为"在运营中收集、产生、控制的不涉及国家秘密,但与国家安全、经济发展、社会稳定,以及公共利益密切相关数据"。最新实施的《汽车数据安全管理若干规定(试行)》尝试对汽车领域重要数据进行列举,如充电网运维数据、敏感区域地理信息、车流物流总体数据等,推动重要数据实现从概念到具体类别的发展。总体来看,重要数据也同属于级别概念,按风险等级进行划分,但仍需要结合具体行业、业务判断。

为推进相关认定工作,在核心数据识别层面,可以由中央国家安全领导机构统筹,国家安全部门组织各部门推进;在重要数据目录认定方面,由各地区、各行业部门编制行业、领域的重要数据识别规则和具体目录,并组织指导开展识别工作。同时,授权试点地区动态调整,允许自贸区等区域根据自身的产业结构、主要的商贸目的地、技术合作对象等因素,因地制宜实施与国家层面的不同的"重要数据目录"。

四、加强数据跨境流动国际合作

(一) 明确国际交流合作的重点内容

随着跨境数字贸易愈加活跃,针对数据跨境流动问题的国际商贸谈判也愈加频繁和深入。信息和通信领域对外谈判合作过程中各方的关注焦点主要包括一国数据保护水平的充分性、跨境限制政策的合理性、限制数据类型的明确性、跨境调取数据的正当性四个方面。

一是关注一国数据保护水平和能力。在数据跨境流动双边、多边谈判中,准确把握各方数据保护水平,知己知彼是争取数据跨境流动谈判主动权并有效展开合作的关键。除欧盟、日本等主要国家和地区确立了数据保护水平的"充分性认定"机制之外,许多中小国家也将数据接收国具有"相同保护水平"视为数据跨境流动的条件之一,以为本国数据安全提供保障。如马来西亚要求个人数据保护部确定数据接受地保护水平是否与马来西亚构成"实质性相似",泰国严禁传输个人数据至严重缺乏数据保护法规的第三方国家,土耳其将具有足够保护水平作为向境外提供数据的条件。

二是关注一国设置的数据跨境限制政策是否构成歧视。一国为合法公共政策需要而采取的数据跨境风险防控措施具有合理性,但为避免该措施遭受滥用而构成对贸易的变相限制,在数据跨境流动有关谈判中,各方均高度重视他方设置的数据跨境限制政策是否具有歧视性,警惕这些措施以任意或不合理歧视的方式适用。目前,数据跨境流动的限制措施主要有本地化要求和安全审查。例如,俄罗斯要求须在其境内服务器上存储和处理俄公民的个人数据;越南在签署《全面与进步跨太平洋伙伴关系协定》时,各缔约国同意越南可以将设立数据中心作为在越开展业务的前提,并且这一条款可以保留 5 年;美国要求对可能涉及美国公民敏感个人数据的外国投资纳入国家安全审查范围。

三是关注一国限制跨境流动的数据类型是否明确。明确限制出境数据的类型可以减轻一国企业开展跨境服务的不确定成本,属于数据跨境谈判的重要关注点。在世界贸易组织对中国相关贸易政策审议中,美国等国家曾质疑中国关于重要数据识别的文件划分标准不合理、划定范围不清晰。美国自身则通过《受控非秘信息清单》(CUI),详细列举了受到管控的 17 个门类的关键数据,并将传播范围限制为禁止向外国传播、联邦雇员专用、只允许向特定国民开放等六类。印度将个人数据划分为一般个人数据、敏感个人数据和关键个人数据三类,进而实施不同的跨境流动限制,一般个人数据和敏感个人数据在境内留存副本前提下可以出境,关键个人数据则绝对禁止出境。

四是关注一国的境外数据调取行为对他国数据主权是否造成侵害。数据主权是国家主权在网络空间的核心表现,个别国家强制跨境调取数据或实施"长臂管辖"的行为容易导致各国管辖权之间发生积极冲突,因此在国际谈判中,各方都强调构建平等、合理、公正、透明的数据跨境协作机制,尊重他国数据主权,谨防数据强权和数据霸权。当前,美国通过《澄清境外数据的合法使用法案》,依托其遍布全球的互联网跨国企业实施跨境数据调取;欧盟、日本、印度等国家和地区的法案规定了广泛的域外适用效力,凡涉及其居民数据的,即便不在其境内开展的数据处理活动也会受其约束。

(二) 推动多渠道、多方式推进合作

数据跨境已成为国际经贸合作的重要议题,需要结合中国外交形势和经贸合作需要,不断扩大中国数据治理的国际合作圈,并针对不同合作区域的特点,采取诸边、多边协定、充分性互认、国际标准制定、视情对等反制等多种方式推进国际合作。

在合作区域选择方面,中国可以关注以下区域的国际合作,一是亚太数据流动圈,发挥中国在亚太地区数字经济地位和影响力;二是"一带一路"朋友圈,通过借助"一带一路"倡议,加强与沿线国家的数字经贸合作;三是推进中欧数据合作,获得在数据治理领域有重要国家影响力的欧盟等地区的认可。同时,根据国际形势和经贸发展需要,不断更新调整国际合作范围。

在合作方式选择方面,一是加入区域性协定,充分利用《区域全面伙伴关系协定》数据合作机制,研究加入《全面与进步跨太平洋伙伴关系协定》《数字经济伙伴关系协定》的有效策略;二是获取充分性认定,获取欧盟等国家和地区的数据保护能力充分性认定,入选白名单,提升中国数据治理能力的国际认可度;三是参与国际标准制定,积极为国际数据治理贡献中国智慧,为保护能力欠佳的国家和地区提供保护技术和制度健全方面的帮助;四是有效实施对等反制,对他国在与数据和数据开发利用技术等有关的投资、贸易等方面对中国采取歧视性的禁止、限制等措施的,对等采取措施。

（三）有效对接相关协定及其规则

加入相关国际协定要求促进国内法与协定条款之间的衔接,中国需要充分论证规则之间的兼容性、承诺促进各方间制度和监管结果的互认性、为履行协定需要进一步细化调整国内规则,并与各国积极发展更广泛的数据保护和合作机制。

一是就国内法与相关协定的兼容性进行释疑。在保护能力方面,按《全面与进步跨太平洋伙伴关系协定》《数字经济伙伴关系协定》的要求,对中国数据保护法律框架的健全性、与国际通行原则的契合性进行说明;在相关监管措施的必要性方面,就《中华人民共和国网络安全法》《中华人民共和国数据安全法》《中华人民共和国个人信息保护法》中对出境数据采取的必要限制措施,符合《全面与进步跨太平洋伙伴关系协定》《数字经济伙伴关系协定》允许的例外限制的精神,逐项说明满足比例原则提出的目的合法性、手段合理性,以及效果非歧视性要求。二是就各缔约国制度间的互操作性、互认性表态。例如,《数字经济伙伴关系协定》数据管理章节 4.2 条要求各方要推进相互之间制度的兼容,并就如何推进之间的互操作性作出说明。中国应从三方面推进:对缔约国采取的执法、司法行动的承认;对各国数据法律制度和保护水平的信任;对各国内相关数据认证机构作出的认证结果的信任。三是对可能需要衔接的制度规则进行细化调整。一方面,对监管必要性说明,在细化下位制度规定时明确各项监管手段的实施目的、必要性和救济方式;另一方面,明确需要管控的数据类型,加快推进重要数据目录,明确受管制和要求本地化存储的具体数据类型;此外,合理设定数据相关市场准入条件,明确不将计算机相关设备境内设置作为开展业务的先决条件,特定领域除外。四是为相关新制度的引入提供土壤和环境。例如,积极发展第三方认证机制,如《数字经济伙伴关系协定》鼓励各方支持企业推进各类数据保护认证机制并相互承认,努力发展更广泛框架,相关协定要求各方相互借鉴持续发展个人信息保护各类机制,如跨境隐私规则框架、标准合同条款、约束力规则、数据信托等。

(四) 倡导全球数据治理互操作

中国在与不同国家展开数据跨境国际合作谈判时,所关注的重点议题略有差异。在与欧盟就数字贸易和电子商务中的数据跨境问题进行谈判时,重点关注欧盟《通用数据保护条例》的域外适用效力对中国企业开展海外经营活动带来的影响;在与美国及日本、澳大利亚等国家进行谈判时,重点关注这些国家的跨境调取数据行为可能对中国数据主权造成的威胁、以数据安全为由限制中国企业进入该国市场的正当性、美及其盟友相互共享从中国刺探的数据情报而对中国国家安全造成的侵害;在与印度、东盟等数据保护能力和产业发展水平相对欠缺的国家和地区开展数据跨境国际合作谈判时,重点关注对方数据保护水平对中国企业在该地开展经营活动的影响,发挥中国影响力推进达成区域间数据治理规则体系,共同提升地区数据保护能力和数字经济发展水平。

推动"数字互操作性"是构建全球数字经济框架和规则的战略中心,互操性支持监管兼容性下的互惠,可以在贸易伙伴之间建立信任。由于任何数字流程和服务不可避免地涉及数据治理,推动数据治理的互操作性成为国际合作的关键,中国应当积极发声,作为推进全球数据治理互操作性的倡导者,掌握数字经济发展的主动。构建互操作性具有四个层次:一是政策互操,实现早期研发和实践讨论,包括联合研发、监管沙盒来测试监管实力;二是技术互操,应用程序编程接口(API)和国际标准是创建通用协议和规范的两个关键工具,允许不同的服务和应用程序跨辖区连接和工作;三是网络互操,推进共同的网络规则和监管框架,例如双边协议互认,实现两个网络系统的无缝对接;四是监管互操,承认其他国家各自的监管批准或认证在其本国有效,并明确引用特定标准和法律框架。

第四节　推进数字贸易产业发展

一、做好产业整体发展设计

(一) 确定数字贸易产业发展定位

数字贸易发展中的产业发展定位基本原则为"现有产业数字化转化+数字产业创新性破题",即数字贸易产业从原有产业规划和数字贸易范畴产业中选择。

通过现有产业数字化转化、数字产业创新性破题两个方面确立数字贸易产业地图(见图4-2)。其中,在产业数字化转化方面,基于优势核心产业,从产业规模、市场前景、贸易潜力、是否有龙头企业等角度进行产业数字化转型发展评估,确定数字贸易产业发展重点方向;对于非核心产业,从市场前景、贸易潜力、转化成本等维度进行产业数字贸易化转化评估,属于未来规划产业,直接转化能力较弱,确定重点培育产业。在数字产业创新性破题方面,基本领域包括跨境电商、数字服务、数字内容等产业,通过市场前景、区域资源、政策力度等维度进行专业评估和产业规划,筛选适合的数字贸易领域。

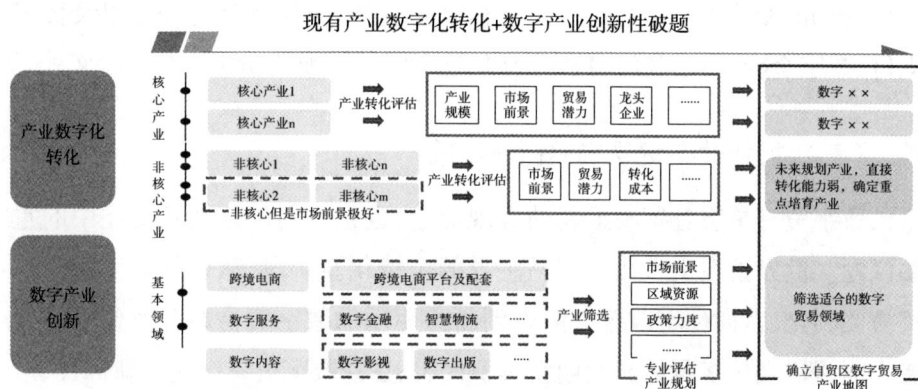

图 4-2　数字贸易产业地图

(二)　构建数字贸易重点产业全景图

数字贸易重点产业全景图主要包括贸易数字化和数字贸易化两大类(见图 4-3)。基于货物贸易基础资源,在跨境电商、基于产业基础的数字化产品转化等方面有突出优势,也是发展数字贸易的突破口和初期发展重点。另外,依托贸易环境资源(便利化金融制度、贸易交易平台、国际市场关系等),有为全域提供数字贸易综合服务的先天优势。

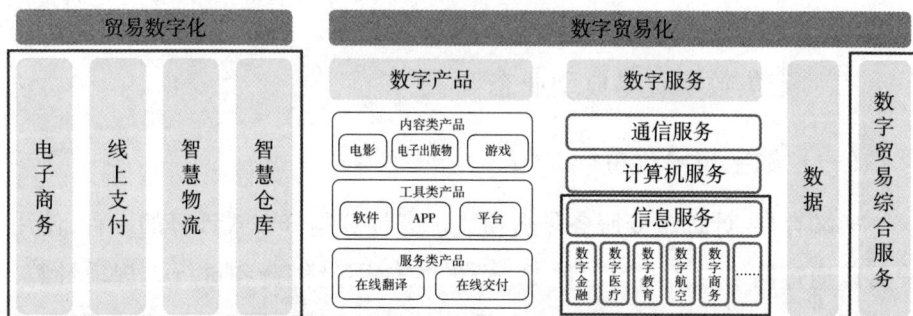

图 4-3　数字贸易重点产业全景图

其中,面向全域提供数字贸易综合服务是数字贸易发展中的一项重要内容。数字贸易综合服务平台主要内容包括数字贸易公共服务平台(海关、外汇、税务、邮政等一站式综合服务)、交易展示和促进平台等服务平台(企业推介、交易展示、供求发布、远程洽谈、在线交易、贸易资讯)以及数字支付、数字金融、数字物流、数字治理、数字贸易等配套功能。

(三) 加强数字贸易产业创新突破

数字贸易是服务贸易最新的表现形态,也是目前国际经贸交往中的重要议题。世界正在进入数字贸易主导的全球化新阶段,从以往关注投资与贸易便利化、营商环境改善等向以创新为驱动的数字贸易新型产业重构发展。围绕树立数字贸易产业创新典型代表、建立数字贸易产业创新标杆、形成当地数字贸易产业创新发展引领等,建立产城融合的全球化数字贸易试验田,联合多方资源,探索外部服务优势,协同服务企业,引入及进一步应用最新的技术手段、平台,建立面向全球的数字产业创新园区。技术赋能外贸企业的数字化转型。数字贸易企业积极使用新兴技术,加大科技创新力度,提升自身贸易数字化和管理智能化水平。创新对外贸易方式、内容和业态,提升产品和服务的海外竞争力和影响力。技术赋能贸易全流程的数字化转型。积极运用大数据、人工智能、区块链等新兴技术,实现传统贸易在线化、数据化和智能化,缩短贸易流程、降低贸易成本、增加贸易机会、提高贸易效率,用数字化技术重构贸易活动的产业链、价值链和供应链。

二、聚焦数字贸易典型业态

(一) 数字技术贸易

云端存储、计算改变服务创造模式。云计算是分布式计算的一种,使用户可以通过网络灵活调用各种 IT 资源,按使用量付费和进行大规模计算。云计算由 3 类数字服务构成,分别是基础设施即服务(IaaS)、平台即服务(PaaS)和软件即服务(SaaS)。其中,基础层 IaaS 提供了云端的存储和计算服务,通过网络对外提供 IT 基础设施服务;中间层 PaaS 进一步提供软件开放平台服务,是把服务器平台作为一种服务提供的商业模式;最高层 SaaS 则将软件部署在服务器上,并通过网络提供软件服务。IaaS 在云计算中起到基础性作用,为其他数字服务的研发、设计和生产创造了有利条件。随着服务的可编程化和软件的云端化,"云端经济"生态逐步形成,催生出众包、云外包、平台分包等新模式,带动数字服务贸易的发展。

人工智能服务推动数字服务自动化、智能化。随着各行各业应用人工智能进行转型需求的爆发式增长,国内外多家人工智能企业开始对外提供人工智能解决方案服务。中国百度推出 EasyDL,内置百度自研的 AutoDL 技术,向企业用户提供零门槛 AI 开发平台,一站式支持智能数据服务、模型训练、服务部署等全流程功能,包含丰富的预训练模型,支持图像分类、物体检测、图像分割、文本分类、情感倾向分析、音视频分类、表格数据预测等多类模型,最快 10 分钟完成模型训练,只需少量数据就能训练出高精度模型,为 AI 应用开发者定制服务。

5G 应用新场景带来新的数字服务贸易机会。5G 网络服务具有高速率、低时延、高可靠、广覆盖等优势,不仅能满足人们在居住、工作、休闲和交通等各种区域的多样化业务需求,为用户提供超高清视频、虚拟现实、增强现实、云桌面、在线游戏等极致业务体验,而且还将渗透到物联网及各种行业领域,与工业、设施、医疗仪器、交通工具等深度融合,有效满足工业、医疗、交通等垂直行业的多样化业务需求,实现真正的"万物互联"。5G 应用新场景将催生出海量数字服务需求,推动新的数字服务产业出现,发展和形成全球产业链,带来新的国际分工机会,激发数字服务贸易潜能。

区块链服务重塑数字资产交易生态。区块链具有去中心化、信息不可篡改、公开透明、信息可追溯等技术特点,其在"缺乏信任"的国际贸易中的价值逐步显现。2020 年,世界贸易组织和全球贸易融资组织发布的国际贸易区块链项目分类报告指出,区块链贸易创新项目在全球范围内日益成熟,区块链可以给国际贸易带来两大好处:一是提高贸易流程的透明度和贸易标的可追溯性,确保产品和服务质量,增强信任;二是简化贸易文件、流程,确保数据的安全交换和监控。相比传统货物贸易,在数据、数字产品和数字服务的贸易中,区块链的作用可能更为基础和关键。区块链技术与服务正从加密数字货币向更多领域延伸。据有关机构统计,截至 2019 年 8 月,由全球各国政府推动的区块链项目数量达 154 项,全球区块链产业累计投融资规模达 103.69 亿美元,主要涉及金融业、政府档案、数字资产管理、投票、政府采购、土地认证/不动产登记、医疗健康等领域。在大宗商品交易领域,英国石油、壳牌和 Equinox 等大型石油公司与大型银行和贸易公司联合推出一个基于区块链的能源大宗商品交易平台 Vakt,预计将使主要行业参与者的工作从繁琐文书工作转变为智能合约,从而有助于减少运营时间、提高交易效率。在贸易金融服务领域,中国银行业协会联合五大行共建"中国贸易金融跨行交易区块链平台",将主要发挥四个方面作用:一是实现跨行贸易金融产品交易信息的标准化、电子化和智能化;二是提高贸易融资效率,降低融资成本;三是利用区块链防控贸易金融业务风险;四是强化资源共享和利用。

(二) 数字服务贸易

加快推进服务贸易进程。一方面,加大金融、保险、医疗、教育、文娱和其他商业服务等可数字化交付服务类型的贸易规模,不断挖掘可数字化交付的空间;另一方面,加强建筑、运输、加工、旅游、维护和维修等仍以线下交付为主的服务类型的数字技术赋能,发挥数字技术对贸易效率提升的促进作用。文化贸易和教育服务是数字服务贸易的两个例子。

推进文化贸易高质量发展。创新文化贸易发展体制机制和政策措施,推进国家文化出口基地和对外文化贸易基地建设,培育一批具有较强国际竞争力的外向型文化贸易企业,形成一批具有核心竞争力的文化品牌。大力发展数字文化贸易,积极推动数字出版、数字影视、数字演艺、数字艺术展览、动漫游戏、网络综艺、网络音乐、创意设计等新型文化服务出口。搭建版权出口公共服务平台,加强数字文化版权保护。扩大重点领域文化服务出口,加大中国影视节目、出版物海外推广力度,拓宽国际营销渠道。鼓励数字文化平台国际化发展,建设网络营销、播出、译制、社交平台,大力推进跨境新媒体传播。

加快发展教育服务贸易。积极引进境外优质教育资源。做强"留学中国"品牌,打造更具国际竞争力的留学教育。扩大与全球知名高校及机构合作,优化出国留学全球布局。构建国际中文教育标准体系,加强标准应用和推广。配合支持各国开展国际中文教育和"中文+职业教育",加强教师、教材、教学、考试资源和品牌建设。积极培养小语种人才,提升语言服务贸易水平。

(三) 跨境电商

跨境电商不只是货物贸易,还有围绕货物贸易开展而形成的一系列数字服务和数字服务贸易,其中最主要的是跨境电商平台企业提供的跨境贸易数字平台服务,此外还包括跨境电商生态中的市场信息服务、支付结算服务、物流信息服务等。平台中介服务方面,阿里巴巴、亚马逊等超大型跨境电商企业纷纷开拓国际市场,将服务对象从国内企业延伸至国际企业。市场信息服务方面,在跨境电商的发展中,由于受市场的国别差异和空间距离等因素影响,数据的作用显得尤为重要,专门提供数据对接、数据分析等大数据服务的企业或平台应运而生。跨境电商大数据既可以帮助企业及时掌握市场信息、提高生产经营效率,又能够帮助企业通过大数据进行高效选品和提升销量,抢占全球市场。跨境支付服务方面,跨境电商支付服务商可为企业提供收款、换汇、支付、融资等一站式金融服务。

(四) 数据贸易

数据贸易发展潜力巨大。在数字经济时代,数据成为与土地、资金、劳动、技术并列的新型生产要素。随着数据产权、数据确权、数据治理等规则制度的发展和完善,数据贸易未来可能从数字产品贸易、数字服务贸易中分离出来,成为独立完善的贸易形态。中国数据资源丰富、跨境流动规模庞大,数据贸易具有巨大发展潜力。受制于各国对于跨境数据的严格管控,当前数据贸易的实践有限。但未来抢占国际数据交易市场的话语权和主动权的基础是做好国内数据交易产业和市场。

数据交易政策扶持力度不断加强。大数据时代的到来推动中国政府高度重视大数据产业的发展,数据交易是繁荣大数据产业重要推动力。近年来国家关于促进数据交易的政策不断推出,明确数据交易发展方向,鼓励数据资源流通。自 2015 年国务院发布的《促进大数据发展行动纲要》中首次提出"引导培育大数据交易市场,促进数据资源流通,建立健全数据资源交易机制和定价机制,规范交易行为",到 2017 年习近平总书记在中央政治局就实施国家大数据战略第二次集体学习时强调,"要制定数据资源确权、开放、流通、交易相关制度,完善数据产权保护制度"①,再到 2019 年党的十九届四中全会《中共中央关于坚持和完善中国特色社会主义制度 推进国家治理体系和治理能力现代化若干重大问题的决定》首次将"数据"明确列为生产要素之一按贡献参与分配。2020 年,《中共中央 国务院关于构建更加完善的要素市场化配置体制机制的意见》更是明确提出:"引导培育大数据交易市场,依法合规开展数据交易。规范要素交易平台治理,健全要素交易信息披露制度。"

数据交易监管规则逐步完善。《中华人民共和国数据安全法》设置了数据交易专门条款,若顺利推出实施,将推动数据交易制度从"国策"走向"国法"。《中华人民共和国数据安全法》第 30 条肯定了数据交易中介的市场地位,要求交易中介进行数据来源管控,履行身份审核义务,确保交易活动可追溯。2022 年 1 月,天津市网络安全和信息化委员会办公室发布了《天津市数据交易管理暂行办法》,属于首个数据交易的地方专门性立法项目,要求交易主体一年内无重大数据类违法违规记录,规定了禁止交易的数据类型,要求供方应对数据进行安全风险评估并出具报告。

数据交易市场建设平稳有序。2020 年,在《中共中央 国务院关于构建更加完善的要素市场化配置体制机制的意见》的带动下,各地又掀起了搭

---

① 《习近平关于总体国家安全观论述摘编》,中央文献出版社 2018 年版,第 179 页。

建数据交易市场的热潮。2020年8月11日,北部湾大数据交易中心在南宁揭牌成立,其定位于国际化数据资源交易服务机构和一站式数据服务全生态交易平台,为平台上下游企业提供数据采集、存储、计算、清洗、分析、咨询、展示、应用等全链条服务。2020年9月7日,北京市发布《北京国际大数据交易所设立工作实施方案》,意在建立国内领先的大数据交易基础设施、国际重要的大数据跨境交易枢纽,建成数据信息登记平台、数据交易平台、数据运营管理、金融创新服务平台、数据金融科技平台。2020年10月11日,《深圳建设中国特色社会主义先行示范区综合改革试点实施方案》也提出,研究论证设立数据交易市场或依托现有交易场所开展数据交易。可以看出,新一轮建设热潮中,各家数据交易服务机构均将业务拓展至跨境数据交易领域,且由传统的交易撮合延伸至数据加工、运营和数据资产证券化领域。

三、推动区域特色化发展

(一) 区域数字贸易发展基本框架

区域数字贸易发展中主要涉及跨境电子商务、数字内容服务、数字形式服务等行业领域,合理的、创新性的数字贸易发展机制为自贸区注入更强大的新动能、开辟新空间。因而,产业定位、数据流通、政策突破、营商环境和基础保障是区域数字贸易发展的基础(见图4-4)。

地方政府要积极做好国家层面制度、政策等的衔接,制定具体落实政策,统筹本地区数字贸易发展。一是完善金融扶持担保服务。政府应完善投融资管理和跨境支付体系,鼓励金融产品创新,支持金融机构扩展普惠金融业务,设立数字贸易发展专项资金;给予具有良好信用的企业延期还贷、减免利息等金融支持等。二是简化省内通关检疫流程。政府可以与跨境电商平台联合构建数字关境,通过平台式运营和数字化操作等形式,实现关务活动的改革和创新;借鉴世界海关组织经认证的经营者(AEO)制度,基于企业信用评级给予不同类型企业差异化的通关便利等。三是统筹海外物流

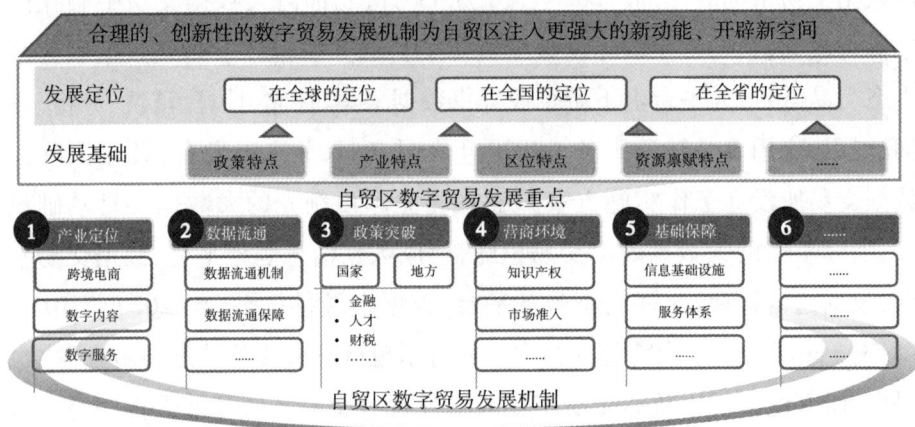

图 4-4　自贸区数字贸易发展基本框架

仓储资源。政府应当与跨境电商平台合作整合海外物流仓储资源,鼓励企业在平台大数据运算的基础上利用海外仓提前备货,保障目标市场货源充足。四是共建信用保障专项资金。政府应携同平台企业对中小企业进行双重信用背书,结合平台信用保障体系,共同监管专项资金,降低中小企业信用风险。五是提供传统企业起航补助。通过提供数字贸易起航补助的方式鼓励传统企业借助数字贸易改善营销渠道,如政府可以支持跨境电商平台减免新签企业所需交纳的注册会员费和宣传费等增值费用。六是不断优化数字贸易发展软环境。加强数字技术和数字贸易人才培养,形成产、学、研互动的人才培训新模式;营造数字贸易发展的良好政策环境,简化部分产品的边境监管措施;加强数字时代消费者保护、隐私保护和知识产权保护;等等。

(二) 多地已研究制定数字贸易专项方案或行动计划

1. 北京市

北京市在 2020 年 9 月发布《北京市关于打造数字贸易试验区实施方案》。该方案立足"四个中心"城市战略定位,以推动数字贸易和数字经济创新、开放为目标,以实现跨境数据安全有序流动为着眼点。北京市立足中关村软件园、金盏国际合作服务区、自贸区大兴机场片区构建"三位一体"

的数字贸易、数字经济开放格局，打造"数字贸易港"，加强与相关国际组织、科研机构、产业联盟战略对接，重点发展数字医疗、跨境电商、智能制造、云服务、智慧物流等数字产业及领域，并且因地制宜探索跨境数据安全有序流动的发展路径，借助中日韩、东盟十国等区域交流，逐步拓展与欧盟、美国等区域的跨境数据流动，以"服贸会"平台为载体积累政策经验，形成可推广可复制的数据交易政策经验，并从数字领域人才支撑、知识产权保护及证券化融资、数字技术基础服务等方面，打造开放创新、包容普惠的营商环境。

同时，《中国（北京）自由贸易试验区总体方案》提出，对标国际先进水平，探索符合国情的数字贸易发展规则，突出数据隐私保护、信息技术安全等重点领域，加强跨境数据保护规则合作，促进电子签名、数字证书的国际互认，探索创制数据确权、数据资产、数据服务等交易标准及数据交易流通的定价、结算、质量认证等服务体系，建设数字版权交易平台，带动知识产权保护、知识产权融资业务发展，对软件和互联网服务贸易进行高效、便利的数字进出口检验。

2. 上海市

上海市发布全国首个数字贸易发展行动方案。《上海市数字贸易发展行动方案（2019—2021年）》主要聚焦云服务、数字内容、数字服务的行业应用、跨境电子商务等重点领域，以虹桥商务区为核心发展区域，提出建设数字贸易跨境服务集聚区、扶持和激活原创内容IP、支持数字服务重大项目、培育独角兽企业、搭建数字贸易交易促进平台和推动建立全球数字合作城市联盟等12项主要任务；并从建立工作机制、开展科学规划、完善基础设施、加大资金支持、加强人才建设、做好法制保障、加强风险防控7个方面明确推进数字贸易发展的保障举措。

提出建设"数字贸易国际枢纽港"。以虹桥商务区作为建设数字贸易国际枢纽港的重要载体和核心区域，一方面探索扩大数字贸易增值服务的开放度，另一方面加快形成资源配置和服务功能，构建长三角城市群合作平台。2020年5月，虹桥商务区全球数字贸易港开港，发布《虹桥商务区全力推进全球数字贸易港建设三年行动计划（2020—2022年）》，提出将虹桥商务区建设成为数字贸易服务最综合、要素流通最便利、功能平台最完善的数字贸易集聚区。

上海市发展数字贸易的主要借鉴：一是政策引导和护航。通过基金的方式对数字贸易企业的好项目进行融资，帮助他们加快项目成型，输送到海外。加强和国家服务贸易创新发展引导基金的对接，探索设立上海数字贸易创新发展基金，对数字贸易独角兽企业给予多元化融资支持。二是以总部、龙头开拓创新。引入数字服务和传统领域相结合方面做得比较好的龙头企业，发挥总部、龙头企业创新发展带动效应。全力培育独角兽级市场主体，加快建设数字贸易创新创业中心。三是产业目标定位清晰。发布全国首个数字贸易发展行动方案，聚焦云服务、大数据、物联网、人工智能等领域，重点支持实施一批高端化、国际化和规模化的数字服务重大项目；对重大项目给予资金、土地、能源、人才等全方位保障和支持，打造和国际接轨的数字贸易发展环境，加快推进重大项目的落地和实施。

3. 海南省

海南省是全国首个全域自贸区政策落地的省份。海南地理位置独特，拥有最好的生态环境，同时又是相对独立的地理单元，具有成为全国改革开放试验田的独特优势。数字贸易发展围绕旅游业、现代服务业、高新技术产业三大主导产业加大先行先试力度，聚焦国际医疗、数字内容、大数据、临空产业等领域，探索数据传输安全试点、国际互联网数据交互试点、国际知识产权交易所，进行数据确权、交易、安全等方面的标准创新，采取负面清单、资金支付与转移配套政策，做好国际通信出入口局等设施建设。

海南省拥有一系列数字贸易发展国家利好政策。2020年6月，中共中央、国务院印发《海南自由贸易港建设总体方案》，提出重点发展数字贸易。全岛封关、零关税、个税封顶15%、金融开放等多项制度设计在中国开放史上前所未有。2021年4月，商务部等20部门联合印发《关于推进海南自由贸易港贸易自由化便利化若干措施的通知》，进一步释放政策红利。

海南自由贸易港将推动跨境数据安全有序流动。《海南自由贸易港建设总体方案》提出，"在确保数据流动安全可控的前提下，扩大数据领域开放,创新安全制度设计,实现数据充分汇聚,培育发展数字经济",进而明确允许实体注册、服务设施在海南自由贸易港内的企业,面向自由贸易港全域及国际开展在线数据处理与交易处理等业务,并在安全可控的前提下逐步面向全国开展业务。贵阳大数据交易所作为全球第一家大数据交易所,已同海南省政府建立联系,将积极参与海南自由贸易港建设,共同促进跨境数据安全有序流动。

海南省发展数字贸易的经验借鉴:一是实施大量开放政策。海南正在打造成为全球企业进入巨大的中国消费市场提供连接点、为外国商品进入中国市场和帮助中国制造走向全世界的重要通道。二是加快推进数字化转型。海南省是一个旅游大省,旅游业对整个数据的自由开放及数字贸易发展提供了非常好的基础。三是积极建立数据安全流动政策试验田。数据是数字贸易基本项,海南省在国家数据跨境传输安全管理制度框架下,开展数据跨境传输安全管理试点,探索形成既能便利数据流动又能保障安全的机制,具有非常好的社会意义、经济效益和协同效益。

4. 广东省

广东省具有良好的数字贸易产业基础和政策环境。2019 年,广东省跨境电商进出口总值达 1107.9 亿元(不含海外仓、邮快件进出口渠道),采用互联网交易的服务贸易出口总值达 2700 亿元,基于互联网技术交易的数字产品和服务出口总值达 2000 亿元以上,数字经济总体规模超过 4 万亿元,位居全国第一。《国务院进一步深化中国(广东)自由贸易试验区改革开放方案》《中国(广东)自由贸易试验区深圳前海蛇口片区关于促进数字贸易快速发展的若干意见》《广东省人民政府办公厅关于印发深化中国(广东)自由贸易试验区制度创新实施意见的通知》等政策文件陆续出台,支撑广东数字贸易快速发展。深圳市近年来实施最严格的知识产权保护制度,为数字贸易发展创造环境。

深圳前海提出率先探索和建立数字贸易相关标准。深圳在"前海深港合作区成立 10 周年"新闻发布会上发布《中国(广东)自由贸易试验区深圳前海蛇口片区关于促进数字贸易快速发展的若干意见》,是国内国际双循环理念提出后国内首个以"数字贸易双循环"建设为核心的相关文件,提出将在国内率先探索和建立数字贸易相关标准、率先聚焦于外贸新型基础设施建设。

深圳前海以推动传统国际贸易转型升级为目标。深圳市是中国数字经济发展比较发达的地区,深圳前海作为"特区中的特区",在数字贸易发展方面有其独特的优势以及使命。《中国(广东)自由贸易试验区深圳前海蛇口片区关于促进数字贸易快速发展的若干意见》中提出的前海数字贸易产业促进联盟、前海数字贸易综合服务平台、前海智慧综合保税区、妈湾智慧港已先后落地,跨境电商全链条数字化创新中心等重点项目也将逐渐完善或逐步入驻。

成立数字贸易产业促进联盟。前海数字贸易产业促进联盟由通信技术、金融服务、专业服务、贸易物流等数字贸易产业的企业和机构联合发起,主要聚焦数字贸易、优化营商环境、服务协同创新,促进产业发展等方面。到2025年,前海数字贸易新生态、数字贸易发展的"前海新标准、新模式"将基本形成。前海数字贸易产业促进联盟计划到2023年打造不少于10个示范项目、培养不少于1000位数字贸易方面的专业人才。

广东省发展数字贸易经验借鉴:一是成立数字贸易产业促进联盟。形成数字贸易发展中政企合作的桥梁纽带及数字贸易产业创新枢纽,能够全面聚合优化优质国际贸易产业数字化资源,充分调动社会与市场主体的积极性,是集数字贸易新模式推广、数字贸易治理、产业孵化、新型人才培训等于一体的"政产学研用"的产业合作促进平台。二是知识产权保护。为进一步释放数字贸易的发展潜力,要加强知识产权保护,为数字贸易企业发展创造良好的环境。

5. 浙江省

浙江省数字贸易促进、研究工作走在全国前列。2020年4月,浙江省成立全国第一家数字贸易协会;2020年3月,发布全国第一个省级数字贸易分析报告,在行业领域引起较大反响;2020年9月,在北京服贸会浙江主题日活动上,发布全国第一份数字贸易企业百强榜单,受到媒体广泛关注宣传,达到了树立典型、宣传先进、扩大数字贸易影响力的目的;2020 年 9 月,筹建全国第一家数字贸易研究院,为浙江数字贸易发展提供强有力的第三方支撑;2020 年筹建全国第一个省级数字贸易标准化技术委员会,为浙江省抢占数字贸易标准制定高地迈出坚实的一步;2020 年 10 月,发布第一个数字贸易先行示范区建设方案,为推动浙江省建设成为全球数字贸易中心提出了明确的发展方向。

提出建设国内数字贸易先行示范区。2020 年 9 月,国务院印发的《中国(浙江)自由贸易试验区扩展区域方案》,明确提出浙江要"把国家数字服务出口基地打造为数字贸易先行示范区"。2020 年 11 月,浙江省发布《浙江省数字贸易先行示范区建设方案》,这是全国首个数字贸易先行示范区建设方案。《浙江省数字贸易先行示范区建设方案》提出打造"三区一工程"区域发展格局,形成"一年抓重点、两年拓地区、三年全面铺开"的数字贸易发展格局和"改革引领与创新驱动"的数字贸易发展路径。

成立浙江省国际数字贸易协会贸易数字化专业委员会。从贸易促进数字化、贸易执行数字化、贸易服务数字化到市场主体数字化、产品数字化以及产业及产业链数字化进行全链条的探索与整合,通过贸、产、服有机融合促进制造业全面、深度转型升级,助力浙江省数字化进程。

发挥跨境电商新优势,加快数字云服务发展。发挥跨境电商新优势,支持金融创新服务跨境电商,完善适应跨境电商贸易特点的海关、税务、外汇等监管和跨境支付、物流等支撑体系。支持重点涉云企业赴海外拓展 IaaS,支持跨境电商企业与 SaaS 供应商形成"B2B+SaaS+供应链金融"模式,构建数字贸易服务生态圈。

浙江省发展数字贸易经验借鉴:一是抢占"全国第一"扩大影响力。2019 年以来,浙江省商务厅积极贯彻落实国家发展数字贸易的战略部署,数字贸易促进、研究工作走在全国前列,"六个一"工作均为全国首创。二是数字贸易发展定位与本地产业特色优势贯通。浙江省是数字经济大省,数字经济发展具有先行优势,浙江省数字贸易发展定位以贸易数字化转型为主线,巩固浙江传统贸易的基础优势和数字贸易的先发优势,同时又围绕新模式、新业态打造云服务、数字内容、数字服务、跨境电商等优势领域,充分释放数字经济新动能。三是构建先发地区引领与分步推进机制。浙江省数字贸易先行示范区建设,形成"一年抓重点、两年拓地区、三年全面铺开"的数字贸易发展格局,充分发挥杭州市作为中国服务外包示范城市、国家服务贸易创新发展试点地区、国家数字服务出口基地等先发优势,同时带动引领省内其他地区迎头赶上。四是集成创新最新开放政策。浙江省以"人无我有,人有我优"的原则,结合国家出台的最新开放政策,制定《浙江省数字贸易先行示范区建设方案》。五是表格化清单化抓实做细数字贸易"浙江方案"。充分结合全球数字贸易发展趋势,通过大量走访调研数字贸易企业,以列表清单的方式列出 19 个方面 108 条政策突破、制度创新成果及任务分工,并附有具体承接地区或机构。

6. 湖北省

湖北省打造武汉"数字贸易"城市建设。武汉全市软件和信息服务业近 7 年年均增速超过 20%,2021 年上半年营收额为 1059.24 亿元。深厚的数字化发展基础、与时俱进的数字化企业等都可以成为武汉市积极投入数字贸易市场的资本。

以直播带货为代表的数字贸易在武汉市快速崛起。武汉市传统商贸发达,转化为数字贸易领跑之势,有优势、有潜力。2020 年 11 月,借汉口北供应链优势,500 名主播在汉交会直播带货,武汉市九省通衢,区位优势明显,古有"货到汉口活"之称,新一轮信息技术革命引领产业巨变,数字贸易时代,武汉市又有人才和科技优势,以直播带货为代表的数字贸易在汉快速崛起。

湖北省发展数字贸易经验借鉴:一是借助区位优势以贸易数字化发展数字贸易。武汉市以此为切入点,数字贸易顺利推进。二是突出核心区域引领作用。湖北自贸试验区涵盖武汉、襄阳、宜昌三个片区,湖北省以打造武汉"数字贸易"标杆城市搭上数字贸易发展快车。

7. 天津市

推动数据要素市场建设,加快形成具有整合数据生产、加工、定价、交易、支付、存储、转移等关键环节的全价值链数字运营服务体系。承接国际数据产业转移,积极发展国际数据存储与传输、数据分析与挖掘、数据运维与管控等业务,允许符合条件的企业向境外提供数字贸易增值服务,探索形成高水平的跨境数据流动开放体系。

构建适应开放需求的数字治理体系。深入研究开放环境下原有数字经济监管治理逻辑或原则的适用性,完善对跨境数据、数字服务的监管,积极参与全球数字贸易规则体系构建,建设有益于中国数字产业发展的国际规则环境。以国家数字服务出口基地为依托,探索数字跨境流动新机制,切实扩大数字服务出口。

天津市发展数字贸易经验借鉴:一是积极参与全球数字贸易规则体系构建。天津市积极构建适应开放需求的数字治理体系,建设有益于中国数字产业发展的国际规则环境。二是及时抓住政策机遇。天津市紧抓《区域全面经济伙伴关系协定》带来的数字贸易机遇,计划先从中日韩三国数据跨境流动突破入手,三国服务贸易发展水平较高,且贸易联系密切,数据跨境流动规模大,能够为实现地区跨境数据有序流通提供有价值的参考。

第五节　强化数字贸易发展保障

自贸区数字贸易发展基础保障建设思路主要包括"硬"保障和"软"保障两个方面。其中,"硬"保障主要包括数字基础设施建设、数字贸易平台建设、产业创新园区建设等部分;"软"保障是数字贸易发展所需的人财物等服务内容。

一、夯实数字贸易基础设施

(一)搭建数字基础设施底座

数字基础设施是数字贸易发展的"数字底座"。积极推进5G、光纤、物联网、国际互联网数据专用通道等信息通信基础设施,统筹部署云计算数据中心、边缘数据中心等算力基础设施,高质量布局满足车路协同的智能化道路设施等融合基础设施,打造全球领先的人工智能、区块链等创新技术基础设施。包括加强顶层设计,提前规划,与设施基础设施建设同步进行;加强统筹协调与跨行业协调,与运营商、重点企业沟通研究;加大资源统筹支持,深化基础设施共建共享;等等。其中,信息通信基础设施主要包括5G、物联网、光纤、国际互联网数据专用通道等。算力基础设施包括云计算数据中心、边缘数据中心、特定场景计算能力等。融合基础设施包括智能物流设施、智慧杆路、管廊、智慧道路设施等。创新基础设施包括人工智能、区块链等。

(二) 建立完善数字贸易发展平台

平台建设是数字贸易发展的重要载体和窗口,可从交易促进和展示、便利化公共服务、有序推动数据跨境三方面,构建数字贸易发展的平台功能,营造数字贸易发展的优越环境。一是交易展示和促进平台,即区域级数字贸易成果展示窗口,建设模式是政府搭建平台+企业/平台注册后可入驻展示+第三方支撑保障;服务领域包括跨境电商、数字内容、数字服务。主要功能是企业推介、交易展示、供求发布、远程洽谈、在线交易、贸易资讯。二是公共服务平台,即国家级、区域级数字贸易一站式公共服务载体,建设模式是建设运营+各部门政务系统对接和数据打通+贸易综合服务企业相关平台入驻。服务内容包括海关、外汇、税务、金融、商务、通信、版权、市场监督等。主要功能包括版权服务、金融支持、翻译服务、促进活动、业务培训、招商咨询。三是跨境数据安全管理平台,即区域级数据跨境流动通道。建设模式是区域具体建设和管理+第三方专业机构支撑保障;服务领域包括跨境电商、生物医药、人工智能、工业互联网等;主要功能包括关键信息基础设施报备管理、数据出境安全评估申报管理、数据保护能力认证管理。

(三) 探索特色数字基础设施建设

1. 明确国际数据中心的内涵

国际数据中心是指在特定区域内利用相应的机房设施,通过专用国际通信信道与国际互联网直接进行信息交互,以外包出租的方式为非国内用户(仅限于法人)的服务器等互联网或其他网络相关设备提供放置、代理维护、系统配置及管理服务,以及提供服务器等设备的出租及其存储空间的出租和其他应用服务。国际数据中心业务属于增值电信业务,需要获得电信业务经营许可证。当前,国际数据中心业务尚未纳入《电信业务分类目录(2015年版)》,导致市场主体无法直接申请业务经营许可,监管部门也无相关依据发放业务牌照。

国内外对国际数据中心建设进行了多次探索。国内方面,重庆市于2011年提出建设"中国(重庆)国际离岸云计算特别管理区",当前业务发展前景较不明朗。2020年,多地又提出国际数据中心的建设规划。4月,上海自贸区提出"研究在临港新片区开展国际数据中心业务的可行性"。7月,海南自贸区提出"加强国际数据中心业务监管制度研究,探索建设中国首个国际数据中心"。8月,广州市南沙区提出"探索建设粤港澳粤港澳大湾区数据合作试验区,推动国际数据中心等一批重点项目落地建设"。11月,长三角国际数据中心建设项目在江苏自贸区南京片区揭牌。在国际层面,日本成为亚太地区最大的数据中心服务市场,得益于与欧盟签订的《数据保护能力充分性认定协议》,日本承接了欧盟在亚太地区近40%的国际数据处理业务。

2.探索国际数据中心服务场景

国际数据中心主要服务于两类场景:一是满足开展海外业务的境内企业的海外数据存储和处理需求。中国企业发展全球业务过程中,面临着境外监管机构提出的"数据本地化留存"要求,但在海外设立数据中心,经营成本高、管理难度大、数据安全风险高。因此需要借助国际数据中心,存储境外业务数据和境外用户信息,满足境外监管机构的合规要求。二是满足境外企业在中国运营互联网数据中心(IDC)、数据处理、云服务等相关业务的需求。当前境外企业在中国经营增值电信业务范围受限,在国际数据中心划定的特定区域内,境外企业可以探索相关增值业务,且数据从国外来、到国外去,不入境,主要适用海外数据保护框架。进驻国际数据中心特殊监管区的主体,包括境内和境外服务提供者均需与境内物理空间和网络实现隔离,且主要面向境外用户提供服务。

3.完善国际数据中心设计

服务设施建设。确保国际数据中心网络与国内公网实现物理隔离,要求机房、服务器、网络控制及处理设施、核心管理平台必须搭建在隔离区内。通过物理层冗余保护、IP 地址备份等措施,确保国际数据中心网络与国内公网进行物理隔离,对于上层网络安全则由企业负责解决,事后管理方面可采用物理中断连接方式来降低可能产生的危害。

业务隔离建设。国际数据中心业务经过园区级国际出入口局接入国际互联网,在一定程度上及时发现并控制内容及网络安全风险。在确保国际数据中心不存在超范围经营的前提下,对国内数据安全影响较小。同时,互联网数据中心机房之间不直接进行连接,而是采用统一的交换平台进行连接,防止非法电信业务产生。

服务手段建设。建立专门的技术支持及售后服务流程。建设以先进技术为依托的监管平台,对国际数据中心的网络状况进行必要的监督和管控,具备准入安全评估、年检安全认证、日常安全管理、安全事件追根溯源以及应急响应处理等功能。

4.注重相关风险分析

企业开展国际数据中心业务的目的在于实现全球服务的一致性,但会带来一定的安全风险,包括信息安全、业务安全和网络安全和监管挑战。总体而言,若是仅发展互联网数据中心类型的基础业务,风险相对较低,主要集中在业务安全问题。而发展互联网业务提供点、SaaS、PaaS、IaaS 等云计算服务风险相对较高。

信息安全风险。信息安全主要是指国际数据中心内可能存储非法信息并与境内公共网络形成非法信息交互。风险影响的关键因素是数据中心网络建设方案、管理制度以及业务用户的类型,其中业务用户类型因素与业务模式相关性较强。例如 PaaS、IaaS 等云计算服务提供业务链较长,经层层转包后,上层用户不可知,因此存在较高的信息安全风险。但如果发展机房出租、机架出租等互联网数据中心类型业务,业务模式系统较为封闭,主要面向企业用户,用户类型单一,风险相对较小。

业务安全风险。业务安全主要是指国际数据中心经营者可利用与境外连接网络,开展电路转接等非法电信业务。风险影响的关键因素是国际数据中心网络与境外网络连接情况。例如,互联网数据中心业务的经营者掌握大量的基础连接资源,具有非法开展电信业务的运营风险;而自用数据中心或企业后台的数据处理中心等其他业务模式链路方向可控,有些还采用专网连接方式,风险较低。

网络安全风险。网络安全主要是指国际数据中心有可能成为网络攻击源或被攻击目标。风险影响的关键因素是实现业务中所应用技术的成熟度以及组网情况。采用专网连接的自用数据中心业务模式,网络环境相对纯净,风险较低;但云计算服务等直接与互联网连接的其他业务模式,会存在一定风险。

二、推进数字贸易统计分析

当前,国际上未能形成数字贸易统计分类和统计方法的统一认识。对于数字贸易发展情况的国际比较,只能沿用"可数字交付服务"的概念对所涉及的服务贸易类型进行笼统比较,缺乏针对性和灵活性。因此,需要探究契合数字贸易特征的统计方法,科学评价数字贸易发展成果,向国际社会贡献中国智慧。

(一) 数字贸易统计的理论与实践探索

1. 联合国贸发会议

联合国贸发会议提出的数字服务贸易统计框架,包括 ICT 技术服务和 ICT 技术支持的服务贸易指标。其中,ICT 技术支持的服务是指通过 ICT 网络远程交付的服务产品,包括销售和市场营销,信息服务,管理、行政和后台办公室服务,知识产权授权服务,工程、研发和相关技术服务,教育培训服务等可以远程交付的服务。同时指出,非 ICT 技术支持的部分属于需要面对面现场交付的服务类型,包括实物的运输、需要自然人转移的旅行和其他需要现场服务的类型。

2. 美国商务部经济分析局

美国商务部经济分析局(BEA)在其官网上,专门开设 ICT 服务和潜在的 ICT 支持服务的数据专栏,并发布了相应的服务类型数据、国别数据和内外向附属机构数据,以此评估 ICT 可用于促进服务贸易的程度。美国商务部经济分析局提出,ICT 服务是用于促进信息处理和通信的服务;潜在的 ICT 支持服务是主要可以通过 ICT 网络远程提供的服务,其衡量的是潜在的 ICT 支持服务,而不是 ICT 支持服务本身,因为对于许多类型的服务,实际交付模式是未知的。潜在的 ICT 支持服务包括保险、金融、知识产权使用费、文化和娱乐服务、其他商业服务五大类。

3. 中国商务部服贸司

2021 年服贸会期间,商务部服贸司发布了《中国数字贸易发展报告2020》,报告根据联合国贸发会议利用可数字化交付服务贸易测度数字贸易的方法,对中国数字贸易额进行了测算,根据联合国贸发会议口径,可数字化交付服务贸易包括:保险服务,金融服务,电信、计算机和信息服务,知识产权使用费,个人、文化和娱乐服务,其他商业服务。

进一步根据数字贸易交付标的分类,将数字贸易分为数字技术贸易、数字产品贸易、数字服务贸易和数据贸易四大类,对中国数字贸易出口分领域发展状况进行了分析。其中,数字技术贸易包括软件、通信、大数据、人工智能、云计算、区块链、工业互联网等技术的跨境贸易。数字产品贸易涵盖数字游戏、数字出版、数字影视、数字动漫、数字广告、数字音乐等相关产品的跨境贸易。数字服务贸易涵盖跨境电商的平台服务以及金融、保险、教育、医疗、知识产权等服务的线上交付部分。

4. 中国信息通信研究院

中国信息通信研究院继承发扬经济合作与发展组织测度手册和数字经济统计分类方法,系统性、开创性提出数字化作用系数法、数字贸易统计指标体系法两套方案。一是从贸易形态出发,基于贸易统计数据,通过作用系数剥离数字技术贡献份额的数字化作用系数法;二是从数字形态出发,统计具有数字化特征的贸易活动规模的数字贸易统计指标体系法。

数字化作用系数法创新性地从贸易合约促成和标的转移两个阶段,基于服务生产与交付的同时性,在观测数字技术对商品订购、交付环节作用基础上,延伸关注在关联营销、服务生成方面的赋能表现。同时,数字化作用系数法根据数字技术作用对象、方式、程度的差异,精细挖掘各贸易类型的数字化改造空间,在保证评价维度一致基础上,创新性将 12 类服务贸易分为 ICT 技术服务、ICT 技术支持的服务、ICT 技术赋能的服务三类。此外,结合数字化表现的差异,数字化作用系数法提出“数字交付比”“数字化率”两个系数,以“数字交付比”提取 ICT 技术支持服务中线上交付份额,以“数字化率”评价 ICT 技术赋能服务中数字技术贡献份额,并将“数字化率”分解为“不同环节数字化水平”“不同环节数字技术应用对贸易产生的作用”两个子系数。中国信息通信研究院综合运用调查、测算、报送三条路径相互验证,建立数字贸易重点企业库进行针对性调查,结合相关部门数据通过投入产出法、产业链拓展法等辅助测算,并探索建立专门报送制度。

不囿于固有贸易统计框架,数字贸易统计指标体系法借鉴数字经济统计分类,从“数字贸易化”和“贸易数字化”两个视角构建数字贸易专门体系,创新性地划分为数字产品贸易、数字技术贸易、数字化服务贸易、数据贸易、数字化效率提升贸易五类,明确相应细分类别、指标和范围。同时,数字贸易统计指标体系法克服现有统计框架对关键业态的信息掩盖,关注不断发展的新场景、新业态、新模式。对数字化平台服务、数据及其衍生品贸易专门统计,前沿关注数字硬件进出口、附属机构数字经济活动,探讨跨境数据流动的非货币化价值等。此外,数字贸易统计指标体系法不局限于通过国际货币结算获取的贸易数据,充分挖掘各部门、各组织和产业平台与贸易有关的数据,探索通过数字经济、重点线上平台等相关报表制度丰富贸易相关指标项,利用服贸重点监测平台、外包平台等系统拓展数据来源。由此,数字贸易统计指标体系法以数字业态为出发点,有效突出了国内数字经济与数字贸易、传统产业和数字产业的关联,能更好地评价数字贸易在双循环中发挥的作用。

（二）数字经济统计指标体系借鉴

1. 数字经济统计的分类思路和指标体系

作为衡量数字经济发展水平的重要统计标准,2021年6月3日国家统计局网站公开发布了《数字经济及其核心产业统计分类(2021)》,其将数字经济界定为以数据资源作为关键生产要素、以现代信息网络作为重要载体、以信息通信技术的有效使用作为效率提升和经济结构优化的重要推动力的一系列经济活动。

《数字经济及其核心产业统计分类(2021)》从"数字产业化"和"产业数字化"两个方面,确定了数字经济的基本范围,划分了5大类156小类的数字经济业态。其中,数字经济核心产业包括数字产品制造业、数字产品服务业、数字技术应用业、数字要素驱动业四大类,产业数字化部分主要指数字化效率提升业。数字经济统计基于国民经济行业分类展开,对国民经济行业分类中符合数字经济产业特征的和以提供数字产品(货物和服务)为目的的相关行业类别活动进行再分类。

2. 数字贸易统计与数字经济统计衔接方向

数字贸易统计需要与数字经济统计有效衔接。数字贸易与数字经济发展紧密关联且高度依存,数字经济产业的发展为数字贸易的扩大奠定了基础,数字贸易又反过来对数字经济产业的发展产生积极促进作用。根据数字技术作用方式和应用程度的不同,数字经济可划分为数字产业化与产业数字化,依循同一思路,数字贸易可以划分为数字贸易化和贸易数字化两方面。数字经济关注以提供数字产品(货物和服务)为目的的相关行业类别活动,基于数字经济相关业态开展的外贸活动,可以视为数字贸易的相关业务活动。

3. 数字贸易统计与数字经济统计的差异

数字贸易统计与数字经济统计又有一定区隔。产业指国民经济各行各业的总称,涵盖了从生产、服务到流通等部门,包括农业、工业、服务业等部门,数字经济是数字技术作用在产业投入产出的体现。而贸易是一种以货币为媒介的产品交换活动,表现为具体业务活动,数字贸易是数字技术作用在贸易环节的体现,且重在交付环节。因此,产业统计基于国民经济核算展开,贸易统计以具体贸易业务为切入点。例如,从事教育行业的企业可能向境外提供图书出版服务获取知识产权使用费,从事建筑行业的企业可能向境外支出购买信息软件系统产生的服务费用。

(三) 分模块构建中国数字贸易统计体系

1. 数字贸易统计体系构建原则

当前,关于数字贸易统计测度探索出发点有两大方面:一是根植于原有服务贸易统计体系,以原跨境服务贸易的 12 大类为内核,剥离提取属于数字贸易的部分,联合国贸发会议提出的"可数字化贸易"即遵循此理念;二是立足构建适应新形势的数字贸易统计体系,打破原有服务贸易的统计分类,建立一套适合数字化作用的统计方式,类似于国家统计局建立的数字经济统计体系。此外,基于原有服务贸易统计分类无法及时跟踪数字化新特点,各地方为对数字贸易新领域、新业态、新模式的发展进行规划和引导,也正在从不同维度探索构建新的数字贸易统计体系。

数字贸易与传统贸易最大的区别在于数字贸易化和贸易数字化。数字贸易化包括以数字化的产品或服务作为贸易对象的活动,即以数据形式存在或可以远程线上交付的要素、产品、服务等,或者贸易的对象为数字化应用必须的基本工具或载体;贸易数字化即数字技术与国际贸易开展过程深度融合,带来的数字对接、数字订购、数字交付、数字结算等变化,从而促进贸易效率的提升。本书基于此,把数字贸易化进一步细化分为数字产品、数字技术、数字化服务、数据贸易四大类;贸易数字化主要体现为数字化效率提升贸易,包括数字化效率提升服务贸易和数字化效率提升货物贸易两类(见表4-5)。

表4-5　数字贸易分类

数字属性	数字贸易大类	数字贸易中类
数字贸易化	数字产品贸易	数字内容产品 数字硬件产品
	数字技术贸易	软件开发服务 电信、广播电视和卫星传输服务 互联网相关服务 信息技术服务 其他数字技术服务
	数字化服务贸易	数字保险 数字金融 数字教育 数字医疗 数字文娱服务 数字媒体 数字商务服务 数字化平台服务 其他数字化服务
	数据贸易	数据资源与产权交易 数据衍生产品和服务
贸易数字化	数字化效率提升贸易	数字化效率提升服务贸易 数字化效率提升货物贸易

2.具体分类方式

(1)数字产品贸易

数字产品是指以数字格式承载信息内容并可以通过信息网络传输的商品,广义的数字产品还包括开展数字化应用所必须的基本工具和载体。以数字产品为交易对象的贸易活动是数字贸易化的体现,包括数字内容产品和数字硬件产品。

①数字内容产品,指基于数字化、多媒体和网络技术等数字技术,利用信息资源和其他相关资源,向境外提供资讯、音乐、视频、图书等内容的贸易活动,含互联网资讯、数字音视频、数字图书、其他数字内容产品等。

②数字硬件产品,指数字化应用必须的基本工具和载体,是实现物理空间与数字空间有效交互的渠道,与数字内容产品和相关数字化服务具有产

品互补性,二者需要结合使用才能发挥效用,包括计算机设备、通讯及雷达设备、数字媒体设备、智能设备、电子元器件及设备、其他数字硬件产品等。

（2）数字技术贸易

数字技术贸易指与数字化应用相关技术服务的贸易活动,数字技术是数字应用的基础和核心,以信息通信技术为主,包括软件开发服务,电信、广播电视和卫星传输服务,互联网相关服务,信息技术服务,其他数字技术服务等。

①软件开发服务,指根据用户要求建造出软件系统或者系统中的软件部分的过程,包括基础软件开发、支撑软件开发、应用软件开发,以及其他软件开发等。

②电信、广播电视和卫星传输服务,指通过电话、电传、电报、无线广播、电视线缆、卫星、电子邮件、传真等广播或传送音频、图像、数据或其他信息,包括电信服务、广播电视传输服务、卫星传输服务等。

③互联网相关服务,指除基础电信运营商外,通过互联网提供的相关网络技术服务支持,包括互联网接入及相关服务、互联网安全服务、互联网搜索服务和其他互联网相关服务,不包括通过互联网提供的网络视频、音乐、游戏等数字内容服务,以及网络支付服务和数据处理服务。

④信息技术服务,指通过促进信息技术系统效能的发挥,来帮助用户实现自身目标的服务,包括集成电路设计,信息系统集成服务,物联网技术服务,运行维护服务,信息处理和存储支持服务,信息技术咨询服务,地理遥感信息及测绘地理信息服务,以及云服务、大数据、区块链、人工智能、工业互联网、数字孪生等其他信息技术服务。

⑤其他数字技术服务,指其他上述未列明的信息技术服务业,如电信呼叫服务、电话信息服务、计算机使用服务等。

（3）数字化服务贸易

数字化服务贸易指服务内容以数字化形式呈现,可以通过线上跨境远程交付的服务,包括数字保险、数字金融、数字教育、数字医疗、数字文娱服务、数字媒体、数字商务服务、数字化平台服务、其他数字化服务等。

①数字保险,指依托互联网订立保险合同、提供保险服务的保险经营活动,主要包括互联网保险。

②数字金融,指借助数字化技术和互联网提供的金融服务,包括互联网金融服务、银行金融服务、数字资本市场服务、其他数字金融服务。

③数字教育,指利用数字化技术和信息化平台进行跨境教育内容传播和快速学习的活动,包括在线教育培训服务和评测、交流、教育科技等相关服务。

④数字医疗,指利用数字化技术和信息化平台开展的医学检查检验影像,以及在线诊疗、远程医疗等服务活动,包括数字医疗健康服务及智慧健康技术、健康知识普及等相关服务。

⑤数字文娱服务,指充分渗透数字化技术的文化和娱乐活动,包括数字文化、数字体育和数字游戏。

⑥数字媒体,指利用信息化、数字化技术开展的创作、出版、发行、分发影视音的媒体类服务,包括广播、电视、广播电视集成播控、影视节目制作、电影和广播电视节目发行、电影放映、录音制作、数字内容出版和数字直播。

⑦数字商务服务,指利用信息化、数字化技术开展的数字化商务服务,包括数字广告服务、在线管理咨询和调查服务、数字会展服务、数字化供应链管理服务、数字技术研究和试验发展服务、互联网居民生活服务、互联网房地产业服务、数字化社会工作服务、其他数字化商务服务等。

⑧数字化平台服务,指通过数字化平台赋能贸易活动,为交易各方提供交易产品展示、磋商、订购、支付,甚至交付或在线使用(消费)等功能的平台服务,依据服务内容的不同,可分为网络销售类平台、生活服务类平台、信息资讯类平台、金融服务类平台、计算应用类平台、其他互联网平台。通常平台贸易服务收入仅包括平台服务费收入、广告收入等中介服务收入,不属于基于平台促成的交易的总交易额。

⑨其他数字化服务,指其他未列明的数字化服务,包括建筑、运输、旅游、加工、维修维护等服务中可能存在的数字交付形态,如云旅游、电子导览、远程运维等。

（4）数据贸易

数据贸易指以数据为直接交易内容，或以数据和信息作为作用对象的加工、处理等相关服务，包括数据资源与产权交易、数据衍生产品和服务等。

①数据资源与产权交易，指对数据资源与数字产权的交易活动，以及相关的数据经纪活动，包括数据资源与产权交易、数据交易中介服务等。

②数据衍生产品和服务，指基于对数据进行加工处理形成的增值产品和服务，包括数据衍生产品，数据处理服务、数据咨询服务等。

（5）数字化效率提升贸易

数字化效率提升贸易主要分为数字化效率提升服务贸易和数字化效率提升货物贸易两类。其中，数字化效率提升服务贸易是指以线下交付为主的服务通过数字技术在服务内容制作、营销、订购、交付等环节的运用，有效提升交易效率和质量的贸易；数字化效率提升货物贸易主要指通过数字订购方式促成的货物贸易。

①数字化效率提升服务贸易，指以服务内容仍以线下交付为主，但通过数字技术在服务内容制作、营销、订购、交付等环节的运用，有效赋能带动贸易效率和质量提升的服务，包括数字运输、数字旅行、数字建筑、数字维护和维修服务、数字加工服务等，例如智能分拣、装卸、配送促进国际物流效率提升，在线跨境票务预订等数字旅游体验。

②数字化效率提升货物贸易，指传统的货物进出口借助数字化技术，在外贸产品订购过程中提高了产品展示、营销、磋商、对接和支付效率的相关活动，以货物类跨境贸易电子商务为主，含跨境电商 B2B 直接出口，保税电商、跨境电商出口海外仓等细类。该部分贸易额是基于数字订购达成的交易额，而非数字订购增加值，订购平台的服务价值体现在数字中介平台服务部分。

3. 可能的交叉及处理方式

（1）数字内容产品、数字技术贸易和数据贸易。以数据作为载体呈现其他内容知识服务的属于数字内容产品，数据贸易指直接以数据作为交换对象或服务对象的活动，包括数据资源与产权交易、互联网数据服务、信息处理服务等;同时,数字技术贸易中互联网相关服务、信息技术服务涉及的相关数据和信息处理服务,纳入数据贸易范畴统计。

(2)数字平台服务与通过数字平台促成的货物或服务贸易,包括数字内容产品、数据产品、数字化服务、电子商务产品等,交易内容的价值(即交易额)不纳入数字平台服务统计,平台服务仅包括平台服务费收入、广告收入等中介费用收入。

(3)数字平台服务与数字技术贸易。数字技术贸易的互联网相关服务、信息技术服务中可能涉及的平台服务,纳入数字平台服务部分统计。

(4)数字化服务贸易不包括已单独统计的数字内容产品、数据贸易,主要包括数字保险、数字金融、远程医疗、远程教育、数字化商务服务等其他具有可数字交付特征的服务。

(5)数字化效率提升货物贸易中的跨境电商和数字硬件产品贸易,通过跨境电商渠道进行的数字硬件产品进出口活动产生的贸易额,同属于数字化效率提升货物贸易的货物类跨境电商和数字硬件产品贸易统计范畴,独立统计时可分别纳入。

(6)数字化效率提升服务贸易的各细类中,出现了可以数字交付的细分新业态且可剥离统计的,纳入数字化服务部分,如远程运维、云旅游、电子导览、在线票务预订等。数字化服务的各细类中,仍以线下交付为主的具体业态且可剥离统计的,纳入数字化效率提升服务贸易部分,如线下教育、线下医疗等。

三、完善数字贸易基础性服务

基础性服务保障是数字贸易发展的基本保障。自贸区数字贸易健康有序发展需要体系化的"软"环境作支撑。包括组织管理、科技创新、人才发展、金融服务、宣传合作、安全风险、法律保障等内容。如组织管理包括制定数字贸易发展工作计划,建立数字贸易发展领导小组,推进贸易、产业、金融、科技等数字贸易相关领域政策叠加。人才发展包括通过政府购买等形式举办数字贸易专业培训班、建立综合梯度化人才引进政策引进数字贸易人才。安全风险包括加强对跨境数据流动的安全性评估,鼓励企业建立数据安全和风险内控管理体系,跟踪并对接《通用数据保护条例》等重要经济体数据安全管理规范。法律保障包括建立数字贸易争议解决机制及便捷有效的争议解决渠道。

（一）制定完善发展政策

数字贸易发展中政策突破按照"争取中央政策打造先行先试试验场+借鉴复制应用最新政策"的基本思路,即充分发挥区域、资源优势,从争取中央政策和学习借鉴成功政策两个方面入手。具体包括国家新领域政策举措先行先试及借鉴复制应用最新政策。如研究学习全国数字贸易发展先行先试政策,依据本地基础条件,选择可在本地复制创新的政策,建立政策应用工具,创新政策借鉴清单等。

普适性政策应用工具强化数字贸易激励。发挥好财税、金融、人才等基本政策工具作用,在保证政策稳定性的情况下,根据实际情况强化对数字贸易的政策力度,促进数字贸易整体发展。一是财税政策。财政资金支出,开办补助、项目扶持、财政奖励、政府购买、价格补贴、利息补贴等;税收政策,税收减免、调减税率、调整税基、晚交缓缴等。二是金融政策。政府与金融机构合作,降低利率、减免逾期利息、调整还款期等;企业融资支持,债务融资、股票融资、担保融资、知识产权抵押贷款等;政府股权投资,各类引导投资基金。三是人才政策。人才培养供给,教育机制改革、学科设置、产学研合作办学、建设实验室或平台、培训认证等;促进就业,产业升级转型、发展服务机构、创业支持等;激励,分级分类、奖励、成果转化等。四是创新政策。机制体制改革,要素投入、科技金融支持、成果转化、考核评价、试点示范。五是要素资源政策。土地政策,用地保障、价格优惠、调土地用途、调容积率等;物业优惠,租金优惠、配套补贴;水电,价格优惠、补贴;数据,开放、共享、流通等。

借鉴数字化贸易创新发展经验举措。总结当前数字贸易发展过程中,在投资便利化、贸易便利化、金融创新、政府职能转变、要素保障等领域形成的可复制推广的创新经验。一是投资便利化，外商准入、证照管理、项目审批、企业注册和变更、专利及知识产业保护、税收服务等。二是贸易便利化，货物贸易监管模式和制度创新、航运枢纽建设、海关特殊监管区域、多式联运、通关查验等。三是金融创新，资金流通、跨境人民使用、资本可兑换、境外融资、租赁、保险、保理、期货、债券等。四是产业集聚，航空产业、集成电路、生物医药、商务服务、文化贸易、数字贸易、跨境电商、总部经济等。五是政府职能转变，行政管理、商事制度、投资监管、知识产权监管、事中事后监管等。六是要素保障，人才、土地、财税等。

选取重点领域，构建"监管沙箱"机制。监管"沙箱"为新兴服务贸易产业（如数字货币试点、数据流通等）测试的企业提供创新发展机会，促进监管部门及时发现市场过度行为以及因限制创新而有损消费者利益的监管规定。选取金融科技、数据流通等新领域进行监管沙箱构建，其中选择特定领域场景构建不受现有监管体制监管"真实、较小的安全市场空间"；区别于改革试点，在于监管者借助技术手段对整个测试过程进行实时的监控，并利用技术手段对结果进行分析研判。

（二）不断优化营商环境

1. 注重营造开放包容的营商环境

开放包容、公平公正的营商环境是发展数字贸易要关注的重点之一，将良好的营商环境延伸到数字贸易产业发展中，是激发市场主体活力、推进数字贸易进程的重要一环。数字贸易营商环境包括市场准入、投资、数据保护隐私、网络安全、知识产权、审查等部分。其中市场准入和投资是国际贸易共有，而数据保护隐私、网络安全、知识产权、审查等是数字贸易特有。落实《优化营商环境条例》等，探索优化区域内国际贸易规则，在框架内创新数字贸易发展促进政策、压力测试、破解现有数字贸易发展瓶颈等是优化数字贸易营商环境的重要内容。

深圳市在营商环境打造中的经验做法包括：深入开展事中事后监管改

革,创建国内首个信用经济试验示范区;印发《中国(广东)自由贸易试验区深圳前海蛇口片区反垄断工作指引》,健全和优化自贸区投资监管体系,维护前海蛇口自贸片区公平竞争的市场秩序;建设深港人才特区,建立健全有利于现代服务业人才集聚的机制,营造便利的工作和生活环境。

上海市在营商环境打造中的经验做法包括:推进云计算等新兴业态外资准入与监管;试点增值电信业务告知承诺制度;扩大软件和信息服务业的对外开放;发布《试验区临港新片区商事主体登记确认制实施办法》,开办企业可"秒批",施行商事主体确认制等。

海南省在营商环境打造中的经验做法包括:市场准入、税收、生产要素自由便利流动、人才落户、住房保障、配偶就业、子女入学、医疗保障等方面均有可落地政策,如鼓励类企业实施15%企业所得税、企业进口自用生产设备免征进口关税及进口环节增值税及消费税。

2. 完善数字贸易知识产权相关制度

建立完善的知识产权相关制度体系对促进数字贸易发展尤为重要。具体内容包括:一是开展知识产权执法保障。围绕跨境电商、数字内容等数字贸易的重点领域开展专项执法行动,开展海外维权援助;完善海外知识产权维权援助机制,引入知识产权专业机构,搭建一站式维权服务平台;加强知识产权审判领域改革创新,完善知识产权司法保护制度。二是参与知识产权国际合作。鼓励有关机构和企业积极参与知识产权相关国际规则和标准的研究和制定。三是开展技术转让所得税优惠政策试点。开展技术转让所得税优惠政策试点,适当放宽享受税收优惠的技术转让范围和条件。四是建立公允的知识产权评估机制。完善知识产权质押登记制度、知识产权质押融资风险分担机制以及质物处置机制。五是建立知识产权公共服务体系。加强知识产权保护和运用,建立完善支持创新的知识产权公共服务体系;建立公共服务工作站,与知识产权维权援助中心、区知识产权局共建知识产权工作站。六是知识产权交易与融资。探索建设知识产权交易平台,优化知识产权评估交易体系建设,健全知识产权质押融资风险分担机制,推动知识产权保险试点,构建知识产权金融创新服务体系。

如北京自贸区《深化北京市新一轮服务业扩大开放综合试点建设国家服务业扩大开放综合示范区工作方案》中提到强化知识产权保护与运用。在中关村国家自主创新示范区特定区域开展技术转让所得税优惠政策试点,在试点期限内,将技术转让所得免征额由500万元提高至2000万元,适当放宽享受税收优惠的技术转让范围和条件;建立公允的知识产权评估机制,完善知识产权质押登记制度、知识产权质押融资风险分担机制以及质物处置机制;推进知识产权保险试点。

3.不断增强数字贸易影响力

在现有影响力基础上,加大数字贸易落地优势环境的宣传力度;借力国家第三方、产业联盟资源优势,通过资源互换、实验室孵化等手段,创新模式,健全机制,打造数字贸易品牌影响力。加强创新投入与创新管理,善于利用"借"的资源培养自身创新能力,持续打造数字贸易影响力。

四、加强企业"走出去"引导

为帮助企业更好"走出去",中国需要在政府层面积极作为,从政企沟通、对外谈判、参与规则制定等方面为企业"走出去"提供更好的保障。

(一)搭建政企沟通渠道,发挥第三方支撑作用

1.搭建政企沟通渠道

随着中国ICT企业"走出去"的步伐加快,其遭遇的海外数据安全合规挑战也将加大,甚至面临着境外对中国企业数据安全防护水平和管控能力的质疑。为此,需要加强政企间的沟通协作,通过搭建反馈渠道,了解企业海外数据管理难题,并通过恰当的制度设计和政策标准的制定,为企业提供海外经营数据合规指引。一方面,设立统一牵头部门,就企业海外经营数据管理问题建立政企间沟通反馈渠道,接收企业提交的境外经营面临的数据合规风险与危机的反馈,及时获取ICT企业海外经营动向,了解企业面临的海外数据管理难题,并组织有关支撑单位进行研判。另一方面,加强对企业

开展境外经营时的数据合规指引。加快网络数据安全管理条例、个人信息出境安全评估办法、重要数据出境安全评估办法等法规和规章的出台工作。《企业境外经营合规管理指引》进一步加强数据和隐私保护的内容。

2. 发挥第三方支撑作用

当前,国际政治、经济环境复杂,贸易保护主义倾向明显,中国企业已经遭遇一些数据管理障碍,需要第三方针对企业遇到的障碍和目标国数据管理的政策法规进行详尽研究,帮助企业建立海外数据风险评估和防范体系。第三方研究内容应具有针对性,针对目的地国家的数据保护规范、企业所面临的实际问题和潜在危险,充分研究企业可能面临的隐患。第三方研究成果要通过多种渠道向有需要企业分享,充分发挥用户、企业、政府监管部门、行业协会等作用,如行业协会可定期听取企业在"走出去"过程中面临的数据合规风险。例如,监管部门通过网站提供各国隐私声明模板和自我评估工具包链接,帮助中小型企业进行自我评估;发布数据保护培训视频和相关研究报告,提供各国关于数据权利问题的实用信息和指南;等等。

（二）加强境外沟通谈判,帮助企业化解危机

企业在境外经营中,可能因不同国家间存在的规则理解差异、执法适用冲突等问题而面临着企业难以内部消化的跨境数据管理难题,或是遭受到境外当局为阻碍中国 ICT 企业的业务拓展而设置任意或歧视性的条件。为此,需要国家层面积极与境外监管当局积极展开沟通对话,帮助企业减轻在该地区开展经营活动可能遭受的不利影响。一是澄清境外数据规则,减轻企业面临的不确定性风险。与境外机构就当地的数据规则逐条进行解释与澄清,形成"备忘录",在基本法律概念内涵、外延不断澄清、细化过程中消除因境外法规理解差异产生的不确定风险,避免因沟通不畅而产生的法律冲突。二是化解法律冲突,避免企业"选择性合规"。梳理化解中国法律和境外数据法规的冲突,寻求双方的共识和争议的解决,维持中国 ICT 企业境外经营业务的连续性与稳定性,避免企业在"双重法律"的高压面前选择性合规。三是开展对话与谈判,破除歧视性数据壁垒。针对境外机构为中国

企业设置的数据方面不合理的准入条件,通过积极开展对话与谈判,在国际贸易框架下帮助企业破除不合理壁垒。

(三) 完善数据治理体系,获得国际社会认可

当前中国数据治理规范尚不成熟,世界部分国家和地区对流向中国的数据进行限制,有必要提高中国数据治理规则和保护水平的国际认可度和影响力。一是基于中国国情,实现与国际通行规则有效对接。目前国内有关数据治理规则与国际通行规则存在一定差异,如知情同意制度的设计、泄露通知的程序、数据安全负责人的设置等,中国可在充分考虑国家实际需求情况下,与符合中国利益的国际通行规则进行有效对接。二是加快数据治理专门立法,获得他国充分性认定。中国需加快推进相关立法进程,完善《中华人民共和国数据安全法》《中华人民共和国个人信息保护法》配套法规和规章,对数据进行体系性的保护,获得国际社会对中国数据治理水平的广泛认可。三是推动发展自认机制,为满足企业跨境需求开辟路径。在与域外法律体系存在较大差异,短期内难以获得境外的充分认可时,中国可尝试推动企业发展数据保护水平的自我认证机制。例如,欧美间有超 3000 家企业通过"自我认证"实现两地的数据自由流动。

以中国 ICT 企业为例,企业在境外经营过程中已面临数据管理困境,或遭遇数据泄露指控、或被监管部门处罚、或被境外媒体报道存在后门、或被境外国家安全机关指责存在数据安全潜在隐患。而在海外开辟数据中心或服务器将会给中国 ICT 企业带来高额成本,也不利于国内外的数据互通。中国 ICT 企业"走出去"需要更好地适应国际规则,提升数据的价值,更好地规避风险。让数据在"走出去"过程中成为有价值的资源,而不是制约的瓶颈。

1. 提升规则透明度,特别关注数据报送

境外国家对中国 ICT 企业的不信任主要表现为企业的数据报送义务,认为中国政府可能通过中国企业获取他国数据。针对此,中国一方面需要提升数据报送义务的透明度、细化规则;另一方面要明确各规范之间的关

系,增加规则的确定性。中国《数据安全管理办法》第 36 条规定,国务院有关部门要求网络运营者提供掌握的相关数据的,网络运营者应当予以提供。同时中国仍需进一步细化数据报送规则,明确可以要求企业报送数据的场景、监管主体、细化数据报送的流程,做好《中华人民共和国情报法》《数据安全管理办法》等的衔接。

2. 细化数据出境制度,防止数据不当流出

中国 ICT 企业"走出去"不可避免地涉及数据跨境流动问题,ICT 企业掌握着大量的个人信息和重要数据。在防止数据不当流出方面,为防止国家利益遭受损害,中国法律规定了数据本地存储和出境安全评估的要求,但相关规则仍有待进一步明确和细化。《中华人民共和国网络安全法》第 37 条规定,个人信息和重要数据应当在境内存储,因业务需要确需向境外提供的应进行安全评估。而美国在 2017 年函告世贸组织案文中认为:"中国要求对数据跨境转移进行特别审查或禁止,将对全球尤其是美国的服务贸易提供者产生不利影响。"然而,安全评估具有维护数据安全和主权的正当性,中国不以任意或不合理歧视的方式进行安全评估和风险管控措施。但与此同时,中国仍需进一步细化数据出境制度,加快推进个人信息和重要数据出境安全评估办法的立法进程,指引企业进行出境数据的合规管理。

（四） 参与制定国际规则,推动中国主张落地

习近平总书记在主持十九届中共中央政治局就实施国家大数据战略进行第二次集体学习时强调:"要加强国际数据治理政策储备和治理规则研究,提出中国方案。"[1]中国在全球数字经济贸易格局中具有的举足轻重的地位,为力争区域内乃至全球数据治理新规则奠定了坚实的基础。因此,中国应积极参与国际规则塑造,提出数据治理的"中国主张",推动符合中国发展利益的国际数据治理规则得以落实,助力 ICT 企业更好地"走出去"。一是分享数据治理的中国经验。中国作为数据大国,具有广泛的数据治理

---

[1] 《习近平关于总体国家安全观论述摘编》,中央文献出版社 2018 年版,第 179 页。

良好实践,通过提出具有借鉴意义的中国方案,可以提升中国数据治理水平的国际影响力和认可度。二是寻求数据规则的"朋友圈"。应基于我方原则和立场积极与各国就数据治理问题求同存异,充分考虑各国实际情况和核心诉求,形成数据保护和流通利益共同体。三是推动国际规则接纳中国主张。作为数字经济大国,中国的态度已成为国际规则制定的重要考量,中国应积极推进符合区域间数据治理要求和中国发展利益的国际规则得以落实,助力 ICT 企业更好地"走出去"。

第 五 章

数字贸易助力构建新发展
格局的关键路径

数字贸易有助于促进国内国际双循环,通过数字贸易发展推进贸易强国建设,形成全球资源要素强大引力场,促进国内外产业相融、市场相融、创新相促和规则相联,推动世界各国政策沟通、设施联通、贸易畅通、资金融通、民心相通,实现内需和外需、进口和出口、引进外资和对外投资协调发展。

第一节　促进内外产业相融

产业融合是社会生产力进步和产业结构高度化的必然趋势。数字贸易有助于推动全球各地产业相融,优化产业布局,维护全球产业链供应链安全畅通运转和协同联动。大力发展数字贸易,可以进一步提升中国在全球产业链重构中的影响力和主动权,并缩小全球数字鸿沟,共同推动全球产业数字化转型。

一、维护全球产业链供应链安全畅通运转协同联动

在新发展格局下,中国将更加积极地参与国际分工,更加有效地融入全球产业链、供应链、价值链,更加主动地扩大对外交流合作,为稳定全球产业

链供应链作出贡献。

（一）对接全球产业链

"十四五"规划纲要提出，要提升产业链供应链现代化水平，深化国际产能合作，构筑互利共赢的产业链供应链合作体系，推动产业链供应链多元化。数字贸易牵涉产业领域多样且更强调协同融合，单个经济体无法脱离全球产业链构筑独立的数字贸易产业链。各经济体发展数字贸易的优势领域不同，呈现"你中有我，我中有你"的互补性，需要挖掘各自比较优势，推动产业互融共促发展。

1. 寻求优势产业互补发展方向

中国应与各贸易伙伴国挖掘在数字贸易发展中的比较优势，对比各方在数字基础设施、数字消费市场、数字技术能力、数字人才储备、数字产业结构上的差异，寻求在产业间和产业内互补性贸易的发展方向。例如，在消费类电子和电子配件方面，电子产品均为中国和东盟国家出口贸易中的主导商品，但形成了各自的电子产品出口的比较优势。东盟国家在工业电子产品出口方面处于相对优势，而中国在家用电器出口方面却占有较大优势。在各国国内经济快速发展的前提下，东盟国家工业电子厂商可以在中国找到潜在的巨大需求，同时中国的家用电器产品也将大量进入东盟国家市场。[①]

李克强同志在第二十二次东盟与中日韩（10＋3）领导人会议上表示，10＋3国家各具比较优势，经济互补性强，合作空间广阔，中方支持在数字经济、智慧城市、人工智能、电子商务等领域开展合作，让创新和科技成果更多惠及广大民众。[②] 工业和信息化部定期与日中经济协会访华团举行交流活动，时任工业和信息化部总工程师张峰表示，中日两国在智能制造、智能网联汽车、电子信息产业链、网络安全等领域产业互补性强，合作潜力大，双方

---

① 参见范立春：《中国与东盟经济合作的互补性分析》，《特区经济》2010年第8期。

② 参见李克强：《在第二十二次东盟与中日韩领导人会议上的讲话》，中国政府网，见 http://www.gov.cn/gongbao/content/2019/content_5453389.htm。

业界应加强交流,共同推动两国产业合作。

2. 探索产业互融发展新路径

为适应数字贸易发展的新形势,中国应探索从产业互联互补到产业融合互促的贸易高质量发展路径,拓展数字贸易产业融合发展空间。一方面,产业之间的关联性对各国产业形成互补关系是十分必要的,只有存在关联的产业才有条件形成互补关系。① 要有效分析中国产业与其他经济体在数字经济领域产业互补性的成因和作用,致力于打造更加平等的、互利的数字经济产业互补关系。另一方面,创新数字贸易领域外商投资和国际产业转移承接模式,营造宽松、包容的产业融合环境,承接发达国家先进数字技术产业转移,吸引世界一流跨国公司的资金、先进技术和要素落地中国,尤其在中国设立研发中心、采购中心、管理中心,同时鼓励有条件的中国企业到国外投资,积极参与国际竞争,融入全球产业链。

跨国公司是推动产业融合发展的重要载体。跨国公司和本土产业生态不是互为替代关系,而是互补性发展的关系。从跨国公司的核心能力出发去创新引领,把最先进的东西拿到本地产业中来一起验证,创造更大机会,为双方带来互补性的增长。通过更多的互补性合作,不仅能满足高端需求,也能满足更广大的主流需求。联合国贸发会议投资和企业司司长詹晓宁表示,疫情虽然使全球外国直接投资(Foreign Direct Investment, FDI)下挫,但不会改变中国吸引外资的基本面。② 跨国公司愈加看好中国的数字经济市场,外国附属机构(Foreign Affiliates' Trade in Services, FATS)以商业存在形式在中国境内开展的数字经济相关经营活动,已经成为中国数字贸易的重要组成部分。

中国和拉美之间也在探索新型的产业融合互补方式。浪潮集团有限公司副总裁王军强讲述了公司在拉美地区从单纯销售产品到投资成立电脑公司,再到建设服务生产线,为当地培养技术人才的经历。王军强表示:"如

---

① 参见张丽平:《中美产业互补性研究》,商务印书馆2011年版。
② 参见《联合国研究报告显示 疫情将使全球外国直接投资下挫 但中国对外资吸引力不变》,中国新闻网,见 https://www.chinanews.com.cn/gj/2020/03-09/9118746.shtml。

今我们的产品销售到了加勒比海地区,甚至整个南美洲,我们想把一些生产基地甚至研发中心也搬到拉美地区,研发适合在当地使用的产品,帮助当地建立产业链。"[1]

(二) 发挥中国在全球产业链中影响力

《"十四五"数字经济发展规划》指出:"实施产业链强链补链行动,加强面向多元化应用场景的技术融合和产品创新,提升产业链关键环节竞争力,完善 5G、集成电路、新能源汽车、人工智能、工业互联网等重点产业供应链体系。"作为具有全球重要影响力的数字经济大国,中国需要积极参与数字领域的国际市场竞争,增强中国数字出口产品和服务竞争力,推动中国产业转型升级,增强中国在全球数字贸易产业链供应链价值链中的影响力,建设成为与数字经济发展规模和实力相匹配的数字贸易强国。

1. 升级中低端产业链,强化优势产业链

一方面,摸清当前中国数字贸易产业链各环节、领域发展情况,借助数字技术推进贸易产品和贸易环节的数字化转型,由中低端向中高端升级,由低附加价值阶段向中高附加价值阶段升级,由低技术含量向中高技术含量升级。例如,在大数据产业领域,从简单的、劳动密集型的数据标注服务,发展成高技术含量的数据挖掘、分析和建模服务。同时,减轻部分企业产业转移对中国在全球产业链地位的弱化影响。自新冠肺炎疫情在全球范围内大暴发以来,电子行业领域里跨国公司调整全球产业布局的表现最为突出,以谷歌、微软、三星与 LG 等为代表的大型跨国电子企业都制定了在越南等东南亚国家设立或扩大生产基地的计划。中国要转变思路,积极承接知识密集型的数字产业链。

另一方面,进一步强化长链,发挥中国数字经济相关产业链和供应链的比较优势,形成一批居于全球价值链中高端的综合服务提供商,凝聚品牌效

---

① 朱林:《中拉合作:产业互补 实体优先—记第十届中国——拉美企业家高峰会》,《经济日报》2016 年 10 月 31 日。

应,强化平台型企业的国际影响力,夯实数字服务出口基地辐射带动作用,培育数字经济独角兽企业,鼓励跨国企业发展更高能级的总部经济,统筹发展数字经济相关在岸业务和离岸业务,使中国成为全球产业链供应链价值链的重要枢纽。

2. 谨防断链,补齐断链、构建新链

一方面,想要更好地融入全球产业链,就不能出现断链。而防断链,就意味着在产业链供应链的关键环节或者关键产品上,要有"备胎",并且要尽早实现数字经济软硬件设施的国产化,打造自主可控基础软硬件产业体系,以防止产业链的断裂。①

另一方面,有效补齐数字产业发展的短板。当前,中国数字经济产业链和供应链仍存在部分关键环节比较薄弱、依赖国外的情况,部分尖端技术设备不得不依赖进口,容易受到外国制约,在开展数字贸易时易处于不利地位。因此,要加强数字产业核心技术的产业化、自主化,形成数字产业中关键技术和设备的自主知识产权。

与此同时,积极构建数字产业的新链。以前的全球产业链更多地是由发达国家企业所构建,中国主要通过利用外资以及对外贸易等方式参与。在这过程中,中国还需要积极探索建立由本国企业主导的新兴数字产业链,更好地融入和引领全球产业链。

(三) 维护全球数字产业链安全稳定运转

加强国际产业安全合作,共同维护全球产业链供应链稳定畅通,是"十四五"时期建设现代化水平产业链供应链的目标之一。习近平总书记指出:"这次疫情防控使我们认识到,必须维护产业链、供应链的全球公共产品属性,坚决反对把产业链、供应链政治化、武器化。在国际经贸谈判中,要推动形成维护全球产业链供应链安全、消除非经济因素干扰的国

---

① 参见卢进勇:《中国更好融入全球产业链面临六大任务》,《金融时报》2021 年 3 月 16 日。

际共识和准则,力争通过国际合作阻止打击全球产业链、供应链的恶劣行为。"①

疫情之下,中国产业链的重要性、短期难以替代性正在逐步显现出来。2020 年 3 月 24 日,李克强同志主持召开国务院常务会议,要求保障在全球产业链中有重要影响的企业和关键产品生产出口,努力稳定供应链。数字产业的产业链、供应链稳定至关重要,大力发展数字经济是保证产业链稳定的有力抓手。要推动关键产品多元化供给,着力提高产业链供应链韧性,增强产业体系抗冲击能力。要推进新时期全球产业优化布局和分工协作新模式形成,继续推进数字经济全球化,坚定维护多边贸易体制,破除数字贸易发展壁垒和障碍,搭建国际合作平台,共同维护全球数字领域产业链供应链稳定畅通。

二、缩小数字鸿沟共同推进全球产业数字化转型

数字技术与产业发展、贸易流程深度融合是提升产业链现代化水平和提升国际贸易效率的需要,但各国数字化技术能力和应用水平不一,通过深化数字贸易领域国际合作,贡献中国产业数字化和贸易数字化转型经验,有助于缩小全球数字鸿沟,同世界各国实现互利共赢。

(一) 协同推进产业数字化转型

1. 数字技术与产业发展深度融合是提升产业链现代化水平需要

数字技术应用拓宽了产业发展空间,改变了原有产业产品或服务的技术路线,不断推进产业结构优化与产业发展。加速 5G、大数据、云计算、人工智能、区块链等与农业、制造业、服务业以及医疗、教育等公共服务部门的融合,不断提升数字产业化和产业数字化水平。具体来看,要扩大与制造业相关的信息技术、研发设计、知识产权等数字服务进口,以此推动技术创新

---

① 习近平:《国家中长期经济社会发展战略若干重大问题》,《求是》2020 年 10 月 31 日。

和价值链升级;依托货物贸易带动相关的金融、保险、结算、电子商务、供应链管理等数字服务出口,提升贸易价值链增值水平;发挥平台企业的数据资源整合优势,面向传统企业提供信息、数据和供应链服务,支持制造业企业建立数字化、智能化、网络化的制造系统和实时跟踪服务系统,发展远程维修维护和数据服务。

2020 年 11 月,上海合作组织成员国元首理事会发布了《关于数字经济领域合作的声明》,重申"数字化转型"对实现全球经济包容性增长的重要性日益上升,指出数字技术已成为促进经济发展、提高经济各领域竞争力、打造新兴市场并保障全面可持续增长的关键因素之一。"数字化转型"能为全球包容性增长创造必要条件并使所有参与者从中受益,"数字化转型"领域的国际合作拥有巨大潜力,加强数字化领域全面合作,缩小经济发展的数字鸿沟非常重要,呼吁各方加强数字互联互通,反对阻碍全球数字经济国际合作的措施。[①]

2. 中国数字化转型经验输出提升全球产业链数字化水平

全球产业链的数字化,是未来中长期的发展趋势。当前部分国家虽然拥有劳动力成本比较优势,但是数字经济发展滞后,或者发展数字经济所需的基础设施面临瓶颈,因此难以参与数字贸易产业链协同,也对数字贸易国际市场的进一步拓展延伸造成阻碍。相较而言,中国的数字经济已经有了很好的发展基础,基础设施比较完善,商业模式创新处于世界前沿,在新兴技术领域也有一定竞争优势,独角兽企业数量仅次于美国,数字贸易发展潜力巨大。[②] 由此,中国可以为全球提供数字化转型的有益经验,按照优势互补、产业联动、市场导向、利益共享的原则,共建"数字丝绸之路",拓展中国在全球数字产业链的影响力。

---

① 参见《上海合作组织成员国元首理事会关于数字经济领域合作的声明》,新华网,见 http://www.xinhuanet.com/world/2020-11/11/c_1126723439.htm。

② 参见陈颖:《面对全球产业链数字化趋势 中国如何抓住机遇》,《财经网》2020 年 6 月 16 日。

（二）协力推进贸易数字化转型

1. 贸易数字化转型是保持产业链稳定运转有效途径

实现产业链和供应链的数字化，推动两链的平台化，有利于两链效率提升，有利于稳定供应和更好发展。全球供应链迎来数字化变革。在生产供给层面，数字技术的发展大大降低了行业间的交易协调成本，推动了产业间的垂直整合，进一步推动了社会分工的细化和企业生产的专业化，设计、物流、法律等一些非关键业务的外包催生了服务业新旧业态的发展壮大。以数字技术为底层核心的平台经济和共享经济重新构建了产业价值创造的方式。同时，数字技术搭建了连接生产和消费的桥梁，形成价值创造闭环，提升企业价值创造。此外，数字技术助力社会资源有效配置，不断推动着共享经济的发展。随着大数据处理的数量、质量和速度的不断提升，各类平台市场促进了资产闲置者与资产需求者的高效匹配，推动了闲置资产的共享利用，提升了经济社会的价值创造和运作效率。[①] 物联网、大数据、人工智能等新技术的快速发展和应用，推动产业链供应链发展进入与互联网、物联网深度融合的智慧产业链供应链新阶段，数字化、网络化、智能化成为现代产业链供应链的显著特征。数字化赋能使产业链供应链呈现出大数据支撑、网络化共享、智能化协作的智慧化新特点，使产业链供应链的协同效率大幅提高、成本显著降低。

2. 需各方协力全面挖掘贸易各环节的数字化改造空间

大力推进贸易数字化，需要精细挖掘数字技术在贸易合约促成和标的转移各阶段的应用空间，进而共同提升全球产业链供应链的数字化水平。包括但不限于贸易撮合数字化，如线上或线上线下相结合的贸易商品数字化营销、宣传、推广，借助数字化手段进行精准营销、以数字化形式进行的产品展示推广等，极大提高了合约促成概率；再如贸易商品订购的数字化，即通过数字化平台提供的线上对接、预订服务，货物和服务均可数字订购，包

[①] 参见闫冰倩:《借数字经济之力,保产业链稳定》,《中国发展观察》2020 年第 21 期。

括基于第三方数字平台的订购和自有数字平台的订购,但不包括通过电话、传真或个性化电子邮件达成的订单;还有贸易商品交付的数字化,即通过线上、远程的方式向位于境外的需求方提供服务,如远程医疗、线上教育、在线咨询等;还包括贸易监管方式的数字化和贸易第三方服务的数字化,如数字化技术支撑的跨境物流、仓储、关务、许可证、税务等,以及市场服务、公共服务、口岸服务、争议解决机制、商检、金融、保险等;此外,还应关注贸易商品生产过程的数字化,包括数字产品的生产和生产过程中产业链上下游、各环节的数字化协同。

2016 年,全球最大的航运公司马士基航运(Maersk)与美国国际商业机器公司(IBM)联合开发了利用区块链技术的数字化贸易服务平台"Tradelens"。2020 年 4 月,由三菱、丰田等 7 家日本企业共同出资的跨企业联合体"贸易华尔兹(Trade Waltz)"成立,旨在利用区块链技术推进贸易业务的数字化、便利化和全行业统一。[①]

第二节 助力内外市场相通

产品和服务的生产协同化、交换畅通化、消费线上化,都要求建立内外相通的市场,作为新型的贸易形态,数字贸易更加强调破除相互间市场壁垒,构建更加开放的市场,营造利于数字业态发展的环境,提供数字产业对接的平台。

一、构建开放市场

习近平总书记指出:"构建新发展格局,实行高水平对外开放,必须具

---

① 参见日本经济产业省:《通商白皮书 2021》,见 http://www.meti.go.jp/report/tsu-haku2021/pdf/2021_zentai.pdf。

备强大的国内经济循环体系和稳固的基本盘,并以此形成对全球要素资源的强大吸引力、在激烈国际竞争中的强大竞争力、在全球资源配置中的强大推动力。"①中国要统筹好国内和国际两个市场、内需和外需两方面需求、进口和出口两维度提升。

(一) 增强中国市场的吸引力

习近平总书记指出:"当今世界,最稀缺的资源是市场。市场资源是我国的巨大优势,必须充分利用和发挥这个优势,不断巩固和增强这个优势,形成构建新发展格局的雄厚支撑。"②

1. 发挥中国广阔数字消费市场影响

《中国互联网发展报告(2021)》数据显示,截至 2020 年底,中国网民规模为 9.89 亿人,互联网普及率达到 70.4%,特别是移动互联网用户总数超过 16 亿户;5G 网络用户数超过 1.6 亿户,约占全球 5G 总用户数的 89%。

庞大的数字消费群体形成了广阔的内需市场,在新发展格局下,中国市场潜力将充分激发,人民日益增长的美好生活向往、对数字消费感知和质量提升的新期待,将对来自世界各地更加多样化高品质的数字产品、技术、服务产生更多需求,为各国提供更广阔的市场机会,继续激发源源不断的创新潜能。中国应充分利用和发挥庞大数字市场优势,打造全球的数字经济生态,吸引更多数字要素汇聚,建设成为全球数字经济的增长之源、活力之源,为世界经济稳定发展提供更强劲动力。

2. 形成数字贸易开放新高地

对外开放是中国的基本国策,任何时候都不会动摇。当前,中国外商投资准入负面清单已经减到 33 条,自由贸易试验区增至 21 个,《海南自由贸易港建设总体方案》《深化北京市新一轮服务业扩大开放综合试点建设国家服务业扩大开放综合示范区工作方案》等一系列旨在提升对外开放水平

---

① 《把握新发展阶段,贯彻新发展理念,构建新发展格局》,《求是》2021 年第 9 期。
② 《把握新发展阶段,贯彻新发展理念,构建新发展格局》,《求是》2021 年第 9 期。

的政策方案相继发布实施。在新发展格局下,中国开放的大门将进一步敞开,同世界各国共享发展机遇。习近平总书记在第三届中国国际进口博览会上表示:"下一步,中国将秉持开放、合作、团结、共赢的信念,坚定不移全面扩大开放,将更有效率地实现内外市场联通、要素资源共享,让中国市场成为世界的市场、共享的市场、大家的市场,为国际社会注入更多正能量。"①

数字贸易发展对市场开放在广度和深度上提出了新的更高要求,中国也在数字经济、互联网等领域持续扩大开放,建设数字贸易对外开放新高地。一方面,积极商签《区域全面经济伙伴关系协定》《全面与进步跨太平洋伙伴关系协定》和《数字经济伙伴关系协定》等一系列涉及数字贸易的高标准自由贸易协定。另一方面,有效发挥自由贸易试验区、自由贸易港在数字贸易创新发展方面的引领作用,出台跨境服务贸易负面清单,深入开展贸易和投资自由化便利化改革创新,打造数字贸易示范区,推动建设更高水平开放型经济新体制。此外,增强数字经济领域"引进来"成效。《"十四五"数字经济发展规划》提出:"加大服务业开放力度,探索放宽数字经济新业态准入,引进全球服务业跨国公司在华设立运营总部、研发设计中心、采购物流中心、结算中心,积极引进优质外资企业和创业团队,加强国际创新资源'引进来'。"

地方层面,为加快数字贸易开放进程,中国各地区试点放宽数字经济相关服务业外资市场准入限制,进一步扩大特定领域对外开放程度。各地积极促推电信、金融等领域的对外开放政策落地。北京市试点放宽电信业务等相关领域外资准入资质,推动允许外商投资国内互联网虚拟专用网业务(外资股比不超过50%)政策落地,取消信息服务业务(仅限应用商店)外资股比限制,鼓励国际知名开源软件代码库和开放工具服务商在京落地。安徽省积极扩大金融领域对外开放,落实放宽金融机构外资持股比例、拓宽外

---

① 习近平:《在第三届中国国际进口博览会开幕式上的主旨演讲》,人民出版社2020年版,第7页。

资金融机构业务经营范围等措施,探索开展离岸保险业务。粤港澳大湾区进一步放宽信息传输、软件和信息技术服务业的外资市场准入限制,鼓励符合条件的境外企业提供数字内容增值等服务。海南省提出率先在海南自由贸易港落实金融业扩大开放政策,培育、提升海南金融机构服务对外开放能力。

(二) 满足海外市场的需求

1. 共建开放包容的国际市场

纵观人类社会发展史,世界经济开放则兴,封闭则衰。数字贸易因其独特的轻资产、软要素等特点,更加需要开放、透明、包容、非歧视的行业发展生态,更加需要各国努力减少制约要素流动的"边境上"和"边境后"壁垒,促进资金、技术、数据等要素安全有序流动,推动跨境互联互通。各国要加强数字贸易发展对接,创新合作方式,深化合作领域,积极寻求发展利益最大公约数,不断做大数字贸易的"蛋糕"。中国需要在网络空间命运共同体指引下,积极顺应数字经济全球化发展需求,不断完善全球数字经济治理,共同营造开放包容的数字贸易国际市场环境。高质量推动中国—东盟智慧城市合作、中国—中东欧数字经济合作。围绕多双边经贸合作协定,构建贸易投资开放新格局,拓展与东盟、欧盟的数字经济合作伙伴关系,与非盟和非洲国家研究开展数字经济领域合作。

2. 提升数字贸易出口水平

中国需要提升数字产品和服务的海外影响力,助力缩小地区间"数字鸿沟",倡议开展数字治理对话,深化数字技术创新应用,促进全球数字经济均衡、普惠、包容性增长。中国可以更好发挥数字服务出口基地作用,探索数字贸易新模式新业态,拓展与各方推进数字经济国际合作的领域和方式,以建设"数字丝路"为抓手,提高与"一带一路"相关国家的数字经济合作水平,尤其是要依托中国的数字技术和服务优势深耕东南亚、南亚等市场,推动信息技术服务出口和数字内容服务出口,发展数据储存加工、研发设计、远程维修等服务外包,扩大跨境电商合作。同时,要加强信息、法律、预警和保险体系建设,防范企业"走出去"的风险。[1]

中国数字经济企业海外投资经营的步伐也不断加快、愈加沉稳。2020年,抖音国际版(TikTok)斥资 5 亿美元在爱尔兰建立了欧洲区域的首个海外数据中心,华为是爱尔兰主流运营商的 5G 设备供应商,协助爱尔兰当地公司进行数字化转型。爱尔兰投资发展局(IDA)张哲伟称,非常看好中国企业与爱尔兰合作伙伴在数字经济领域的合作,并表示这是大势所趋。[2]

二、营造优良的发展环境

中国持续优化市场营商环境,根据世界银行发布的《2020 年营商环境报告》,中国营商环境排名再次大幅提升,190 个经济体中居第 31 位,在东亚和太平洋地区仅次于日本。在外向型数字经济营商环境建设方面,中国更是高度重视,积极对标国际一流水准,在中央和地方层面出台系列惠企政策,不断激发市场主体活力,提升数字贸易发展的法治化、国际化、便利化水平。

(一) 提供更加开放便捷的人才服务保障

实行更加开放的人才政策,构筑集聚国内外优秀人才的创新高地是中国人才强国战略重要内容。"人才是最稀缺资源,是谁都想要的香饽饽。"一个国家的对外开放,必须推进人的对外开放,特别是人才的对外开放。要打开全方位视野,既要赴发达国家引才,又要开辟"一带一路"沿线国家的"人才蓝海",既要用好海外引才工作站等传统渠道,又要建立境外孵化中心等新型平台。要促进体制性开放,建立来去自由、便利高效、亲切友好的国际人才制度环境,不断推进人才发展从政策性优惠向体制性开放转变。

在地方层面,北京市进一步强化数字领域人才支撑,吸引国内外数字领

①　参见王晓红:《以数字贸易激活外贸发展新引擎》,《经济日报》2021 年 7 月 19 日。

②　参见潘寅茹:《英国脱欧"交卷"在即,爱尔兰忙吸引中国投资》,第一财经,见 https://www.yicai.com/news/100875061.html。

域优秀人才集聚,健全国际人才全流程服务体系,构建"落地即办"的外籍人才服务工作网络,加快国际人才社区建设。上海市积极引进数字贸易发展所需的各类优秀人才,探索设立数字贸易学院,承认重点领域人才海外从业经历并放宽从业限制,允许境外人士参加相应领域职业资格考试。海南省针对外籍"高精尖缺"人才,实行更加开放的人才引进和停居留政策,提供更快捷便利的人才服务保障。广东省将科技人才培养纳入粤港澳科技创新政策体系,鼓励三地人才跨境人才交流。浙江省积极利用放大后二十国集团(G20)领导人杭州峰会效应,积极融入全球人才创新网络,提高在全球配置人才资源的能力,大力开展以人才、科技为核心的海外并购,团队式引进海外高端人才,推动浙江省企业从参与产业链分工到创新链分工跃升。探索开展国际人才管理改革试验区建设,在外籍人才就业准入、创业支持等方面作出与国际接轨的制度设计,为参与和引领全球人才治理提供可复制、可推广、可示范的实践样本。① 天津市、安徽省、江西省等地也纷纷制定实施重大人才工程,加大对数字经济和贸易领域高层次人才和团队引进的支持力度,鼓励高层次人才带项目、带技术创业创新。

(二) 不断夯实数字贸易发展的法治环境

中国积极实施外商投资法和相关配套法规,将继续完善公开透明的涉外法律体系,强化知识产权保护,维护外资企业合法权益,以优质服务营造更好环境。上海市强调数字贸易业务的法律保障工作,加快完善数字贸易争议解决机制,支持实力较强的仲裁机构探索设立数字仲裁院,鼓励使用调解、仲裁等多元化争议解决手段,建立便捷有效的争议解决渠道,降低数字贸易企业维权成本。浙江省在保护知识产权、保护个人隐私等方面加快探索和国际通行规则接轨的数字贸易监管举措,同时在数据流通、数据安全,网络内容监管等方面探索形成有本地特色的监管体系。粤港澳大湾区建立

---

① 参见姚志文:《实行更加积极开放有效的人才政策》,《中国组织人事报》2018 年 1 月 10 日。

粤港澳律师人才库,整合三地涉外法律服务资源,并支持香港建设亚太区国际法律及争议解决服务中心。云南自贸区积极推进数字贸易相关知识产权保护工作,加大对专利、商标、著作权、商业秘密等权利和数据的保护力度,完善与国际接轨的知识产权管理体制机制和保护制度。此外,也要为中国数字经济企业出海做好合规指引和维权保障,构建商事协调、法律顾问、知识产权等专业化中介服务机制和公共服务平台,防范各类涉外经贸法律风险,为出海企业保驾护航。

三、提供对接平台

搭建市场供需对接交流的平台,对经济产业的带动效益日益显著,可以有效发挥联系和交易功能、整合营销功能、调节供需功能、技术扩散功能、产业联动功能,是促进市场要素充分对接、打通市场间信息阻碍的重要途径。

(一) 打造具有广泛国际影响力的数字贸易展会

举办数字贸易国际高端展会、会议、论坛,是加快数字资源配置和项目对接、提升市场国际影响力的重要途径。《"十四五"服务贸易发展规划》提出,要建设服务贸易重要展会平台。办好中国(上海)国际技术进出口交易会、中国国际数字贸易博览会、中国国际数字和软件交易会、中国国际服务外包交易博览会等服务贸易领域重要展会,推动服务贸易国际合作。

例如,中国国际电子商务博览会暨数字贸易博览会,自1999年以来已成功举办九届,是目前国内规模最大、规格最高、覆盖范围最广的国家级电子商务博览盛会。中国也将继续通过国际服务贸易交易会、国际进口博览会、世界互联网大会等开放平台,打造全球数字贸易博览盛会,支持各国企业拓展中国数字贸易商机。

(二) 创新数字贸易线上供需对接洽谈机制

克服全球新冠肺炎疫情防控对人口流动造成的限制,通过云会展、云直播、云洽谈等形式,创新搭建各类线上展示、交流、对接平台,进而打破地域、时间、空间、距离和成本限制,将资源流、信息流和资金流通过线上网络充分交织,反哺到各个需求点,刺激再需求、再生产、再消费的循环互动,进一步拓展行业空间与商业空间。鼓励企业借助 5G、VR/AR 等现代技术手段和数据库精准分析,设立线上体验和交易厅,为线上参展企业和用户提供市场咨询、数字展示、在线撮合、大数据挖掘、在线洽谈、征信调查等一系列服务。

2020 年 2 月,为应对新冠肺炎疫情对招商引资工作带来的冲击,商务部办公厅印发了《关于积极应对新冠肺炎疫情加强外资企业服务和招商引资工作的通知》,鼓励创新和优化招商引资方式,针对人员流动受阻等难题,发挥互联网平台优势,整合各类招商资源,积极通过网上洽谈、视频会议、在线签约等方式推进网上招商,持续不断推进投资促进和招商工作。

2020 年 7 月,新冠肺炎疫情暴发后的首次中国进出口商品交易会(广交会)在"云端"圆满落幕。首次跃上"云端"的广交会,以采购商需求为导向,运用数字技术,搭建智能高效的供采对接推送与在线洽谈机制,建立了一种全新的在线展览形式,为广大中外企业开展贸易合作开辟了超越时空限制的无限空间,探索了国际贸易发展的新路子。有的企业不仅以 VR 形式呈现产品展厅、企业全景等,还实时直播自动化生产线,增强了交互体验。近 2.6 万家境内外参展企业通过图文、视频、3D 等形式上传海量展品,新产品、智能产品、"三自一高"产品持续增多,"云端"琳琅满目的产品吸引了全球采购商"冲浪"观展。[1] 数字展会的经验也得到了持续拥抱,2021 年广交会第三次连续上"云"的贸易盛会取得积极成效,参展企业云展厅累计访问量 687 万次。[2]

（三）推动与境外友好城市和组织的交流合作

与境外城市和组织的合作是拓展深化双方数字贸易市场的有效路径。

①　参见昌道励:《第 127 届广交会圆满闭幕》,《南方日报》2020 年 6 月 25 日。
②　参见李刚:《第 129 届广交会圆满闭幕》,《人民日报》2021 年 4 月 25 日。

黑龙江省加快黑河—布拉戈维申斯克"中俄双子城"共建进程,鼓励中俄企业共建共用物流网络平台。浙江省提出建立全球数字合作城市联盟,以"一带一路"沿线国家重要城市以及友好城市的数字贸易采购商和服务商为对象,建设数字贸易资源配置和项目对接中心,探索推动与各国数字贸易相关管理机构以及主要城市就数字贸易规则、监管、便利化等方面形成谅解和合作。上海市重点接洽在数字化服务方面有较大需求,且在数字化产业方面与上海市优势互补的合作城市,争取建立数字贸易合作伙伴关系,并推进上海与伦敦的服务贸易城际合作。北京市通过加强与相关国际组织、产业联盟、科研机构战略对接,推进数字经济技术、标准、园区和人才培养等领域国际合作的试点示范。在重庆市举行的 2019 中国国际智能产业博览会上,作为主宾国的新加坡与重庆共签订 13 项谅解备忘录,将在数字经济领域谋求合作发展新机遇,涵盖学前教育阶段的增强现实教育系统、智能制造市场开发分析解决方案、人工智能的研究合作等众多领域。

第三节　推动内外创新相促

在全球新兴产业里,没有一个国家能包揽所有的技术,也不可能有全面的技术优势。数字经济时代,创新要素开放性、流动性显著增强,中国企业对国外创新资源需求迫切,国外众多源头创新资源也希望对接中国市场,中国已成为全球创新链的关键节点,中国的创新大潮不是封闭的,将与全球融会贯通,塑造创新驱动发展新优势。

一、加强创新要素有序流动

习近平总书记指出:"加强国际科技合作。国际科技合作是大趋势。我们要更加主动地融入全球创新网络,在开放合作中提升自身科技创新能力。越是面临封锁打压,越不能搞自我封闭、自我隔绝,而是要实施更加开放包容、互惠共享的国际科技合作战略。"①

（一）夯实国际合作基础

中国要坚持把自己交的事情办好，持续提升科技自主创新能力，在一些优势领域打造"长板"，这是夯实中国融入全球创新网络、参与科技创新国际合作基础。习近平总书记指出："加快科技创新是构建新发展格局的需要。推动国内大循环，必须坚持供给侧结构性改革这一主线，提高供给体系质量和水平，以新供给创造新需求，科技创新是关键。畅通国内国际双循环，也需要科技实力，保障产业链供应链安全稳定。"②

随着中国进入新发展阶段，支撑发展的要素条件发生了深刻变化，必须实现依靠创新驱动的内涵型增长。要在全球数字贸易发展中获得主动权，在全球经贸合作中争得话语权，就要坚定不移实施创新驱动发展战略，坚持把创新作为引领发展的第一动力，消除一切不利于创新的体制机制障碍，充分激发创新潜能和市场活力，培育新动能，提升新势能，建设具有全球影响力的科技和产业创新高地。

中国要紧跟科技前沿应用，关注数字技术在贸易领域愈加广泛和深入渗透的趋向。迪拜多种商品交易中心（DMCC）在《贸易的未来 2021》报告中指出，技术将降低成本，清除壁垒，促进商品贸易，电子商务在疫情推动下蓬勃发展，区块链等技术在零售、"最后一公里"运送、配送和仓储等消费者末端环节的应用渐趋成熟，必将对全球贸易的运作形式产生重大影响，同时技术将解锁新的增长市场，也将颠覆全球价值链，各国务必加强科技领域的国际合作，利用数据和技术服务于经济增长和跨境贸易。③ 中国要发挥新型举国体制和国家战略科技力量的优势，突破高端芯片、基础软件等关键核心技术瓶颈，加强数字技术领域的国家战略规划、科技专项实施和相关标准

---

① 习近平：《在科学家座谈会上的讲话》，人民出版社 2020 年版，第 10 页。

② 习近平：《在科学家座谈会上的讲话》，人民出版社 2020 年版，第 3 页。

③ 参见迪拜多种商品交易中心（DMCC）：《贸易的未来 2021》，见 https://www.dmcc.ae/application/files/5516/1475/2815/DMCC_AnnualReport_2020_2f_ZH-CN.pdf。

制定;以平台为依托构建自主可控的数字经济创新生态,围绕产业链部署创新链、围绕创新链布局产业链,前瞻布局战略性新兴产业,培育发展未来产业,发展数字经济,全面提升技术创新、业态创新和模式创新能力,为中国占据全球数字贸易发展主动权奠定基础。

(二) 倡导国际科技合作

中国要以更加开放的思维和举措推进国际科技交流合作,成为全球科技开放合作的广阔舞台。习近平总书记指出:"服务人民是科技创新的本质要求,各国都有权通过自身努力和国际合作从科技创新中受益。科技创新成果不应该被封锁起来,不应该成为只为少数人牟利的工具。"①科技成果应该造福全人类,而不应该成为限制、遏制其他国家发展的手段。要提倡公平公正基础上的竞争,开展你追我赶、共同提高的田径赛,而不是搞相互攻击、你死我活的角斗赛。

2017 年,亚太经济合作组织《互联网和数字经济路线图》获得通过,以促进成员经济体间的技术和政策交流,促进创新、包容和可持续的增长,并弥合亚太经济合作组织地区的数字鸿沟。《二十国集团数字经济发展与合作倡议》指出,二十国集团成员应与所有利益相关方共同努力营造包容性的创新环境,缩小各类数字鸿沟,进一步开发所有人均可获得的多语言、多形式的内容和服务,以确保无论性别、地区、年龄、能力或经济地位如何,都没有人被落下。各国应深化国际创新交流合作,更好应对各自和共同的发展挑战。中国应该共同探讨建立面向新科技革命和产业变革的政策制度体系,营造国际合作环境,让科技创新成果为更多国家和人民所及、所享、所用。促进国内国际创新资源对接、供需精准匹配,形成数据开放共享的机制和数据驱动创新的发展模式;进一步压缩《中国禁止进口限制进口技术目录》,为技术要素跨境自由流动创造良好环境。以更加开放的思维和举措推进国际科技交流合作,同各国携手打造开放、公平、公正、非歧视的科技发

---

① 《习近平谈治国理政》第三卷,外文出版社 2020 年版,第 458 页。

展环境,促进互惠共享。

二、鼓励创新主体交流合作

企业、高校、科研院所、科技组织和科技人才是科技创新的主体,是数字贸易创新发展的坚实支撑力量,要积极鼓励创新主体推进数字贸易商业模式、产品形态、生产技术和贸易方式的创新研发,营造宽松、包容、互促的创新主体交流环境。

(一) 鼓励开展创新研发

一是强化企业创新主体地位,使企业成为创新要素集成、科技成果转化的生力军。中国企业要勇挑重担、敢打头阵,勇当原创技术的"策源地"、现代产业链的"链长",打造有国际竞争力、影响力的数字贸易产业创新集群。要培育数字贸易龙头企业,中国虽有先行一步的互联网公司,但未形成一批具有广泛全球竞争力和科技含量的龙头公司,导致中国在全球数字贸易领域缺乏一定的影响力和话语权。需要支持企业加大研发投入、加强知识产权全球布局,鼓励中国数字贸易企业做创新增长的探索者,大胆推动组织创新、技术创新、市场创新,充分挖掘中国数字消费市场形成的创新"土壤",形成一批综合性大型企业带动细分行业、龙头效益明显的数字贸易企业发展新格局。

二是要发挥好高校和科研院所作用,更好促进科技成果落地转化,实现数字经济关键领域的创新突破。要积极参与、牵头组织国际大科学计划和大科学工程,开展全球科技协同创新。

同时,发挥好科技创新协会和组织在促进跨界融合、聚合创新资源、激活创新动能、营造行业生态等方面的作用,让科学家、企业家、政府部门携手合作,让市场资本找到蓄力培育沃土。

(二) 营造创新交流环境

营造开放、包容、合作的创新主体交流机制和环境,积极吸引外资研发机构,共建信任网络、开源社区,鼓励开放合作。中国正与亚太国家携手合作,在智慧城市、5G、人工智能、电子商务、大数据、区块链、远程医疗等领域打造更多新的合作亮点,中国和新加坡合作的国际人工智能创新中心在新加坡启动,将积极助力培养本地人工智能人才。中国积极与东盟建设中国—东盟信息港,推进数字技术创新合作。①

积极搭建创新交流平台。例如,中国科学技术协会是中国科技共同体组织,目前,已与374个国际科技组织建立了合作关系,连接国际创新网络,搭建了数字技术服务与交易平台,构筑数字经济新生态,积极培育数字人才,以学术交流、人才举荐、专业培训等渠道,助力数字经济人才成长,并推动开展民间科技交流,深化与国际、国别科技组织的合作。

此外,完善知识产权保护法律体系,加大对软件著作权、数字技术专利、数字版权、数字商标权、商业秘密等的保护力度,为创新主体国际交流提供充分保障。推动科研数据有序跨境共享,例如,广东省提出,支持医疗等科研合作项目数据资源有序跨境流通,为粤港澳联合设立的高校、科研机构向国家争取建立专用科研网络,逐步实现科学研究数据跨境互联。

第四节 加强内外规则相联

当前,新一轮国际经贸规则面临重构,数字贸易相关规则涉及领域多、问题新且利益多元,中国需要瞄准国际数字经贸规则变动的方向,主动与国际先进经贸规则对标,并向国际社会贡献数字经贸治理的中国智慧。

一、加强与国际通行经贸规则对接

《中共中央 国务院关于新时代加快完善社会主义市场经济体制的意

---

① 参见冯雪珺、徐伟、孙广勇、刘旭霞:《把握科技创新机遇 共促数字经济合作》,《人民日报》2021年8月2日。

见》明确指出,要推动由商品和要素流动型开放向规则等制度型开放转变,吸收借鉴国际成熟市场经济制度经验和人类文明有益成果,加快国内制度规则与国际接轨,加强市场、规则、标准方面的软联通,以高水平开放促进深层次市场化改革。

(一) 强化国际规则对接能力

加强与国际通行经贸规则对接是未来中国扩大对外开放的方向。实施更大范围、更宽领域、更深层次的全面开放,就需要学习和研究国际通行经贸规则,全面对接国际高标准市场规则体系,深化规则衔接机制对接,推进同各国、各地区发展战略和互联互通规划对接,加强政策、规则、标准融通。同时,积极对接国际贸易规则,不断优化国际市场格局,对于增强中国对外贸易综合竞争力也具有重要作用,有利于中国在新一轮经济全球化中处于主动地位。此外,准确把握国际经贸规则发展的新趋势,按照高标准国际经贸规则来深化国内经济体制改革,有利于不断完善中国特色社会主义市场经济体制,有助于推动中国经济高质量发展。

一方面,适应世界贸易组织规则及其发展。世界贸易组织是全球性的多边贸易组织,引领世界多边贸易的发展,遵循世界贸易组织规则和入世承诺是其成员的义务。作为发展中国家,中国享有世界贸易组织相关规定赋予的权利,同时也需不断完善中国的相关法规政策,加强知识产权保护,适应世界贸易组织规则及其发展。

另一方面,对标国际一流标准优化营商环境。对标国际经贸规则有效落实《中华人民共和国外商投资法》,对现行与准入前国民待遇不相符的法律法规进行清理,制定细化落地的配套法规规章,提高政策规则的透明度和执行一致性。在中国营商环境已经有了较大改善的基础上,进一步推动在通关便利化、知识产权保护、监管一致性等方面的改革。推动补贴方式改革,最大限度减少因补贴导致的市场价格扭曲,对标世界贸易组织规则建立补贴审查机制。

此外,指导企业强化海外合规能力。熟知和谨遵国际通行规则和海外经营当地的管理要求是企业迈向国际化的重要一步。对"引进来"企业来说，外资企业需要入乡随俗，但国际通行经贸规则有助于吸引外资企业的进入和发展。因此，为内外资企业打造一视同仁、公平竞争的营商环境，重点是要为外资企业提供符合国际通行经贸规则的营商环境。对"走出去"企业来说，中国企业在跨国经营和全球价值链布局过程中，需要提升海外合规意识，不断强化标准和规则意识，积极进行产品本土化改造，采用国际标准提高生产技术水平、产品质量，并通过承担或参与国际标准的制定和修订工作，加快实现中国的标准化工作与国际接轨。

（二）推动自贸区率先对标先行先试

自由贸易港、自由贸易试验区、数字贸易示范区、深圳经济特区、粤港澳大湾区、服务贸易创新发展试点和国家数字服务出口示范基地等外向型经济区域是探索构建开放型经济新体制的先行区，也是对外开放压力测试的试验田和对标国际一流规则的排头兵。要充分发挥这些外向型经济发展区域在规则引入和创新探索方面的先行先试作用。

中国相关外向型经济区域要立足改革开放大局和高质量发展要求，在开放实践和市场需求的基础上，率先按照高标准对标国际高水平经贸规则进行体制改革和创新。要赋予其更大改革开放自主权，强化国际规则对接能力，对标最高标准、最高水平，实行更大程度的压力测试，在若干重点领域率先实现制度创新和突破。率先对标《全面与进步跨太平洋伙伴关系协定》《数字经济伙伴关系协定》等高水平经贸规则，在促进数据跨境自由流动、知识产权保护、个人隐私保护、网络数据安全、国际监管等方面进行压力测试，探索跨境服务贸易负面清单管理制度。在此基础上，推动自贸区等在自主开放、不断开放、加大开放上迈出新步伐，为新一轮高水平开放探索出更多可复制可推广的经验做法，也为中国顺利申请加入《全面与进步跨太平洋伙伴关系协定》《数字经济伙伴关系协定》等国际协定丰富条件，为进一步推进自由贸易协定谈判和世界贸易组织改革进行制度性探索夯实基础。例如，广西壮族自治区作为面向东盟的开放前沿，于 2021 年 11 月专门出台了《广西加快对接 RCEP 经贸新规则若干措施》。

二、为全球数字治理贡献中国智慧

全球数字贸易的快速发展对于数字贸易规则制定提出了迫切要求,但全球数字贸易还没有形成统一规则。中国需要与各方一道,形成推动数字贸易创新发展的广泛共识,为构建更高水平的数字贸易经贸规则体系贡献中国智慧。

(一) 共建包容开放的国际规则

习近平主席在世界经济论坛"达沃斯议程"对话会上发表特别致辞时指出:"要秉持以人为中心、基于事实的政策导向,探讨制定全球数字治理规则。"[①]面对经济全球化带来的挑战,不应该任由单边主义、保护主义破坏国际秩序和国际规则,而要以建设性姿态改革全球经济治理体系。要坚持以国际法则为基础,不搞唯我独尊,要坚持通过制度和规则来协调规范各国关系,反对恃强凌弱,也不能以多边主义之名、行单边主义之实。在数字贸易领域,更不能搞歧视性、排他性标准、规则、体系,不能搞割裂贸易、投资、技术的高墙壁垒,要坚持共商共建共享的全球治理观,完善全球数字贸易治理规则体系,推动建设开放型世界经济。

全球信任合作是数字贸易发展的基石。当前,促进贸易投资自由化和便利化仍是国际经贸规则的主流。随着以全球产业链、供应链、价值链为核心的全球经济一体化的深入发展以及数字经济的蓬勃兴起,迫切要求国际经贸规则朝着更加有利于贸易投资自由化和便利化,更加有利于新技术革命、新产业革命发展和数字经贸特点的方向变革。[②] 中国是世界贸易组织

---

① 习近平:《让多边主义的火炬照亮人类前行之路——在世界经济论坛"达沃斯议程"对话会上的特别致辞》,人民出版社 2021 年版,第 8 页。

② 参见王晓红:《以构建高标准国际经贸规则促进更高水平对外开放》,《光明日报》2019 年 8 月 20 日。

多边贸易体制的受益者,也是坚定的维护者和捍卫者,要主张继续发挥世界贸易组织在国际经贸规则变革中的基础地位和主渠道作用,建立符合更多国家利益的开放、包容和信任的数字经贸国际规则。我们需要共建数字治理体系,推动多边、双边、区域等层面数字贸易规则协调,针对电子商务、数字技术、在线消费者保护、隐私保护、数据安全、数据流动、数字税收、替代性纠纷解决机制等,强化组织与制度创新。

(二) 发出数字贸易治理的中国声音

发挥中国数字经济大国优势,把握数字贸易规则制定的主动权。在数字贸易规则制定的过程中把握主动权和话语权,是建设数字中国和贸易强国的重要保证。中国数字经济和数字贸易规模巨大、技术优势明显、企业竞争力突出,为我们在数字贸易规则制定中把握话语权奠定了有利基础。

一方面,加快推进规则标准等制度型开放。习近平总书记指出:"既要持续深化商品、服务、资金、人才等要素流动型开放,又要稳步拓展规则、规制、管理、标准等制度型开放。"[1]通过提供高水平制度供给,更好参与国际合作和竞争。

另一方面,积极参与数字贸易国际规则制定。在人类命运共同体和网络空间命运共同体的指引下,与各方共同探索高水平数字贸易国际规则,与贸易伙伴加强协调、凝聚共识、创新机制,通过推动《区域全面经济伙伴关系协定》实施、中欧投资协定落地、加入《全面与进步跨太平洋伙伴关系协定》和《数字经济伙伴关系协定》,积极参与世界贸易组织改革,参与联合国、二十国集团、亚太经合组织、金砖国家等机制合作和共建"数字丝绸之路",推动数字贸易规则体系建设,主动提供数字经济领域全球公共产品,在跨境电商规范经营、全球支付信用体系、电子签章、数据跨境流动、数字税收和数字消费者保护等方面贡献中国方案,进一步彰显中国在世界贸易规则制定中的影响力。

---

① 《把握新发展阶段,贯彻新发展理念,构建新发展格局》,《求是》2021 年第 9 期。

　　此外,提升中国在标准化和合格评定领域相关国际组织中的话语权和影响力,积极参与国际标准化组织事务,在参与制定国际标准的过程中积极为发展中国家、新兴经济体发声,推动互认标准成为多双边贸易中共同遵守的技术依据,提升中国标准在当地的适应性、可行性、竞争性,在疫情后世界经济与贸易的重振中更好地发挥中国标准作用。

| 第 六 章 |

新发展格局下中国数字贸易发展展望

第一节　数字贸易整体发展展望

数字贸易规模将持续扩大,贸易数字化水平稳步提升,国际竞争力不断提高,将为建设数字中国和贸易强国作出更大贡献。

数字贸易规模持续扩大。"十四五"时期,中国数字贸易预计保持稳步增长,到 2025 年,可数字化的服务贸易进出口总额超过 4000 亿美元,占服务贸易的比重达到 50% 左右。数字贸易将推动中国服务贸易逆差规模进一步缩小,促进服务贸易创新发展,在对外贸易高质量发展中的作用将更加突出。

数字贸易新业态不断涌现。"十四五"时期,5G、物联网、云计算、大数据、人工智能等新一代数字技术将加快推广应用,为金融、保险、运输、旅游、文化、教育、医疗、研发设计等服务贸易提供更多数字化解决方案,通过数字技术实现服务跨境交付更加便捷,数字贸易新业态新模式将不断涌现,贸易数字化水平显著提升。

数字贸易开放水平有序提升。"十四五"时期,中国将有序推进电信、互联网等领域相关业务开放,更大力度吸引和利用外资。实施自由贸易区提升战略,完善数字贸易、知识产权条款,构建面向全球的高标准自由贸易区网络。积极推进服务贸易创新发展试点开放平台建设,在推动数据自由流动方面先行先试。依托国家数字服务出口基地,打造数字贸易先行示范区。

数字贸易规则制度逐步健全。"十四五"时期,中国将统筹数字开发利用、隐私保护和公共安全,加快建立数字资源产权、交易流通、跨境传输和安全保护等基础制度和标准规范。在《中华人民共和国网络安全法》《中华人民共和国数据安全法》《中华人民共和国个人信息保护法》基础上,建立健全数据资源确权、分级分类保护、跨境传输、安全评估等相关法规,为数字贸易创新发展提供法律制度保障。

数字企业国际竞争力明显提升。"十四五"时期,中国加快构建以国内大循环为主体、国内国际双循环相互促进的新发展格局。中国数字企业立足国内市场,充分利用国内外资源,加强关键数字技术创新应用,加快推动产业数字化,综合实力显著增强,积极参与国际竞争,中国技术和标准国际影响力明显提升,大量独角兽企业将脱颖而出。

数字贸易国际规则制定能力增强。"十四五"时期,中国将积极推进网络空间国际交流合作,推动制定数字和网络空间国际规则,《全球数据安全倡议》将获得更广泛支持,网络空间命运共同体意识将日益深入人心。积极参与数据安全、数字货币、数字税等国际规则和技术标准制定,推动构建数据要素保护的国际协调合作机制,参与多双边数字贸易规则制定的能力进一步增强。

第二节　数字贸易推动全球经贸关系发生新变革

一、全球数字交付服务贸易迅猛增长

联合国贸发会议数据显示,2010—2020年,全球数字交付服务出口规模从1.9万亿美元增长到3.2万亿美元,增长了69.2%,年平均增长率约为5.6%(同期服务贸易出口增速为3.3%,货物贸易出口增速为2.6%),在服务贸易出口中的占比从47.1%增长到63.6%。中国数字交付服务出口规

模和排名均低于货物贸易,但在主要国家中增速位居前列。从规模看,2020年中国数字交付服务出口规模达 1543.8 亿美元,国际市场占有率达 4.9%,在全球排名第 6 位(138 个国家)。

二、数字贸易发展背后是云、网、端等数字技术深度融入经济社会各领域

一是存储载体的演进。磁盘、光盘、移动硬盘等传统的数字化存储设备正在被虚拟的、线上的云存储所取代,推动存储成本的降低、存储方式的优化和存储服务的演进。二是传输渠道的改善,全球网络普及率、速率稳步提升,网络使用价格持续下降,形成一个高效的数字化航道,数字化的产品和服务从云端通过网络快速流入千家万户。三是输入、输出设备的升级,从台式计算机、笔记本电脑到现在的智能手机、车载智能终端,硬件和终端设备快速升级迭代,为更优质、更丰富的数字产品服务提供了可能。由于数字产品和服务本身具有零边际成本的特性,可贸易程度的提升将进一步促进相关产业与贸易的发展。数字贸易将对国家间经贸关系带来多方面影响。

三、数字贸易将对国家间经贸关系带来多方面影响

(一) 新旧业态的交替

近年来,数字经济的发展对一些传统产业构成巨大冲击。例如,电子商务快速发展的同时,2015—2020 年,中国 1 亿元以上商品交易市场数减少21.4%,摊位数减少 17.0%,营业面积减少 3.2%,零售企业出现关店和退出现象。当数字化的产品和服务跨越国境,新旧业态间的交替变得更为复杂。2019 年,二十国集团领导人大阪峰会发布《大阪数字经济宣言》,标志着主要国家对于建立允许数据跨境自由流动的"数据流通圈"达成初步共识。但需要注意的是,印度、印度尼西亚、南非拒绝签字。印度方面认为,数据是一种新形式的财富,数据跨国间的分隔与流通"严重阻碍发展中国家从数

据贸易中获利",需加强数据本地储存。最典型的就是印度有海量的中小批发零售商,来自境外或者境外机构控股的电子商务平台严重冲击了当地就业,并剥夺了一部分原本留存在境内的收益。

(二)数字产品和服务融入全球价值链

全球范围内数字化转型是大势所趋,数字化的技术、产品和服务对数字化转型意义重大。美国国际贸易委员会的一份研究报告,从在线销售(电子商务)的比例、与信息技术相关的总投入采购的比例、从事数字职业的员工的比例、针对云服务的总信息技术支出的比例四个维度,分析了各行业的数字化强度,即某一特定行业企业在其业务中采用互联网技术的程度。从线上销售占比看,制造业货运、批发、旅行和住宿服务、信息服务和网络搜索服务的电子商务占公司总收入比重最大,均超过20%。从 ICT 产品和服务投入看,电信广播、政府采购、其他运输设备制造、证券服务、专业服务等部门的数字化投入比例最高,在中间投入中占比超过10%。可以看出,数字技术、产品和服务在生产经营活动中应用的不断深化,正成为价值链中新的重要一环。

(三)推动全球价值创造和收益分配

数字技术透过数字贸易对全球分工产生影响,而分工变化又会进一步影响全球价值创造和收益分配。一是"中游"价值创造能力降低。服务的增长可能会加速流程自动化、模块化,意味着价值链中部的公司越来越多地生产相对标准化的组件,各行业一线生产和制造过程的附加值下降。例如,旅游供应商正日益规范其商品和服务,以满足在线旅行社的要求;农业生产也越来越标准化,以便更好地管理、监测和跟踪。二是"上游""下游"价值创造水平提升。数字化服务的扩展将主要发生在生产前阶段(如更广泛的设计软件和数据驱动服务)和生产后阶段(如嵌入软件的服务和增强的售后服务)。在这一过程中,数字化的服务变得更分散、更可交易,从而支持复杂的产品和服务生产。为了顺应这一趋势,许多中间环节的制造企业开始向价值链两端延伸,以生产环节所储备的知识和信息为基础,开发前后端的数字化技术和服务,在推动企业自身数字化转型的同时,也向外输出数字服务。

四、数据跨境流动成为国际交流合作新焦点

数据主权、网络数据安全、数据隐私保护、法律适用与管辖、数据本地化存储、国际贸易规则等成为在数据跨境流动领域各国关注的焦点问题。

2021年7月,欧盟最高法院驳回欧美签订的"数据跨境传输协议"一事备受世界关注,欧洲最高法认为"在美国的服务器上存储欧盟居民的数据将有可能使欧洲人受到美国政府的监控,但欧洲人却没有该法院所称的'可起诉权利'来应对这种监控",其裁定结果涵盖了欧盟最高法院对欧洲公民的个人数据隐私保护、网络数据跨境存储的安全性等问题的诸多考虑,也是在数据共享与数据主权之间作出的一个平衡。

在数据存储本地化方面,一些国家出于保护本国数据、维护国家安全及促进国家发展的目的,对数据提出本地化存储要求。俄罗斯第242-FZ号联邦法在第2条规定:必须使用位于俄罗斯的服务器来处理俄罗斯公民的个人数据。处理俄罗斯公民个人数据的运营商必须及时将其存储数据的服务器位置上报给俄联邦电信、数字技术和大众传媒监督局(Roskomnadzor)。2019年6月,土耳其对E-SIM技术施加数据本地化要求,要求所有相关结构、服务器、软件和设备都由授权运营商在土耳其境内建立,所有数据也在境内保存。日本政府也要求涉及国家安全的数据必须实现本地化储存。《中华人民共和国网络安全法》第30条规定,关键信息基础设施的运营者在中国境内运营中收集和产生的个人信息和重要数据应当在境内存储。

在网络数据安全和数据隐私保护方面,各国针对数据隐私安全进行明确立法的趋势明显,《通用数据保护案例》成为诸多国家的数据隐私保护参考范例。以欧盟为例,其在数据保护领域持续输送制度影响力:《通用数据保护案例》的落地执行,以及欧盟个人数据保护国际公约(108公约)和充分

性保护白名单认定程序的推进,均在不断提高欧盟在数据保护领域的国际话语权。2019 年度伊始,法国数据保护机构 CNIL 完成了《通用数据保护案例》生效后第一案,对谷歌实施违规处罚。

新冠肺炎疫情背景下,各国在数据跨境流动领域频繁发力。2020 年 3 月,基于《合法使用境外数据明确法》,澳大利亚联邦政府修订《电信(拦截和接入)法案》,允许协议国在出于执法目的时,互相跨境访问通信数据。同月,澳大利亚信息专员办公室(OAIC)与新加坡个人数据保护委员会(PDPC)签订关于跨境数据流动的谅解备忘录,加强数据治理方面的合作,促进澳大利亚和新加坡之间的经济一体化。2020 年 6 月,英国宣布"脱欧"后的未来科技贸易战略,允许英国和某些亚太国家间的数据自由流动,并希望与日本等国达成比其作为欧盟成员国时期更进一步的数据协议。欧盟最高法院出于对欧盟公民数据隐私安全的考虑,于 2021 年 7 月宣布废除名为隐私盾(Privacy Shield)的跨大西洋数据保护协议。中国在 2021 年出台了《中华人民共和国数据安全法》,规定支持、促进数据安全与发展的措施,提升数据安全治理和数据开发利用水平,促进以数据为关键要素的数字经济发展。

|参 考 文 献|

[1]白洁、张达、王悦:《数字贸易规则的演进与中国应对》,《亚太经济》2021年第5期。

[2]白明:《立足国内大循环推进贸易强国建设》,《人民日报海外版》2021年5月18日。

[3]昌道励:《第127届广交会圆满闭幕》,《南方日报》2020年6月25日。

[4]董振华、王会方:《立足我国新发展阶段要求构建新发展格局》,《新湘评论》2021年第1期。

[5]邓宇:《数字贸易:"双循环"发展新格局下的经济风向标》,《现代商业银行》2020年第19期。

[6]迪拜多种商品交易中心(DMCC):《贸易的未来》,2021年。

[7]范立春:《中国与东盟经济合作的互补性分析》,《特区经济》2010年第8期。

[8]冯雪珺、徐伟、孙广勇、刘旭霞:《把握科技创新机遇　共促数字经济合作》,《人民日报》2021年8月2日。

[9]戈晶晶:《加快推动数字贸易高质量发展》,《中国信息界》2021年第4期。

[10]来有为、宋芳秀:《数字贸易国际规则制定:现状与建议》,《国际贸易》2018年第12期。

[11]蓝庆新、窦凯:《美欧日数字贸易的内涵演变、发展趋势及中国策略》,《国际贸易》2019年第6期。

[12]李刚:《第129届广交会圆满闭幕》《人民日报》2021年2月25日。

[13]李克强:《在第二十二次东盟与中日韩领导人会议上的讲话》,2021年12

月 30 日。

[14]李权:《数字贸易推动中国新发展格局构建》,《第一财经日报》2021 年 10 月 27 日。

[15]联合国贸易和发展会议:《2019 数字经济报告》2021 年 12 月 31 日。

[16]林发勤:《从国际贸易理论看待国内大循环为主体、国内国际双循环相互促进的新发展格局》,《21 世纪经济报道》2020 年 11 月 3 日。

[17]刘鹤:《加快构建以国内大循环为主体、国内国际双循环相互促进的新发展格局》,《人民日报》2020 年 11 月 25 日。

[18]刘毅群、章昊渊、吴硕伟:《美欧数字贸易规则的新主张及其对中国的启示》《学习与实践》2020 年第 6 期。

[19]卢进勇:《中国更好融入全球产业链面临六大任务》,《金融时报》2021 年 3 月 16 日。

[20]罗珊珊:《我国加快发展外贸新业态新模式　去年跨境电商进出口额同比增长超三成》,《人民日报》2021 年 7 月 13 日。

[21]马述忠、房超、梁银锋:《数字贸易及其时代价值与研究展望》,《国际贸易问题》2018 年第 10 期。

[22]倪红福、田野:《新发展格局下的中国产业链升级和价值链重构》,《中国经济学人》(英文版)2021 年第 5 期。

[23]潘寅茹:《英国脱欧"交卷"在即,爱尔兰忙吸引中国投资》,2020 年 12 月 13 日。

[24]上海合作组织成员国元首理事会:《上海合作组织成员国元首理事会关于数字经济领域合作的声明》,《人民日报》2020 年 11 月 10 日。

[25]商务部:《中国服务外包发展报告 2019》,2021 年。

[26]王俊岭:《2020 年中国服务进出口总额达 45642.7 亿元》,《人民日报海外版》2021 年 2 月 9 日。

[27]王思语、张开翼、郑乐凯:《我国自由贸易试验区数字贸易禀赋并提升路径研究》,《上海经济》2020 年第 5 期。

[28]王晓红:《以数字贸易激活外贸发展新引擎》,《经济日报》2021 年 7 月 19 日。

［29］王晓红：《以构建高标准国际经贸规则促进更高水平对外开放》，《光明日报》2019 年 8 月 20 日。

［30］汪晓文、宫文昌：《国外数字贸易发展经验及其启示》，《贵州社会科学》2020 年第 3 期。

［31］魏杰、陆园园：《构建新发展格局的几个着力点》，《经济日报》2021 年 5 月14 日。

［32］习近平：《关于〈中共中央关于制定国民经济和社会发展第十四个五年规划和二〇三五年远景目标的建议〉的说明》，《人民日报》2020 年 11 月 4 日。

［33］谢兰兰：《欧盟数字贸易发展的新动向及展望》，《全球化》2020 年第 6 期。

［34］徐金海、周蓉蓉：《数字贸易规则制定：发展趋势、国际经验与政策建议》《国际贸易》2019 年第 6 期。

［35］闫冰倩：《借数字经济之力，保产业链稳定》，《中国发展观察》2020 年第21 期。

［36］姚志文：《实行更加积极开放有效的人才政策》，《中国组织人事报》2018年 1 月 10 日。

［37］张凡：《疫情影响全球外国直接投资增长》，《中国贸易报》2021 年 3 月12 日。

［38］张丽平：《中美产业互补性研究》，商务印书馆 2011 年版。

［39］张彦台：《构建新发展格局的重要着力点》，《经济日报》2021 年 9 月 6 日。

［40］张正荣、杨金东、顾国达：《数字贸易的概念维度、国际规则与商业模式》，《经济学家》2021 年第 4 期。

［41］张占斌：《新发展阶段构建新发展格局的战略抉择》，《经济日报》2020 年11 月 10 日。

［42］赵成、陈尚文、裴广江：《数字贸易，激活创新引领的合作动能》，《人民日报》2020 年 9 月 7 日。

［43］赵春明、班元浩：《发展数字经济　推动形成新发展格局》，《人民日报》2020 年 12 月 1 日。

［44］中国互联网协会：《中国互联网发展报告（2021）》，2021 年。

［45］中国信息通信研究院：《中国数字经济发展白皮书 2021》，2021 年。

［46］周念利、吴希贤:《日本参与国际数字贸易治理的核心诉求与趋向分析》《日本研究》2020 年第 3 期。

［47］朱福林:《数字贸易规则国际博弈、"求同"困境与中国之策》,《经济纵横》2021 年第 8 期。

［48］朱林:《中拉合作:产业互补　实体优先——记第十届中国—拉美企业家高峰会》,《经济日报》2016 年 10 月 31 日。

责任编辑:李甜甜

封面设计:吕凤英

责任校对:白　玥

图书在版编目(CIP)数据

数字贸易与新发展格局/中国信息通信研究院 编著. —北京:人民出版社,2022.9
　(2023.3 重印)
ISBN 978－7－01－024927－8

Ⅰ.①数…　Ⅱ.①中…　Ⅲ.①电子贸易-研究-中国　Ⅳ.①F724.6

中国版本图书馆 CIP 数据核字(2022)第 147273 号

数字贸易与新发展格局
SHUZI MAOYI YU XIN FAZHAN GEJU

中国信息通信研究院　编著

石中金　刘高峰　主编

人民出版社 出版发行

(100706　北京市东城区隆福寺街99号)

北京盛通印刷股份有限公司印刷　新华书店经销

2022 年 9 月第 1 版　2023 年 3 月北京第 2 次印刷

开本:710 毫米×1000 毫米 1/16　印张:15.75

字数:226 千字

ISBN 978－7－01－024927－8　定价:58.00 元

邮购地址　100706　北京市东城区隆福寺街 99 号

人民东方图书销售中心　电话 (010)65250042　65289539